书山有路勤为径，优质资源伴你行
注册世纪波学院会员，享精品图书增值服务

创新人才发展
系列丛书

创新从0到1

激活创新的6项行动

[英] 埃尔文·特纳（Elvin Turner）著
理查德·约翰斯顿（Richard Johnston）绘
陈劲 姜智勇 译

电子工业出版社
Publishing House of Electronics Industry
北京·BEIJING

Be Less Zombie: How great companies create dynamic innovation, fearless leadership and passionate people by Elvin Turner

Copyright © 2020 by Elvin Turner

This translation published under license.

Simplified Chinese translation edition copyright © 2022 by Publishing House of Electronics Industry.

Copies of this book sold without a Wiley sticker on the cover are unauthorized and illegal.

本书简体中文字版经由John Wiley & Sons, Inc.授权电子工业出版社独家出版发行。未经书面许可，不得以任何方式抄袭、复制或节录本书中的任何内容。

本书封底贴有Wiley防伪标签，无标签者不得销售。

版权贸易合同登记号　图字：01-2020-6724

图书在版编目（CIP）数据

创新从0到1：激活创新的6项行动／（英）埃尔文·特纳（Elvin Turner）著；（英）理查德·约翰斯顿（Richard Johnston）绘；陈劲，姜智勇译. —北京：电子工业出版社，2022.7
（创新人才发展系列丛书）
书名原文：Be Less Zombie: How great companies create dynamic innovation, fearless leadership and passionate people
ISBN 978-7-121-43400-6

Ⅰ.①创… Ⅱ.①埃…②理…③陈…④姜… Ⅲ.①企业创新—研究 Ⅳ.① F273.1

中国版本图书馆CIP数据核字（2022）第075401号

责任编辑：袁桂春
印　　刷：三河市龙林印务有限公司
装　　订：三河市龙林印务有限公司
出版发行：电子工业出版社
　　　　　北京市海淀区万寿路173信箱　邮编：100036
开　　本：720×1000　1/16　印张：18　字数：297千字
版　　次：2022年7月第1版
印　　次：2022年7月第1次印刷
定　　价：79.00元

凡所购买电子工业出版社图书有缺损问题，请向购买书店调换。若书店售缺，请与本社发行部联系，联系及邮购电话：（010）88254888，88258888。

质量投诉请发邮件至zlts@phei.com.cn，盗版侵权举报请发邮件至dbqq@phei.com.cn。

本书咨询联系方式：（010）88254199，sjb@phei.com.cn。

好评如潮

"颠覆时代的必读好书。"

——大卫·雷伊（David Reay），索尼音乐娱乐公司高级副总裁

"这是一本宝贵的指导手册，循序渐进地阐释了如何激发、扩展和保持大胆的创新文化。"

——阿什·泰勒（Ash Tailor），乐高乐园全球品牌及市场营销总监

"满满当当的实战技巧，帮助企业更长久地生存和发展。"

——阿什·斯科菲尔德（Ash Schofield），giffgaff公司首席执行官

"我在一家像EA这样的游戏企业工作，对僵尸毫不陌生——我们不仅在自己制作的游戏里打僵尸，还在工作中打'僵尸'，也就是日常工作中把我们变得过时落伍的各种破坏性力量。后一种情况非常普遍。大多数领导者都在为创新业绩奋斗着、挣扎着。这本实战手册正是这些领导者需要的指南。"

——安迪·比林斯（Andy Billings），美国艺电公司（EA）盈创部门（Profitable Creativity）副总裁

"这是特纳的一本才华横溢之作，值得每一位志在追求可持续影响力的人阅读。它引人入胜，充满了智慧又不乏实用的思想、工具和技能。它能为企业界人士带来广泛的启示。"

——乔·韦德（Jo Wade），辉瑞（英国）肿瘤学专业客户经理

"当前的企业界有太多人空谈企业家精神，却不肯给予它赖以生存和发展的基本条件。'从何做起'常常成为最大的难题。对每一位想在组织中实现更高水平创新的领导者来说，本书堪称一流的实用指南。"

——丹尼斯·奥弗林（Denis O'Flynn），
保乐力加英国公司原董事总经理

"这本书中充满了必备的知识和不可或缺的策略，它们随时可供采纳和应用，以在组织和团队中建立创新思维模式。这本书以引人入胜且有影响力的方式编写，有效地把理论和实践结合在一起。十年以来，作者在各种规模和类型的《财富》世界500强企业中开展实验，得出了新的工具和洞察。它们集中体现在这本著作当中。"

——克里斯·帕尔斯（Chris Parles），英国创意艺术大学创意产业商学院
高级研究员、音乐与品牌建设项目总监

"创新以正确的领导力与文化开始和结束。这是一本令人耳目一新的著作。它通过众多实用的示例和工具清晰细致地说明了'如何'创新的问题。"

——加雷斯·赫西（Gareth Hussey），英国乐购（Tesco Mobile）公司
首席营销官

"简化和动员创新、实现创新的人性化方面最权威的领导力指南。"

——特蕾莎·柯特里卡（Teresa Kotlicka），索尼音乐娱乐公司
人才及文化顾问

"所有组织在面对创新时都苦苦挣扎。这本书确立了'团结一切可以团结的力量'这一战斗口号，带来了创新工作不可或缺的工具，堪称卓越的创新指南。"

——阿兰·布朗（Alan W. Brown），英国埃克斯特大学数字经济学教授

"一本不容错过的佳作。它大胆地打开了在现实世界中创新的大门。它引人入胜，贴近读者，提供了宝贵的技巧和洞察。它是各级领导者创建文化与营造氛围以培养和发展创新的必备参考书。它给所有'僵尸'敲响了警钟……再也没有任何借口了。"

——大卫·莱利（David Riley），商业心理学家

"这是一本实用指南。它能武装领导者和管理者的头脑，帮助他们在组织中开启更高层次的创新。"

——萨曼莎·西尔（Samantha Seal），On the Wing公司人才战略专家、总监

"这本书是领导者的福音，有助于启动和落实创新文化，并把这一文化变成自身和企业的生存方式。"

——劳拉·艾利斯（Laura Ellis），奥美（欧洲、中东和非洲地区）人才管理部门负责人

"凡是认真对待创新的人，无论他身在哪个行业、哪个职业发展阶段，都应该读一读这本书。这是一本实战手册，能帮助人们管理创新文化，在组织中逆风航行。"

——西蒙·柯林斯（Simon Collins），万事达卡高级副总裁

"终于有一本书讲到了创造、协作和创新。埃尔文·特纳巧妙地通过幽默的方式挑战现状，这是一本必读著作。"

——李·威多斯（Lee Widdows），英国创意艺术大学时尚学院副院长

"这本书不只是一本著作，更是一整套工具包，帮助高级管理人员推动积极的业务变革。无论你的预算和创新现状如何，特纳的著作中包含了制订和实现创新计划必需的一切。"

——本·苏利文（Ben Sullivan），Bibliotheca英国/爱尔兰分公司常务董事

序

关注创新人才，早日建成世界重要人才中心

科学技术是第一生产力，创新是引领发展的第一动力。大力推进科技创新势在必行。2020年11月，习近平总书记在浦东开发开放30周年庆祝大会上指出："科学技术从来没有像今天这样深刻影响着国家前途命运，从来没有像今天这样深刻影响着人民幸福安康。我国经济社会发展比过去任何时候都更加需要科学技术解决方案，更加需要增强创新这个第一动力。"

人才是实现民族振兴、赢得国际竞争主动的战略资源。2021年9月28日，习近平总书记在中央人才工作会议上强调："深入实施新时代人才强国战略，全方位培养、引进、用好人才，加快建设世界重要人才中心和创新高地，为2035年基本实现社会主义现代化提供人才支撑，为2050年全面建成社会主义现代化强国打好人才基础。"人才竞争是综合国力竞争的核心，创新驱动就是人才驱动，国家科技创新力的根本源泉在于人才，培养创新型人才是国家和民族长远发展的大计，要发挥人才在科技创新中的引领作用。

从经济增长理论来看，创新人才是一种特殊的经济要素，即其作为人力资本扮演重要的核心要素职能，又参与构建代表技术发展水平的指数级系数。可以说，创新人才是推动经济长期高质量发展的根本动力和保障。一个国家、地区或城市的综合竞争力越来越依赖创新人才的数量和质量。

近年来，我国科技创新人才队伍不断壮大，科技人力资源总量和R&D研究人员总量远超世界诸国，并且人才总量增速较快，呈现迅猛上涨态势。我国科技人才创新能力和国际影响力明显提升，科技创新人才队伍建设取得了瞩目的成就，高被引科学家和顶尖科技人才数量大幅提升，对社会发展的支撑作用不断增强。

当前，科技自立自强已成为决定我国生存和发展的基础能力，国家科技创新的关键就是要加强科技人才队伍建设，2035年基本实现社会主义现代化以及2050年全面建成社会主义现代化强国的宏伟目标，都对科技创新人才队伍提出了更高、更紧迫的要求。尽管我国科技创新人才的发展环境不断优化，科技创新人才队伍持续健康发展，高层次科技人才数量逐年攀升，但战略科技人才、顶尖人才仍旧匮乏，高端领军人才、基础研究人才、高技能人才等"高精尖"人才缺口仍然巨大，创新科技人才质量和水平亟待提升，科技创新主力军整体实力不足，难以支撑高水平科技自立自强。根据科睿唯安公布的"高被引科学家"名单，美国在2021年拥有2622位高被引研究人员，接近全球总人数的40%，虽然我国于2019年赶超英国成为全球排名第二的高被引人才大国，但与美国的差距仍旧显著。从全球学者库发布的"全球顶尖前10万科学家排名"来看，美国的顶尖科学家在全球占比高达40.0%，中国占比为14.6%，中国高被引科学家和顶尖人才数量均是美国的1/3。

为进一步丰富我国创新人才发展的理论体系，为相关政府、企业把握创新人才成长、使用的规律，进而为加快培育和造就创新人才队伍、有效实施人才战略提供理论前沿与实践指南，为我国加快建设世界重要人才中心和创新高地提供坚实的决策支持，电子工业出版社组织策划了"创新人才发展系列丛书"，优选了海内外有关创新及创新人才培养的最新理论与工具著作，涉及成为创新人才必备的创新理论、创新思维、创新技能和创新文化等，目的是进一步提升广大科技人员、创客、发明者的创新意愿与创新能力，进一步完善各类组织中创新人才的成长环境，进一步促进创新人才的脱颖而出和绩效倍增。

相信本丛书的推出，对我国战略科学家、科技领军人才、青年科技人才、卓越工程师、创新团队的发展建设，进一步优化我国各类组织的人才效能、人才环境，为我国早日成为"世界重要人才中心和创新高地"做出必要的贡献。

陈　劲

清华大学经济管理学院教授

中国管理科学学会副会长

中国科学学与科技政策研究会副理事长

译者序

创新是人类逐步拥有的一项复杂的智力工作，需要强烈的激情、伟大的领导力才能持续产生。然而，大多数组织在成长过程中，不免会遭遇思维的惯性、文化的惰性等"创新杀手"的阻扰，因此，真正实现杰出创新的组织少之又少。

作为一位经验丰富的管理咨询顾问，才思敏捷、广征博引的作家和教授，埃尔文·特纳立足于十几年的实践和研究，萃取了优秀创新企业的思想、方法、工具和手段以成就本书，旨在帮助创新实干者们行动起来，通过激发创意、开展实验，收获敏捷性和利润，并且实现创新活动的系统化和规模化。

作者开宗明义地指出，战略是帮助创新存活、成长壮大的关键所在。明确清晰的战略意图是战略的起点。接下来是创新战略的建立方法，其中的重点是战略动因与创新框架，以及战略与业务的一致性。这里强调的重点概念是"进步"以及用来衡量它的"进步单位"。作者把创新分为巩固式创新、扩展式创新和探索式创新，这和克莱顿·克里斯坦森教授的持续式创新、效率式创新和开辟式创新有异曲同工之妙。

作者把创新流程总结为"发现机会""找到解决方案"和"定义商业模式"三个方面。由此而来的创新流程图是贯穿这一部分的主线。发现机会的起点是洞察力，作者在这里提出了"创新粒子"的概念，并且再次强调了客户进步的重要性。作者还提出，与其打造更好的产品，不如培育更优质的客户。这里介绍的项目章程是在很多企业行之有效的优质工具。作者还论述了如何避开创新陷阱的问题以及商业模式的建立问题。

与战略和流程相比，虽然作者在能力方面的着墨不多，但是直击要害。例如，作者提出，要把实战和培训结合起来，并且推荐了培训方法，其中重点介绍了如何对高管开展培训的方法。其中的成熟经验包括面向创新的能力重组、建立创意咨询委员会等。作者认为，最重要的能力一定是面向未来的，并且给出了开始行动的具体建议。

创新是高度依赖情境的。作者明确提出要反对官僚主义，顺应人性。"人终究要多些人性，不要那么'僵尸'。"在重新思考文化的同时，作者还提出了"空间"的概念，并把空间区分为"排练空间"和"演出空间"，还分别论述了愿景、思维模式、资源及多样性的重要意义。

作者在书中一再强调，领导者在创新工作中扮演着极为重要的角色。他们的主要职责包括选择、行动和成长。作者从领导者的创新授权讲起，提出了极具实用价值的创新领导力问题清单。作者还指出，领导者本身、领导者的做法、领导者的安全感和个人意义都是创新体验的组成部分和重要影响因素。作者还介绍了领导者带领团队走过创新最艰难路段的经验和方法。

本书做到了多个方面的结合，包括理论与实践的结合，目标与手段的结合，说理与方法、工具的结合，未来与当下的结合，对人性的理解与对实务的追求的结合，严肃与活泼的结合以及图文的结合。这得益于作者丰富的实践经验和透彻的体悟，也使得本书超越了创新工具书的单一印象，为读者带来了多层次的感受和收获。

本书中提到，职场压力已经成为美国第五大健康杀手，这非常令人心忧。如何建立更健康的组织，培养更快乐的员工，拥有更加充满希望的未来，这不仅是创新问题，也是发展甚至生存问题。

尽管如此，这样的情况足忧不足惧，因为人生来就是创新能手。我们并不是在追求创新，只是在回归创新。创新并不是我们人生的彼岸，而是我们永远的乡愁。

陈　劲

清华大学经济管理学院教授

中国管理科学学会副会长

中国科学学与科技政策研究会副理事长

前言

"独角兽"大战"僵尸"

© 理查德·约翰斯顿

那是个遭遇"僵尸"的好日子。

这里是英伦大地久负盛名的亨利商学院(Henley Business School)。校园里一派旖旎的田园风光。40多位高管人员正在排队争夺我在地上标出的位置:

地板的一边标着"Unicorn(独角兽)"。它是专门用来形容炙手可热的、人人想要得到的、市值超过10亿美元的超级创新企业。

地板的另一边标着"Zombie(僵尸)",它代表正在走向衰亡的巨型组织,一路踉踉跄跄地跟跄前行。

任务：请站到你认为能最恰当地描述自己所在组织的那一边。

那天涌现了很多自称"僵尸"的活人。

事实上，每天都有大量的"僵尸"涌现。研究表明，全球企业的寿命正在迅速缩短。这种情况不仅出现在企业身上，在失衡企业里工作的经历本身同样可能是致命的。由于越来越大的职场压力带来的疾病，工作本身已经成了美国第五大健康杀手[1]。

到底是什么在推着"僵尸"走路？

饮鸩止渴

展开你的想象力：有一座深渊，它在你眼前不断扩大。你立足的这一侧正在飞快地塌陷着，抵达另一侧是你仅有的一线生机。你手里有一条绳子，可以用它荡到对岸。但是巨大的恐惧攫住了你，你的双脚像被钉在了地面上，根本不敢跳过去，你只是死死地抓着那条绳子，像握住一根救命稻草。地面还在不停地塌陷着。深渊的巨口张得越大，跳过去的风险就越高，恐惧感就越强，成功跃过去的可能性就越小。

这可能和电影《夺宝奇兵》（*Indiana Jones*）里的场景有些类似。但是，那种"紧握不放"的本能，也就是抓住自己熟悉的事物所带来的虚假的安全感，会在很多组织里引发不易察觉的、痛苦不堪的致命连锁反应：下滑的利润率，减员增负的所谓效率提升计划，因为不断"救火"而疲于奔命、离心离德的员工队伍，宁愿打折促销也不肯推行见效较慢的新型解决方案的销售团队，对于最终能够帮助我们一苇以航的创新缺少的起码的欲望和资源投入等。

在过去的25年间，在各种形式和规模的公司里，我见过太多类似的情景变换着形式不断上演。同时，我也看到了两种因素，它们极大地影响着创新的必然性和高绩效的实现。

---

[1] 《五斗米折寿》（*Dying for a Pay Check*），杰弗里·普费弗（Jeffrey Pfeffer），哈珀商业出版公司（Harper Business），第38页。

1. 拨动不一样的指针

我们珍视什么，就会衡量什么；我们衡量什么，就会得到什么。那么，是我们估计过高的事物为"僵尸主义（Zombieism）"打开了大门吗？

在大多数公司里，商业模式的风吹草动足以引发普遍的、焦虑驱使的下意识反应——尽其所能地攫取现金。

图书馆技术公司Bibliotheca英国/爱尔兰分公司的常务董事本·苏利文（Ben Sullivan）指出："绝大多数董事会会议室里最流行的思维模式是'我们热爱金钱'。为了本季度的数据，完全可以牺牲面向未来需求的创意。这个'可以'说得太轻松了。从来没人用如此非黑即白的眼光审视过它，但是，在人们内心深处，短期资金注入带来的多巴胺飙升的感觉太美妙了，简直让人无法拒绝。"

21世纪的变革速度意味着这种商业模式的微震已经成了司空见惯的常态。短期的、以攫取现金为目的的反应常常是由对新产品线没有产出的焦虑引发的。未来产品线需要更冒险的创意，而焦虑的孪生兄弟——恐惧——阻碍着企业支持这样的创意。这是一种循环悖论，它造成的后果是公司把自己活活吓死了。

组织需要适当的平衡力来抵制这种短期的、控制狂式的做法，因为它会掐断人们对创新的一切欲望，消灭所有超越现状的冒险。

麻省理工学院媒体实验室（MIT Media Lab）原主任伊藤穰一（Joi Ito）说过："渐进式提升注定随着时间走向消亡，尤其是在那些快速变革的行业里。"

企业的仪表盘上需要新的刻度和指针，以迫使我们在今天为未来做好决策，这些决策尤其与创新和变革带来的绩效提升息息相关。

2. 揭去"如何"创新的神秘面纱

曾经有一位沮丧不已的首席执行官，他见到我时说的第一句话是："不要跟我讲为什么，也不要告诉我是什么，请直截了当地告诉我怎样实现创新。"这位首席执行官刚刚被最近的一个创新项目伤透了心。

这也是我遇到的绝大多数组织共有的基本问题。说得更具体些，尽管组织都倾向于更多的整体创新，但它们最需要的是更多更大胆的创意。这些创意会在未来成为组织的收入来源。那么，这些创意藏在哪里呢？

如果我们把文化定义为一种"平常的事"，就不可能真正期待太多"非平常的"创意从日复一日、公事公办的企业运营中浮出水面、发展壮大。"非平常"创造的是一种来自现状的、可以理解的变态反应。它是一种可能把我们单调重复的、意料之中的工作方式搅得天翻地覆的生命形态。

（嗯……旺财，看来我们又要祭出"打折"这枚法宝了。）

©理查德·约翰斯顿

因此，多数组织大胆创意的"库存"空空如也，也就不难想象了。

有些人把创新视为"黑魔法"，但事实并非如此。因为几乎没有哪一家企业设计出了精妙的体系，保证创新不断重复地发生。所以，创新的这种特殊性质导致了失败，或者最多只能复制出同样的东西。

我曾在全球辅导过数百个创新项目，加上我们以及其他专家学者的研究，我发现当团队专注于以下6个领域时，更大胆的创新往往变成更不可阻挡、可以重复发生的成果。这6个领域各有一种简单的"启动"方法（见图1）。

图1 "启动"创新战略框架

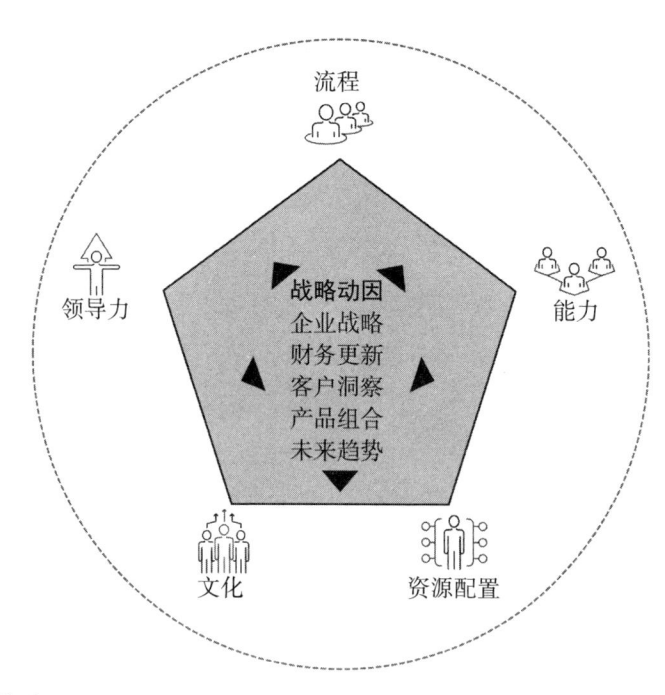

© 埃尔文·特纳

创新战略 特例式创新往往不断地遭遇挫败。与此相反，清晰的创新战略能提振其背后的整个业务。

流程 它指的是清晰的、有用的、高效的、人人都能理解的创新流程。它能为每个人带来创意的路线图。

能力 深思熟虑地获得和发展各种必需的能力，在满足眼前需求的同时，保证未来的发现和规划。

资源配置 同时为渐进式和颠覆式发展计划动态化地配置充分的、适宜的资源。在恰当流程的配合下，它能大幅降低创新工作中的资源浪费。

文化 以创新成果为基准，校准组织的文化和氛围，而不是盲目地"一刀切"。总体而言，渐进式创新属于细微的调整，其背后是人们相对熟悉的因果机制。它是可预期的、让人感觉安全的。因此，对它来说，最重要的是围绕结果确定性的种种衡量标准。相对来说，颠覆式创新的失败率更高。因此，它需要一种新的情境，带来更高的生存概率，而这通常是现状无力承担的。

领导力 武装和激励高层管理人员，帮助他们协调组织内适宜水平的创新和创业工作。

如果能把这6个领域结合起来，使之成为一套精妙的创新体系，企业就能为自己赢得最好的机会，就能确保今日之繁荣、明日之昌盛。

先启动，再扩大 本书的目的是帮助读者在多数企业失败的地方取得成功——开启创新，运用经过实践检验的工具因地制宜地保持创新。打牢基础，取得立竿见影的胜利，迅速树立起信心……接下来，在必要时，根据实际需求扩大规模，提高精细化程度。

每个组织都是独一无二的。尽管作者在书中介绍的工具都是普遍适用的，但是，在通向更大创新成果的旅程中经过某个节点时，只有你自己知道——在具体情况下，究竟什么才是对的。本书的作用是帮助你开启创新。到了一定阶段，只有你能够扩大创新的规模。

对苹果公司行之有效的方法不太可能为你带来一模一样的效果。发现和培育专属于你的创新基因是通向竞争优势的唯一途径。除了你，几乎没人能取得这些优势。

不适合学究 最后一点，这不是写给创新学究的书，而是献给广大的商业人士的。他们需要实用的工具、想法、研讨模版和引导提示，借此拉开创新的大幕。因此，我把本书分成了多个短小精悍、一针见血的章节，配上了实际操作建议，保证读者可以立即动手尝试（很抱歉，亲爱的学究们，这里没有什么创新的专业术语——至少我希望如此）。

很多企业不断完成自我调整，不懈追求可持续的、有利可图的意义。本书的内容就是建立在作者向这些企业学习的基础之上的。

这些企业创造的是更健康的组织、更快乐的员工和更加充满希望的未来。

它们没那么"僵尸"。

目录

第一部分　实用主义者的创新战略

> 在绝大多数企业中，创新就是一场激辩——一方是新创意，它脆弱易折；另一方是现状，它有着近乎压倒一切的强悍力量。创新战略有利于创造新环境，促进新创意产生并发展壮大。这是建立和保持创新佳绩的最重要方式。而且，它并没有那么难。

第1章　战略意图的力量 …………………………………………… 002

第2章　创新业绩成败的关键 ……………………………………… 006

第3章　谈钱 ………………………………………………………… 009

第4章　客户愿意出钱购买的创新 ………………………………… 011

第5章　多少创新算足够 …………………………………………… 013

第6章　无论你准备好没有，未来一样会来 ……………………… 020

第7章　探测来自未来的幽微信号 ………………………………… 021

第8章　模糊的视界 ………………………………………………… 029

第9章　未来究竟意味着什么 ……………………………………… 031

第10章　未来和它的怀疑者 ………………………………………… 036

第11章　引领，从未来开始 ………………………………………… 038

第12章　创新战略：启动 …………………………………………… 040

第13章　快速启动的创新战略研讨会 ……………………………… 042

第二部分　开启创新流程的快速通道

> 没有清晰有效的流程，就很难产生卓越的创新。这部分主要分享了全球创新领导者的实用工具。你的团队现在就可以开始使用这些工具。

第14章　"僵尸"为什么憎恶创新流程…………………………………………048

第15章　从洞察做起：创新粒子……………………………………………………051

第16章　客户洞察力："为什么"比"什么"更重要………………………………056

第17章　运用客户"流程"洞察力…………………………………………………062

第18章　构建良机……………………………………………………………………070

第19章　设计催化问题………………………………………………………………075

第20章　炽热的爱……………………………………………………………………081

第21章　为卓越做好准备……………………………………………………………082

第22章　组织创意会议………………………………………………………………090

第23章　如何选择正确的创意………………………………………………………093

第24章　"五日头脑风暴"…………………………………………………………099

第25章　追溯创意过程………………………………………………………………101

第26章　克服执行问题………………………………………………………………103

第27章　创新的火箭燃料……………………………………………………………105

第28章　创新的陷阱…………………………………………………………………109

第29章　如果你只读一个章节………………………………………………………122

第30章　怎么赚钱……………………………………………………………………140

第31章　让创意存活…………………………………………………………………145

第32章　仅凭你的绝妙创意是远远不够的…………………………………………164

第三部分　打造团队成员的创新能力

> 绝大多数组织都想要更多的创新，但是很少有组织会去"武装"自己的员工，帮助他们真正做到创新。这部分主要提供实用的策略、路线图和案例分析，帮助团队成员取得更好的创新业绩，把竞争对手甩在身后。

第33章　助力巧思 ··· 172

第四部分　时间、金钱与人才：如何为创新提供资源

> 日常工作不太可能为大胆的创新做好准备。这部分讲的是如何重新思考资源的管理和配置，以提高未来成功的机会。

第34章　谁出力，谁出钱 ······································ 181

第五部分　面向现实主义者的创新文化

> 文化的定义是"常事"（What is Ordinary）。然而，绝大多数的企业要求自己从现有状态的设定中获取非凡的创新。这部分阐释的是如何走出"一刀切"的文化，建立新文化，帮助更重要的创意一而再、再而三地脱颖而出、发展壮大。

第35章　以成果为口径，校正文化 ······························ 193
第36章　打造更人性化的组织 ·································· 198
第37章　创新的"文化空间" ·································· 201
第38章　大胆的创意不是诞生在舞台上的 ······················· 204
第39章　更高水平的创新文化 ·································· 211
第40章　创新搏击俱乐部 ······································ 225
第41章　就像开车不放手刹 ···································· 231

第六部分　引领创新改革

> 创新常常被称为领导者最重要的三件大事之一，然而，绝大多数领导者的培训和经验都是面向常规管理的。这部分为领导者带来了实用的工具，帮助他们带领组织走上创新业绩的新高度。

第42章　创新领导力授权···238

第43章　创新永远不会"自动发生"·····································239

第44章　领导力范围的勘查···241

第45章　放开胆子发展···246

第46章　这需要一位领导者···247

第47章　你就是用户体验···249

第48章　面对个人意义···255

第49章　忍受颠簸··258

第七部分　开启、提高

> 读完了这本书，你已经准备就绪了。但是，从何做起呢？"第一天"应该是什么样的？这部分会为你提供一些实用的起点。你可以从这里出发，逐步提高创新业绩。

第50章　启动···261

第一部分
实用主义者的创新战略

在绝大多数企业中,创新就是一场激辩——一方是新创意,它脆弱易折;另一方是现状,它有着近乎压倒一切的强悍力量。创新战略有利于创造新环境,促进新创意产生并发展壮大。这是建立和保持创新佳绩的最重要方式。而且,它并没有那么难。

第 1 章

战略意图的力量

为什么说没有领导者深思熟虑的选择就没有创新？

创新是一场争论，绝大多数的企业都是输家。

为什么？因为它们对创新太漫不经心了。

创新需要改变现状。通常，变革越剧烈，它引发的争议就越大。

因此，如果企业对创新不够重视，那么，它们付出的努力可能很快就会烟消云散：因为日常事务太过繁杂、太过强大，不可能为刚刚萌芽的、让人感到不便的、未经证实的、耗费资源的创意腾出空间。二者之间的较量永远是一场被操纵的、不公平的比赛。

从信马由缰的、与创新"约会"的心态转变为战略性的、永远在线的投入，这是培养创新巨擎的关键所在，如亚马逊（Amazon）、谷歌（Google）、皮克斯（Pixar）、奈飞（Netflix）、康宁（Corning）和特斯拉（Tesla）等，我们每天都会读到这些企业的新闻。

在这些企业里，创新是一种永无止境、矢志不渝的追求。它会在整个组织中实现战略的一致性，会嵌入组织的各个层面，会得到适宜的资源投入，还会获得恰如其分的、有意义的奖励。不仅如此，创新还是人人都能做到的。

和企业中其他职能部门一样，创新必须是有意为之的。一家企业通常会制定销售战略、财务战略、市场营销战略、信息技术战略和人力资源战略等，但是，我们很少听说过真正有意义的创新战略。当然，职能部门也许会在自己的战略中加入创新的成分，但实际上这是远远不够的。它们至多能够逐步提高组织的渐进式创新水平。

© 理查德·约翰斯顿

只要我们想要更多的创新（尤其是更多的颠覆式创新），就必须建立起专门的创新战略。这是谁都无法逃避的最低要求。但创新战略用不着有多复杂。

建立创新战略

如何建立创新战略，以激发可持续的、更高绩效的状态？

虽然每种创新战略稍有不同，但是有两种根本要素是所有创新战略都需要且都可以从中受益的。

1. 战略动因

战略动因也就是"为什么"创新的问题。它包括需要通过创新来拨动的那些战略"指针"，还包括我们对源自未来的变革的准备就绪程度的理解：

- 与企业战略保持一致——需要创新支持的总体方向是什么？
- 财务更新——现在和未来需要怎样的增长水平和更新水平？
- 客户洞察——对于今天和未来的客户而言，最重要的是什么？
- 产品组合——产品线中的新产品和新服务是否具备恰当的平衡性和流动性？
- 未来趋势——即将涌现的趋势将如何影响我们的命运？

2. 创新框架

它主要解决创新的内容和方式问题：在战略动因确定的情况下，应该如何组织和动员创新，把适合的新创意转变为新价值？这个问题可以分为五个方面：

- 流程（如何开发新创意，并将其转化为价值）
- 能力（必需的技能、经验和合作伙伴关系）
- 资源配置（资源的水平、流动和管理）
- 文化（支持创新的信念和行为）
- 领导力（谁来决策，如何决策）

这几个方面的统一可以帮助企业解答创新战略设计问题："创造条件，帮助大胆的创意涌现并发展。我们在这项工作中的表现达到了什么程度？"

纵观本书，我们会学习如何"开启"以上每个领域的实用方法（见图1-1）。我们还会看到各种各样的治理方法，它们能让创新工作进行得更加平稳。

聚焦这些领域能让每种创新战略获益良多，尽管如此，我们仍需要牢记一点：每个企业的具体方式各不相同。只有最有力地支持你的独特文化、方针和具体环境的创新战略才是"完美的"创新战略。

我们就从这个问题开始，它在很多情况下直接决定了可持续创新的成败，它就是——与企业战略保持一致。

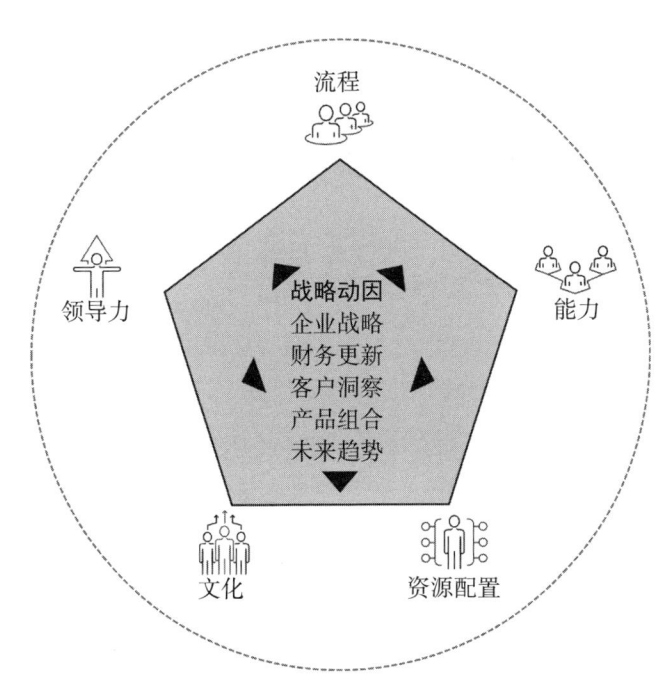

©埃尔文·特纳

图1-1 "启动"创新战略框架

第 2 章

创新业绩成败的关键

与企业战略保持一致会如何带来强有力的、可持续发展的创新动力?

研究表明,54%的企业在创新战略与业务的一致性方面存在困难。这意味着可能有许多创意在"盲目飞行"。经验告诉我们,"盲目飞行"的创意多是以坠落和烧毁收场的。

如果一项创意无法指向明确的战略着陆跑道,气流带来的颠簸将是不可避免的。

与战略目标保持一致可以保证创新的可持续性,同时也能把创新与商业成果结合起来,为其背后必不可少的连锁反应提供动力。一旦创新成了实现业绩指标的必要手段,它必需的资源、流程和文化在领导者的优先工作列表上的地位就会迅速跃升。

战略一致性还会拉动整个创新体系向前发展。在公司不太景气的时期,这一点对获得和保有战略创造力所需的资源尤为重要,因为它们通常会在萧条时期遭到削减。

困在一垒

首先要做的是现状核实(Reality Check)。我见过很多高管委婉地承认自己的企业实际上根本没有战略。它们有的只是一个收入目标和一份一年期的工作计划,这就是所谓的战略。这势必让那些有影响力的、可持续发展的创新战略找不到可供对准和校正的参照物。情况似乎变得很难办。

其实,没有战略并不意味着无法创新。实际上,企业的总体战略经常是在开发创新战略的过程中不经意地建立起来的。因为有关创新战略的对话会迫使企业围绕最重要的因素形成自己的看法，而这些看法定义了企业的未来。

如果你已经找到了战略，可以直接跳到本书第13章，把它当作实际工作的出发点。

把战略与创新连接起来

就算你的企业还没有战略，但至少应该对以下几个问题形成清晰明确的看法：

- 希望形成怎样的总体影响（从多个维度来看）？
- 预期的商业/财务目标是什么？
- 准备耕耘哪些市场？
- 商业模式和运营模式的区别是什么？

绝大多数情况下，战略要求规模化和影响力的增长。这一增长往往会超出现有商业模式和运营模式所能达到的极限。

但它并不总是一个增长问题。战略还需要运营上的变革，它是由根本产业动态的转变引起的。而这些动态或多或少地包含成败攸关的意义。

多数企业的现实情况是二者的结合——在变革中谋发展。

无论哪一种情况，当现有模式无法满足需求时，没有创新就不可能实现成功。任务越困难、市场越动荡，对更高变革水平的创新需求就越强烈。

战略要求的目标和现有的未来发展轨迹之间存在的差距，在本质上影响着创新战略。

这一差距包含着一种混合式经济的需求，从渐进式的持续改进到革命性的、足以带来重大影响的变革，统统蕴含其中。

创新战略的作用就是评估这一战略差距，协调并形成适合的项目、计划和实验的组合，最终弥合这一差距。

如何做到这一点？这个问题不存在标准答案。每家企业都可以开发属于自己的流程，以匹配独有的战略确定周期。本书通篇介绍的都是可能有用的方法，但是，最重要的是建立关联：如何让所有创新活动为战略的实现做出直接贡献？务必要彻底地明确这一点。

这在财务层面上意义重大（因此，我们不会把稀缺资源放在过多的"登月计划"上），同时在战略层面上也具有重要意义：在日子很好过时和很不好过时，创新都很容易遭到排挤。在这样的情况下，战略会变得脆弱易折。

要保持战略和创新之间的紧密联系，最有效的方法之一是建立财务依赖关系（见图2-1）。这也是第3章要讲的重点。

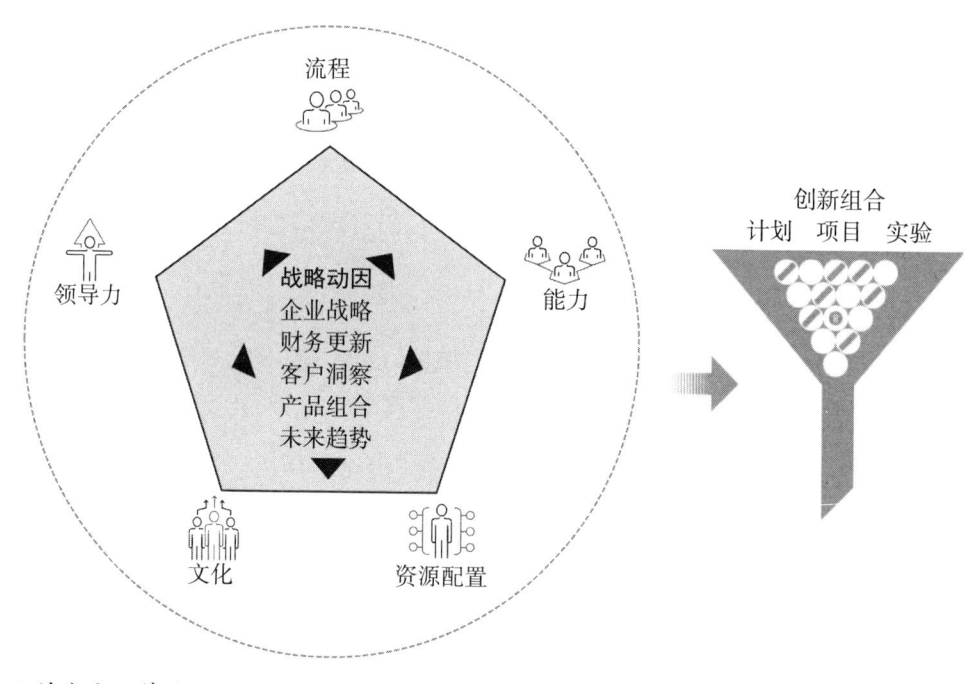

ⓒ埃尔文·特纳

图2-1　"启动"创新战略框架和创新组合

第 3 章

谈钱

运用衡量指标,把创新变成业务上的必然选择。

许多创新战略活不过一年。原因何在?——"先让我见到钱!"

入门规则:归根结底,创新战略必须通过某种方式在某个方面、某个时间尽快地带来更多的钱。如果做不到这一点,创新很快就会失去信誉,被现状碾碎。

温和的创新战略常常步履维艰,因为它们可能提出过多的计划。这些计划通常进展缓慢,而且容易犯商业上的"幼稚病"。我们稍后讨论如何在这些方面取得恰当的平衡。

问题在于,无论取得怎样的平衡,如果迟迟见不到财务收益,高管们的耐心依然会慢慢被耗尽。聪明的高管会利用这一点为自己服务。他们会设置财务目标,把创新变成必然结果。

3M公司的方法非常简单,一张报事贴®就写得下(报事贴®是3M公司5.5万种产品中的一种):"每个部门销售收入的30%必须来自4年之内的新产品。"销售指标直接影响奖金收入,所以每个人都很重视这一点。

> "每个部门销售收入的30%必须来自4年之内的新产品。"

这是一个很难但很有用的指标,因为它把财务增长与以客户为中心的创新紧密结合在一起。假如新产品无法为客户创造有意义的进步,它们就不可能带来可持续的收入。这同样有助于避免存在于很多企业的通病,即"为了创新而创新"的诱惑。

为新项目设定恰当的销售收入比例,同样有助于减轻对渐进式创新的过分强调。过分注重渐进式创新也是一种危险的做法。

我见过一家公司把这个比例定得过低。它要求10%的销售收入来自1年以内的新产品。当然，如果你是一台不可阻挡的颠覆式创新机器，且你的产品是易于实现快速改造的系列，那么很好，请继续加油。

然而，现实的情况是，这种创新焦点通常会带来大量现有产品的简单再包装，它们也被称为"新产品"。

如果你在一个成熟稳定的行业中寻求新形式的增长，那么，这种创新可能成为市场营销创新组合中的一个重要组成部分。它在短期内可能是行之有效的。但是，必须对这种容易令人自满的成功感保持警惕。这是因为，如果只顾着"摘低处的果子"，可能会因此牺牲了长远发展的投资机会。

好的，现在由你来决定。放眼未来，怎样的更新速率能够确保创新焦点落在正确类型的增长上？只有你能回答这个问题，答案可能因为业务单元的不同而不同。可能带来影响的因素很多，如：

- 行业变革的速度
- 即将到来的行业拐点
- 竞争优势的深度
- 与竞争对手相比，现有创新能力的强度

建议根据企业的具体情况，从比较适中的强度入手。在整个公司范围内建立因果关系机制，在不同领域里开展不同比例的实验，找到最有可能带来连续盈利的方法。

对于高管人员来说，这是一个重要问题。要在收入和创新之间建立怎样的因果关系，才能带来最健康的未来？

这是高管团队能够开展的最重要的对话之一。它可以成为一种财务指标，直接与奖金挂钩。这也许是最有现实意义的一点，也是保证董事会成员始终把创新置于优先考虑的强有力的激励因素之一。

第 4 章

客户愿意出钱购买的创新

精准聚焦于最重要的创新。

在收入和创新之间建立起因果关系,会形成强大的激励力量。

还有一种鲜为人知的关系,它拥有与之类似的力量,能降低创新风险,聚焦最重要的创新,揭示出追求创新的过程中最具盈利性的部分。

它就是——因为我们,客户的生活得到了多大程度的进步。

这句话是什么意思?我会在本书第二部分——开启创新流程的快速通道中更详细地论述。这里请先思考以下两个问题:

- 考虑到当下的变革速度,今天的客户为什么要在5年之后依然积极主动地选择我们的产品和服务,而不是投向我们的竞争对手?
- 这基于怎样的前提条件?在什么具体维度之下?

5年?!谁能跨越如此漫长的时间准确预测客户流失水平、保有水平和增长水平?

一位拥有3万名员工的企业高管告诉我:"别看我们现在干得还不错,整个公司垮掉只需要3年。"这是一个炙手可热的品牌,成立时就是数字化企业,深谙敏捷转型的要义。

但是,如果我们能预测什么对客户最重要,那会如何?我们会带着更大的确定性和更低的风险展望未来、投入创新。

运用下文描述的技巧,我们可以破解"进步单位"(Units of Progress)的秘密,这可能正是对客户最重要的东西。而且,实际上,"进步单位"的变化是极慢的——它往往在几十年里只发生一点微小的增量式的调整。

EA（Electronic Arts）是全球最大的电子游戏公司，这家公司的盈创部门副总裁安迪·比林斯（Andy Billings）指出："电脑游戏和它在30年之前的样子非常相似。"对一个以飞速而剧烈的创新著称的行业而言，比林斯的断言是相当大胆的。

审视客户进步的历史速率，能帮助领导者预测出：为了在未来保持竞争力，应该相应地保持怎样的进步增速。

使创新投资与客户进步的可能轨迹保持一致，这样可以为领导者提供更多关于竞争优势的选择。领导者可以选择更高的目标，以超越整个行业发展的进步趋势曲线，而不是通过渐进式创新换取最低程度的进步速率。

客户进步速率是一种约略而微妙的指标。它不是魔法公式，也无法带来百分百的确定性。但它是一种重要工具，可以帮助我们把创新工作同对客户最重要的事物统一起来，帮助我们抵挡那些看上去很美但很快就露馅的创意带来的诱惑。

读过第二部分的章节之后，务必着力建立具体的进步衡量指标，用它来指导创新战略。

第5章

多少创新算足够

如何规划创新资源才能创造足够远大的未来？

一位饱尝挫折的高管问我："怎样让员工把创新看作每天最重要的一件事？"

这个问题的答案可能有很多。但是如果问问"那些人"，他们最响亮也最一致的回答一定是"请给我时间！"毕竟，每周工作60~70小时的员工很难有多余的空间、精力和积极性开展有意义的创新。

无论怎么看，没人能做到从夹缝中挤出时间搞创新，并指望这些创新行之有效。我们不可能用这样的方式对待组织中的其他业务。同样不能这样对待创新。

想象一下：夜深了，财务总监终于把孩子们哄睡了，睡眼惺忪的他刚扫了两眼季度末财务报表就进入了梦乡。这正是很多组织里的人们对待创新的方式。

成功的创新者会深思熟虑地对未来做出战略投入。他们发现，为了实现财务发展目标（例如，30%的收入来自3年以内的新产品），必须对三大类创新给予充分的资源投入：

巩固式

- 产品：核心产品及服务的渐进式提升。
- 市场：服务核心客户群体，保持增长。
- 组织：提高组织的日常工作效率和效能。

扩展式

- 产品：尝试把前景看好的新产品推介给现有客户。
- 市场：向核心及新兴产品和服务的周边市场拓展。

- 组织：培养新增长必需的组织能力、体系和结构。

探索式
- 产品：新兴技术的实验工作。
- 市场：探索较不明显的客户细分市场，推广核心及新兴产品和服务。
- 组织：实验新的组织能力、体系和结构，它们都是变革不可或缺的关键因素。

每个组织都需要在各个领域持续保持均衡的创新投入。这样可以确保组织聚焦于三个关键点：让现有商业模式的绩效达到最优化；为未来的新增长机会建立产品线；使组织拥有足够的敏捷度和自我变革的能力，以适应市场发展的需要。

风险vs收益

冒险之旅越是远离核心业务，就要面对越多的不确定性和越高的失败风险，这是不可避免的。与此同时，可能获得的收益也越丰厚。

风险容易引起对渐进主义的过分强调，这是很好理解的。渐进主义在很多公司里占据了创新工作的85%~90%。正如我们先前所了解的，渐进式创新很重要。但是，在很多情况下，渐进式创新是远远不够的。

除此之外，渐进式的产品提升通常来自大型客户的功能性需求。这些提升中的很大一部分和更广大的市场无关。令人遗憾的是，这种所谓"客户驱动"的创新往往带来了对产品的慢性死亡和边缘化的投入，而我们设计这些产品的初衷是让它们一直存在下去。

一项最近的研究[1]表明，在所有市场发布过的产品中，仅有14%的产品可以被描述为"重大的"或者是更富颠覆性的，这些产品贡献了被调查企业总利润的61%。看上去，胜利似乎更偏爱比较大胆的人。

保持恰当的平衡

挑战是如何使三大类创新投入保持最优平衡，这与具体行业颠覆式变革的速度息息相关。

1　W. Chan Kim and Renée Mauborgne, 'Strategy, Value Innovation, and the Knowledge Economy,' *Sloan Management Review*, Spring 1999.

可以从10∶20∶70做起，这项经验法则主要用来确定创新投入的比例：

- 10%用于探索新市场，实验新技术。
- 20%用于前景看好的新技术及向周边市场的扩展。
- 70%用于加强核心业务。

我们驶离核心业务越远，就会面对越多的未知、越高的风险和越大的失败概率，这是不可避免的。这一现实使得绝大多数组织对扩展式创新和探索式创新投入不足，这会对未来的可持续增长和组织敏捷度造成严重的影响。

大多数组织通过"一刀切"的方式管理创新。这等于为自己埋下祸根：高风险的项目在过短的时间内接收过多的资金，一旦失败，势必结出极大的苦果。

我们会在下文详细阐述这一点，先看一个非常有用的比喻："水箱、池塘、海洋"（见图5-1）。它说的是10∶20∶70的比例。

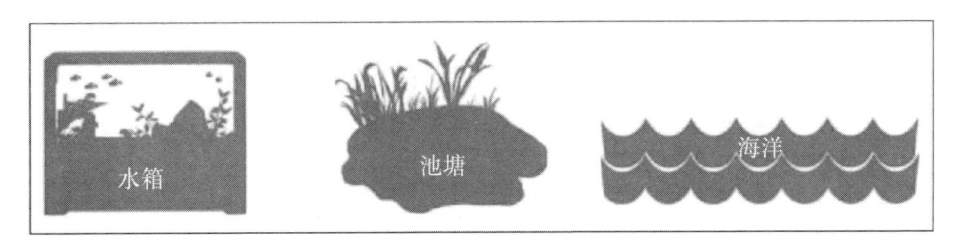

ⓒ 马克·比约嘎德

图5-1

这个比喻来自System-Two公司的马克·比约嘎德，马克的团队把创意进程描述为三大阶段：

- 水箱（10）：这里属于探索区域。人们会在这里开展大量实验，但只进行极少量的投入。因为绝大多数实验都会失败，仅有少数几项看得到成功的希望，它们会进入……
- 池塘（20）：各种各样的创意在这里孕育发展，直到它们表现出真正的未来增长潜力。
- 海洋（70）：那些显示出足够市场牵引力的创意变成了核心业务的一部分。

这种精心的、持续的三重关注可以为风险可控的增长和整个组织的调整建立起可持续增长的产品线。

10∶20∶70不一定适合你。它是个开启对话的良好起点，但是每家企业都要明白什么最适合自身所处的独特环境——环境势必随着时间而改变。

考虑到这一点，这里强烈推荐一种演练方法。领导者可以在团队中开展这种演练，以找到适宜的创新平衡：

（1）何为平衡？就目前而言，为巩固式创新、扩展式创新和探索式创新各自配置多少比例的资源为宜？请各位领导者分别写下来。

接下来，请领导者逐个分享他们的想法，并分析讨论每一种有意义的分歧背后的假设。在这些讨论的基础之上，就目前如何对三种类型的创新配置资源的问题形成广泛的共识。

（2）它的含义是什么？这种资源划分的讨论对实现公司战略有什么意义？如果暂时没有建立战略，可以讨论这一分配比例可能对3年之后组织的健康状况产生怎样的影响。

（3）应该做何改变？立足于战略/未来的需求，进一步修正和分解这些创新资源的划分比例。

几乎每家合作组织都发现，它们的绝大部分投入被绑定在短期的、渐进式的产品改进上。那里可不是安营扎寨的好地方。

适宜的资源配置并不存在一成不变的铁律，因为它实际上取决于我们所在行业的变革速度。总体而言，速度越快，就需要越多的探索。

它还取决于企业的成长目标。志向越远大，必需的探索式创新水平就越高。更高的回报通常出现在无人涉足的领域里。

关于探索式创新的现状核实

总的来说，成功的探索式创新离不开专门的资源和能力。2位全职专属人员致力于创新项目，远远好过6个人从其他事务中抽出时间来搞创新。

这种说法一定会让很多高层管理者感到难以接受，或者让他们不以为意，认为这根本不可能。选择为未来重新配置资源很难取得立竿见影的效果，这并不是一个轻松的决定。

出路常常存在于对现实的定义之中：仔细观察，组织目前是如何架构和如何配置资源的（如发展和保有之争），观察行业的变革速率，然后问问自己"我们应该成为怎样的人？"

从核心业务中抽调出更多资源,这看似颇具风险。实际上,它是一种审慎之举。

或早或晚,未来一定会到来,这是必然的。精明地投资均衡的创新组合意味着取得战略主动性,而不是整天忙着说"不"。

但是,我们依然必须做出选择,因为现状的力量不会允许这一切自然而然地发生。

折中办法

尽管上文强调了为扩展式创新和探索式创新配置专门资源的必要性,有时也可以请全职员工抽出一部分时间从事创新项目。

根据我的经验,这就是"有枣没枣打一杆子"(Hit-and-miss)的做法,大多以员工在夜里投身创新项目收场(他们的精力和工作积极性早在日间工作中消耗殆尽了)。

尽管如此,这依然可能成功,尤其当投入的是专家资源,面向的是扩展式项目,且这一项目已经在客户那里取得了一定动力的情况下——这样可以更容易地融合员工日常工作中的各种资源、体系和技能组合。

然而,对于探索式创新而言,真正的成功恐怕只能(至少在一定的节奏之下)发生在全时专职的资源条件下。

注意在巩固式创新、扩展式创新和探索式创新之间实现恰当的平衡,这是高绩效创新者的一大特征。

因此,如果你还没有找到有效配置和追踪创新组合资源的方法,可以从10∶20∶70分割法做起,并"摸着石头过河"。

创新组合带来的绩效

和专门为整个创新组合配置资源一样,通过创新组合管理创意的规模、潜在价值和发展速度同样重要。

如果组织的阻力在这些维度上破坏了创意的流动,势必打断作为创新战略目标的财务更新速率。假如控制创意流动的把关系统和流程都是建立在现状指标的基础之上的，我们就无法期待30%的销售收入来自4年之内的新产品。放眼望去，关隘重重。

我们会在本书第二部分（开启创新流程的快速通道）和第五部分（面向现实主义者的创新文化）里详细阐释创意流动的管理方法。这里首先讨论需要坚持的领导原则：立足于创新的目标战略成果，注意为整个创新组合设定均衡的投入比例，注意通过组合管理创意的流速。

创新产品线指标

实现了创新资源与客户进步和财务目标的一致性，就可以更有利地制定指标，通过创新产品线获得恰当质量和数量的产品。

每一个创新大类都有一定数量的项目正在运转。它们处于发展过程的不同阶段，其风险状况和资源配置情况也各不相同。

理解创新产品线的内容非常重要，然而很多公司对此含糊不清。只有很好地理解创新产品线正在输送什么、速度如何，我们才有可能为当前和未来做出最好的投资决策。

太少的探索式创意变成扩展式创意？请检查你的决策标准、资源配置或切换机制。未来3个月有太多的渐进式创意，导致了资源拥塞？请重新设置优先次序。太少创意从扩展式跃升成为核心业务？请沿着链路进一步回溯，检查商业模式假设和客户洞察。

从简单入手

这些表面的复杂性有时会让领导者望而却步。当然可以为此建立高度精密的门径管理追踪工具，配合投资回报预测功能，这些当然好极了。但是，如果只是刚刚起步，我的建议是从简单入手。

英国的一家大型休闲公司的首席财务官就是从一张简单的Excel表格、几种分类和几个问题做起的。

一致性："这个项目支持的是公司战略的哪个部分？"

价值："这个项目意在提供什么具体价值？何时到位？"

资源："这个项目的资源配置情况如何？"

状态："项目现状如何？下一步做些什么？"

在刚开始起步时，这些问题足够建立起有用的对话了。根据自身需要可逐步提升复杂性。

足以扼杀创新的产品线指标

快速提醒一句，虽然这位首席财务官拥有很好的直觉，但是，他提出的关于回报水平和时机的问题稍有些适得其反。

这些数字会把人们推向更可预测的创新项目那一侧，也就是能够迅速得出收入或效率数字的那一类项目。因为探索式项目是以学习为主要成果的，而电子表格是很难恰如其分地表述学习所得的，这势必会引起一定程度的质疑。

猜想人们提出了多少个探索式项目以及这一数量的变化情况，并没有什么意义。

因此，还是要谨慎前进，准确地衡量取得的成果。

创新产品线资源更新

跟踪短期、中期和长期情况也能带来更加有据可依的战略资源规划讨论，并影响创新产品线未来的生产效率。

知道某项技术趋势可能在5年后落地，会帮助我们筹划新的能力及合作战略，这是开发客户未来需要的产品必不可少的。

反过来，它还会影响关于能力培养的讨论。例如，5年之后哪些能力和角色定位可能是最重要的？如何找到最好的人才，赢在起跑线上？

领导者也概莫能外。不要想当然地认为领导者一定是最合适的人选，一定能带领企业成功地实现下一个阶段的发展。

这种对创新产品线的综合分析至关重要，因为它把战略、客户进步、趋势研判、前景规划、实验、试点和持续不断的产品改进串联起来。如果这些点实现了统一，创新的流动就会变得更健康。

第6章

无论你准备好没有，未来一样会来

要不断提出的三个有关未来的问题。

创新战略必须植根于现实——也就是正在发生的情况和来自未来的信号。令人遗憾的是，实际工作中的情况并非如此。

如果一家公司的战略和决策建立在假设的基础之上，而这些假设的显著特征早已悄然发生了改变，那么，这家公司无异于开足马力冲向礁石林立的危险海域。

成功的创新者会建立起"雷达"，帮助自己抢占未来的先机，他们还会做出两种选择：如何鼓动变革？如何应对变革？

他们的"雷达"不断提出三个问题：

- 发生了什么？
- 这意味着什么？
- 我们应该做什么？

如果组织里的每个人每天都在各个方面提出这三个问题，就会形成相当程度的战略好奇心。这是绝大多数组织没有做到的。

这是一项有利于盈利性影响力的超能力。

它还会带来"意义的建构"（Sense-making），这是麻省理工学院斯隆管理学院（MIT Sloan Business School）提出的一个概念，根据这家学院的研究，意义建构是拥有更好的愿景、更好的创新和更好的执行能力的最可靠的标志之一。

接下来讨论如何解决前两个问题，本书的其余部分主要阐述第三个问题。

第 **7** 章

探测来自未来的幽微信号

找到未来增长的破坏者和拯救者。

©理查德·约翰斯顿

  你的商业模式正不断地受到来自未来的攻击。
  昨天还炙手可热的东西可能在一夜之间冷却，一切发生在浑然不觉之间。只是因为某个地方的某个人想出了更好的创意，通过更好的方法生产出和我们一样的产品，甚至是更好的产品。

EA公司盈创部门副总裁安迪·比林斯指出："即使你做不到年年一把火烧掉自己的商业模式，你的竞争对手也会帮你这么做的。"

《为什么雪球滚不大》（*Stall Points*）的作者马修·奥尔森（Matthew S. Olson）和德里克·范·贝弗（Derek van Bever）指出，没能注意到这一缓慢的褪色，是增长停滞不前的最大原因。每个公司都会对自身成功的要素和秘诀背后的前提假设深信不疑。然而，斗转星移之间，市场动态会悄然转变，没能随之调整校正的企业最终只能迎来覆灭。

只有懂得感知未来、对未来做出及时反应，才有机会在未来赢得一席之地。

令人遗憾的是，许多企业始终没有摆脱震惊状态。对它们来说，未来永远来得那么突然，就像电影《星球大战》（*Star Wars*）里的"太空巡洋舰"（Space Cruiser）一样，突然之间从超空间（Hyperspace）里跳了出来。

我想这没什么值得大惊小怪的。我们先前已经看到，企业不会自然自觉地为未来配置足够的资源，也不会对即将到来的各种力量给予足够的关注。而这些力量终将彻底颠覆这些企业如今赖以进步的方式。

落实这些基本工作并不一定是费力的、成本高昂的。和所有其他事物一样，这些基本工作也有着不同的复杂程度。无论如何，以下两个基本的出发点值得认真思考：

- 高层管理人员在未来将投入更多时间。
- 绘制未来的地图。

高管时间：像贝佐斯一样专注未来

"如何打造不一样的、财源广进的未来？"你公司的高管投入了多少时间思考这个问题？说到底这是一个战略问题。然而，如果我们足够诚实的话，不得不承认很多组织中所谓的战略充其量不过是未来12个月的战术行动计划罢了。

据说，亚马逊前首席执行官杰夫·贝佐斯（Jeff Bezos）每个星期会拿出3天不受限制的自由时间，专门用来思考未来战略。

如果他的董事会忙于任何一件与今天有关的工作，贝佐斯都会告诉他们：你们没有做好本职工作。毕竟，人们对今天的情况比较了解，所以如果那些睿智的、拿着高薪的直接下属们确实没有很好地管理全局，这算是工作的失职，不是吗？

每个月的董事会会议是衡量领导者对未来重视程度的绝佳指标。绝大多数的董事会会议充斥着当前问题的最新情报，以及可供提前使用的信息分享。与其说这些会议是战略碰头会，还不如说它们是现状汇报会。

这一情况同样反映在日常工作中，即领导者对团队日常运营工作的投入远远多于公司职位赋予他们的应有职责。

在最近的一次研讨会上，有一位后起之秀感叹自己没有时间用来创新。他的全球首席执行官对他说："你知不知道我的感受？我是首席执行官，连我都没有时间搞创新。"

我强忍着没有笑出来，这太讽刺了。只是在当时那个场合下，我们没时间解决一连串的复杂问题。但是，如果说还有一个人能选择如何分配自己的时间，那只能是首席执行官。这个人对工作优先级别的把握会带来巨大的影响，而且这种影响会沿着组织架构一直向下传递。

无论如何，即使你发现自己身处这样一个组织，每天疲于奔命地应付眼前问题，依然有很多方法可以帮你为未来创造空间。我们稍后将讨论这个问题。

问问题、选数字

领导者常常对未来关注不够，因为没有一个人对未来具体负责。这和多数企业里没人对创业总体负责是一样的。

但是，如果我们要打破眼前不健康的强迫症、让天平恢复平衡，就必须让每位领导者与未来休戚相关。

在董事会会议上提出以下3个问题，这通常就是开启对话很好的起点：

（1）"我们平时投入多少时间来思考和讨论未来战略（从现在算起，一年之后的未来）？"

（2）"作为对未来战略负责的团队，我们应该投入多少时间？"

（3）"要不断地做到这一点，必须保证做到什么？"

如果"未来"这个词对你的团队来说过于含混不清，可以把它换成"战略"或者"创新"。什么管用就用什么，只要让对话进行下去就可以。接下来，确定一个切实可行的具体数字。

像杰夫·贝佐斯一样行事？这可能是大多数高管无法企及的起点。但是，拿出10%的时间是个切实可行的起点。对大多数组织来说，如果高管每个星期拿出四五个小时勾画和处理未来事务，一定能带来完全不同的新气象。

这就需要卸下一部分工作，而且这些工作通常是你的团队长久以来一直渴望你授权给他们的。

因此，请提出问题。让未来成为下次会议日程的一部分。在讨论结束时，只要是组织未来需要的领导者，一定会认同这次对话，认为这是对他们的时间最好的利用。他们总是这样的。那些不认同的领导者们？也许他们真的不是未来的一部分。

绘制未来地图

接下来的部分难度更高。

我们到底用这些时间做什么？

我的意思是，每个星期拿出四五个小时之后，究竟该如何思考未来？需要想多远？我们到底要找什么？我们用这时间做什么？

建议从最简单的部分做起，把复杂的部分留到后面。一开始，最重要的是为团队树立信心、培养兴趣，让大家认为这是把时间和努力用在了正确的地方。

可以从以下两种战略工具开始，它们都经过了实践的检验：

第一种是商业模式画布（Business Model Canvas）（见图7-1）。它是由创新公司Strategyzer的首席执行官亚历克斯·奥斯瓦尔德（Alex Osterwalder）开发的，一经问世很快变成了商业模式评估与创新的必备工具。读者可以在strategyzer网站上免费下载，也可以直接跳转到专业级别，在活动挂图上画出商业模式草图。它总是能或多或少地带给人们惊喜。

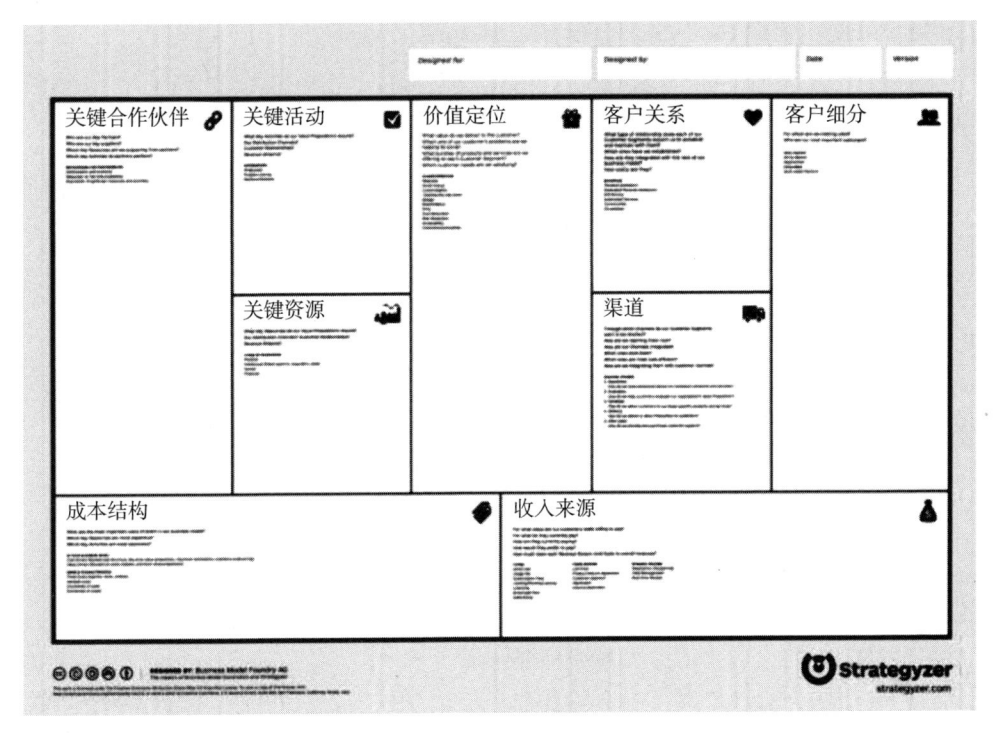

© Strategyzer公司

图7-1　商业模式画布

接下来，选出一部分业务来使用这张画布，每一栏用两三张报事贴®填写并完成。这相当于从三万英尺的高空俯瞰自己的商业模式，所以把注意力保持在大标题层面就足够了。我的习惯是从"价值定位"（Value Proposition）这一栏入手（也就是我们描述自己为客户带来什么进步的一栏），然后跳转到"客户细分"（Customer Segment）一栏。我还喜欢从"客户细分"一栏，即描述具体客户画像这一栏开始，直接跳转到描述客户进步的"价值定位"一栏。其余部分自行安排即可。

推荐读者观看Strategyzer公司为此制作的6段3分钟的系列视频，提前对"商业模式画布"有一个总体认识。相关视频在YouTube上搜索Strategyzer频道即可找到。

确定了使现行商业模式行之有效的关键因素之后，可以把重点转向来自未来的要素，它们会影响你的成功——或者有所助益，或者有所妨害。

我仍然建议把这项工作保持在比较简洁的水平上，建议使用PESTEL之类的战略工具。PESTEL代表的是政治（Political）、经济（Economic）、社会（Social）、技术（Technological）、环境（Environmental）及法律（Legal）6项要素。如有必要，也可以自行添加其他要素。

基于自己的商业模式，可以从中找出各项PESTEL要素。根据它们产生重大影响的预估时间，可以把这些要素分为三大类：1年之内、1~3年、3~5年，这样做可能很有帮助。时间的划分并没有一定之规，可以按照适合自己的方式划定时间框架。

会、不会、可能、必须

记住了每一项PESTEL要素之后，向自己提出以下问题：
- 什么会因我们和关键利益相关者而改变，为什么？
- 什么不会因我们和关键利益相关者而改变，为什么？
- 什么可能会因我们和关键利益相关者而改变，为什么？
- 什么必须因我们和关键利益相关者而改变，为什么？

这是帮助我们为未来的共同假设绘制画像的好办法。

2019年，迪卡（Decca）——一家因为超强创新能力而著称的唱片公司——走上了一条充满想象力的道路。在领导团队开始为公司的90周年庆典筹划新的创新战略时，每位团队成员都收到了一本"来自未来的日志"。

在接下来的两三个星期的时间里，领导们每天拿出几分钟的时间研究未来趋势，并把自己的看法、创意、白日梦、问题，包括因为自己的发现而引发的焦虑统统记录下来。

接着，领导团队重新集中在一起开会，讨论各自的发现，发布创新"宣言"（Manifesto）和路线图，指导该公司创新战略的制定工作。

拓宽对话、聚焦所有权

如果只是立足于现有知识水平，这项工作很可能只能到此为止。因此，一定要敞开对话，引入更多的、更专业的意见支持。如果我们试图把这项工作限制在董事会讨论的范围之内，那么，其洞察的深度和广度势必大大受限。这必然对决策的形成带来一连串的冲击。

如果某个领域对业务具有特别重要的意义，那么就要在这个领域里深耕细作。新技术往往是多数行业中的变革驱动因素，因此，在所有其他因素不变的情况下，可以考虑给它更多的重视，并把这一做法确定为默认做法。

同样地，可以考虑为每一种PESTEL要素建立一支团队，团队可以由员工和外部人员共同组成。务必极尽所能地把战略的每个部分变成现实。

未来的样子

还有一种实用的技巧：将你的发现形象化。这能让对话更富有流动性，让人人都可以参与其中，而且远比100页的PPT文档更加吸引人（100页的PPT自有它的用处，可以留在更深入的会议上使用）。

举例来说，可以按季度建立"洞察力雷达"，它能显示出来自未来的电流强度、能以即时快照的形式很好地告诉人们：来自未来的事物是什么、大概何时能感受到它的影响等。

走出房间

未来框架搭建就位之后，可以走出去，和客户聊聊你的所见所闻、谈谈这样可能如何影响他们未来的进步方式。你还可以参加各种会议、和极客们共进午餐、探访你所在"星系"的边缘、走进可能与你发生碰撞的其他"星系"。请注意：这是在善用你的时间！对你的公司来说，它的价值远远高于从你的继任者计划中窃取发展和历练的机会。

未来已来

关于这一点，你是如何慎重考虑的？如果你正在做此事，是否对收入数据感到满意？如果不满意，可以做些什么？

如果还没准备就绪，可以从高潜力团队中挑选出一位正在寻求挑战的人，请他在3个月内建立一个"洞察实验室"原型。一开始可以不设预算，也不做任何花哨的装饰，只是简单地竖起"雷达"，捕捉不同的看法，而且是董事会（以及其他人）可以探索的看法。90天之后，检查自己掌握了什么；接下来，根据实际情况的需要，逐步提高它的复杂性。

可以拜访其他行业和领域的企业，观察它们是如何做到这一点的。尤其要重点观察那些在数据分析方面走得很远的企业，看看它们曾经走过什么样的弯路，然后引以为戒。

明抢

一年又一年，未来抵达的速度越来越快，而且越来越让人难以预料。

企业领导者困在当前经营的荒烟蔓草之中，无力追踪来自未来的信息反馈，这是我见过的最大规模的商业"抢劫"案。这样的情况相当于组织正在遭遇光天化日之下的抢劫，被劫走的是战略思维。组织之所以聘请高级管理人员，就是为了带来战略思维。

第8章

模糊的视界

扭曲现实的三种声音。

《领导是一门艺术》（*Leadership is an Art*）的作者麦克斯·帝·普雷（Max De Pree）说过："领导者的首要职责是定义现实。"

现实就像酒，它表现为不同的烈度、装在不同的容器里。稀释过的酒常常比醇酒更适口，一酒盅比一海碗更好下肚。然而，如果没有灌过一坛最浓烈的醇酒，又怎会领略出绵柔以外的味道？

企业的寿命越来越短，这证明现实是无可逃避的。尽管如此，现实依然是可能遭到扭曲和否认的。

在探讨如何与现实打交道之前，先来看3种需要格外提防的假冒现实：摊薄的现实、似是而非的现实、捏造的现实。

"摊薄的现实"

这说的是宽度和深度问题。在很大程度上，我们是基于直觉、标准化报告、客户轶事和媒体头条来构建现实图景的。这些都很有用，但它们的信号强度不够强，也不够可靠，不足以为战略决策提供信息，并形成长期影响。

新技术的影响通常属于这一类。流行热词会让很多人点头称是，但是，热词很少能表达出技术的真正应用和对商业模式的意义。我们懂得的一切仅够装点门面罢了。

"似是而非的现实"

现实喜欢提出令人尴尬的大问题，它们通常不存在直截了当的答案。而下个季度的数字通常是禁不起等待的。

我们会含糊其辞地说："下次会议再议此事。我们可以多些时间好好考虑。"

于是，一件"更紧迫"的、战略层面的议事项目被提到了前面。掩耳盗铃式的合谋大行其道，被熟视无睹的现实慢慢靠近。

任何一具合格的"僵尸"都会保证董事会会议室里的大象数量（"房间里的大象"，用来比喻被人们集体忽略的现实）多于高管人数。这就是似是而非的现实。

"捏造的现实"

你在职业生涯中一定遇到过类似的一幕，只不过具体情节、人物有所不同而已。

狭窄的会议室里，5位筋疲力尽的经理一筹莫展地盯着虚无的远方。动过手脚的事故报告散乱地摊在会议桌上。

一位经理身体微微前倾，一边用双手搓脸，一边提议："照我说，为什么不告诉他们事实的真相呢？"

另一位经理大叫了起来："啊！我们不能告诉董事会真相，他们根本承受不了！"

我们面对的"现实"通常是我们喜欢听到的版本。如此说来，人们呈现给你的是兵荒马乱还是粉饰过的太平？

对领导者来说，要在如今这纷繁复杂的环境里找到方向、应对现实似乎是一件不可能完成的任务。根本不存在立竿见影地解决这个问题的法宝。

但是，为了长久地生存和发展，我们必须接受直面现实的必要性，尽管它是令人不快的。这里所说的现实不仅包括真正的现实，组织以内和组织以外的现实，还包括过去的、现在的和将来的现实。这意味着把我们定义和应对现实的能力变成真正的竞争优势源泉。

所以，如果你的组织内存在摊薄的、似是而非的和捏造的现实，务必现在就扼住它们的喉咙，把它们赶出门外，并放狗咬它们。

吸引你的是哪一种现实？

第 9 章

未来究竟意味着什么

如何理解即将发生的事及其对未来繁荣的可能影响？

任何人都可以收集来自未来的数据。这只不过是把符合条件的基本事实集合起来。每个人都可以选择并做到这一点。

把这些数据转变为有价值的、可以据此开展行动的洞察，这才是真正见证奇迹的时刻。

有三种重要的方法可以把这些数据转变为重要信息。在未来的某一天，你会感谢自己选择了重视它们。没有公司能做到完美，因此，这方面的一小步就是获取潜在竞争优势的一大步。

数据分析

这里说的是大数据。它能处理各种数字、发现规律、提出潜在场景。"数据科学家"（Data Scientist）已经成为发展最快的热门职业之一，这是有充分理由的——就某种程度而言，数据科学家能帮助我们预测未来。

这些被输入的数字一定是有出处的，这里需要的一项技能是设计战略，使之与恰当的输入、分析和输出的组合保持一致。物联网（The Internet of Things，IoT）是大数据的驱动力量之一。埃克斯特大学（Exeter University）的阿兰·布朗（Alan W. Brown）教授这样解释：

"想象你正在生产咖啡杯。如果在杯子里嵌入一块传感器会怎样？它能告知我们杯子在哪里，里面装着什么，内容物的温度是多少，我们的饮用速度是多少，我们怎样端着杯子，或者倾斜的角度是多少，我们每隔多久喝一口，拿着杯子的人心率是多少，杯子和杯子之间的距离是多少，等等。仿佛忽然之间，我们的咖啡杯变成了千万个即时传输的反馈回路，带给我们无穷的数据，这些数据会成为创新不可缺少的生命线。"

数据科学并不是答案的全部，但它带来的洞察的广度和深度会成为一种必要的手段，我们只能对这种手段给予足够的重视，不容有失。

外推法

简而言之，外推法（Extrapolation）就是选取一个已有的问题，推动它沿着逻辑进程不断向前直至进入未来，然后问一问："那会怎样？"

摩尔定律（Moore's Law）就是一个很好的例子。这条诞生于1965年的定律提出，计算机的总体性能每两年就会提升一倍。认识到了这一点，电脑芯片厂商可以在1985年根据数据粗略推算出进步速度，并据此规划创新的目标和相应的资源条件。

然而，问题涉及的价值越高，复杂程度就会随之增强——我们要预见众多因素可能会如何相互碰撞、在未来形成怎样的结果，这并不是那么显而易见的。丽塔·麦格拉思（Rita McGrath）教授称之为"预见即将来临的事物"（Seeing Around Corners）。

正在发生的生物科技、移民浪潮、资本流动、农业发展以及媒体消费等趋势相互碰撞，这会在你的商业模式画布上形成怎样的影响？这是一个更难回答的问题，同时也是一幅藏宝图，值得为之付出心血。

它可以在4个方面为我们的决策提供关键信息：

- 影响的总体可能性有多大？
- 影响可能在何时出现？
- 影响的可能性质是什么？
- 影响的可能规模有多大？

这实际上属于"情景规划"（Scenario Planning）的范畴。在壳牌公司的阿里·德赫斯（Arie de Geus）及其团队的努力下，这一理论在20世纪七八十年代大行其道。如今，情景规划早已成为众多组织的日常做法，它需要的是优质的数据、持续的努力和战略想象力的组合作用。

宜家家居（IKEA）的"家居生活"（Life at Home）项目就是一个可持续战略情景规划的典型例子。每隔几年，这家公司就会发布一次自己眼中的未来图景，在最近的一次发布中，宜家分享了6种未来家居生活的情景，而这是综合了对22个国家居民共计2.2万次访谈之后得出的结论。

科幻小说

劳氏（Lowe's）是一家入选《财富》杂志50强的五金工具厂商。它在建立未来情景的过程中有一段有趣的小插曲。战略制定者建立了一种名为"叙事驱动创新"（Narrative Driven Innovation）的方法。它是这样展开的。

劳氏把公司的数据交给经验丰富的科幻小说作家。作家们据此想象出可信的未来故事情节。在这些情节里，各种趋势交织冲突，客户生活中各种可能的摩擦不断出现。

接下来，这些脚本会被交到漫画家手里。他们会将其绘制成为连载漫画。这些漫画就成了劳氏公司开展创新发展讨论的基础，包括内部讨论和公司与客户的讨论。众所周知，牢牢地抓住未来很不容易，就像徒手抓泥鳅一样难。而这一做法是把抽象的概念形象化的绝佳方式。

每个人都能做到这一点。没有什么能够阻止我们开展这样的方法实验，以确定如何提高组织洞察力和后续创新的总体质量。从简单做起，逐渐用一到两年的时间把它发展成你的超能力。快速的、高质量的学习是目前仅存的几种竞争优势源泉之一，而且它永远不会消失。

在打造这种能力的同时，我们识别"可预期的惊喜"的能力也会增强，未来繁荣壮大的可能性也会随之提高。

发现缺失

第三种转变方法是最稀有的，也可能是价值最高的。

这就是审视环境、发现缺失的能力，由此可以发现人们还未意识到自己需要的某些东西，能把人们已经感受到但一时无法恰当表达的期待或渴望，用明确的语言清晰地表达出来。

英国车库说唱歌手Stormzy为格拉斯顿伯里音乐节（Glastonbury Festival）带

来了压轴曲目并迅速走红,他极富创意地把人们的注意力吸引到伦敦的持刀犯罪问题上。英国潮流专家李·威多斯(Lee Widdows)这样形容:"那是Stormzy,他在格拉斯顿伯里音乐节上穿着班克斯(Banksy)设计的米字旗防刺背心。"

威多斯指出:"最重要的文化洞察并不是通过算法发现的,而是由人发现的。人会有意地培养本能、准确地捕捉意义。"

尽管威多斯意识到了数据分析的价值,但是,对她来说,人的因素才是阐释的魔力绵延不绝的真正原因。

威多斯指出:"创意和突破性的产品创新的核心在于数据的综合、原创洞察的发现和接下来对这一洞察的响亮表达。这些来自刻意培养的一整套直觉,这种直觉是很多组织欠缺的,但也是教得会的。"

我是在英国创意艺术大学(University of the Creative Arts, UCA)遇见的威多斯,目前她在该校担任时尚学院副院长。我问她:"如此说来,一家企业应当如何培养这种直觉呢?"

威多斯回答:"在过去,艺术院校是要教授这些的。它们真的会创造一个安全的环境,教人们如何从众声喧哗中探测信号,不断尝试并观察什么是有用的,了解什么是不管用的。假以时日,在优秀导师的帮助下,这种发现缺失的直觉就会被慢慢培养起来。"

在另一种程度上,这种艺术院校的思维方式也变成了一种能力,即发现其他人已经完成的工作、认识其中的价值,并从稍有不同的方向超越其原作者。

苹果公司就是这方面最为人熟知的例子,它的多数产品都是别人想象的结果,但苹果公司把它们做到了更好。

比班克斯更班克斯

每家企业都需要自己版本的艺术院校。说真的,如果我们每年送一批人进入艺术院校,进修为我们和我们的行业量身打造的定制项目,会怎么样?他们将学会如何发现缺失的部分,然后把自己的发现带入创新项目中来。接下来,可以在内部组织TED风格的会议,一起分享已知、探索未知。我敢保证,你将是行业里第一家这样做的组织。

离开英国创意艺术大学时,我发现威多斯对男人的胡须做过预测。也就是说，她把胡须作为"一类事物"做出了预测。几年之前，她曾对某全球美容品牌提出建议：蓄须会再度流行，与之相关的商业机会将变得越来越大。但那家公司没有抓住这个机会。

结果，短短几年之间，几家规模小得多的竞争对手全力推出了时髦的胡须护理产品，成为时尚弄潮儿，一举超越了那家公司。

眼见为实？实际并非如此。

想积累这一领域的知识储备，下面是一些比较有用的资源：

《未雨绸缪：可预见的危机及其防范》（*Predictable Surprises：The disasters you should have seen coming and how to prevent them*），作者：马克斯·H. 巴泽曼（Max H. Bazerman），迈克尔·D. 沃特金斯（Michael D. Watkins）（哈佛商学院出版社）。

《周边视野：探测引发公司成败的弱信号》（*Peripheral Vision: Detecting the weak signals that will make or break your company*），作者：乔治·S. 戴（George S. Day），保罗·J. H. 休梅克（Paul J. H. Schoemaker）（哈佛商学院出版社）。

《理解未来的7个原则：如何看到不可见，做到不可能》（*Flash Foresight: How to see the invisible and do the impossible*），作者：丹尼尔·伯勒斯（Daniel Burrus），约翰·戴维·曼（John David Mann）（哈珀·柯林斯出版社）。

第 10 章

未来和它的怀疑者

还有三种敷衍未来的声音。

把数据转化为有意义的、可以用来指导行动的洞察之前，务必提防3种类型的"僵尸大军"。它们分别是偏见（Bias）、无知（Ignorance）和自鸣得意（Complacency）。

即使是世界上资源最丰富的组织也难逃它们的影响。实际上，在很多情况下，资源越是丰富，"僵尸"的力量就越大。

偏见

通常情况下，无论有意还是无意，偏见总是能战胜逻辑。假如我们对自己、团队和世界的基本认识是靠不住的，很有可能做出不利于我们共同的未来利益的决策。

我经常遇到刻板偏见的一个重要来源，但是很少有人提到——恐惧。当一位经理看到问题端倪时，他的内心深处会产生恐惧。这种恐惧会带来否定式的、令人发疯的控制欲和微观管理，它们都不可能为未来带来好的决策。

论述组织内偏见范围和危害的著述有很多。如果你从来没分析过团队或者组织内部盛行的偏见，现在就应该行动起来。理查德·肖顿（Richard Shotton）的《反直觉》（*The Choice Factory*）可以作为不错的起点。

无知

"无知"看了一眼数据，耸了耸肩走开了。这些数据太复杂或者技术性太强，令人难以理解。但是人们并没有选择邀请一位懂行的专家帮他们理解这些数据——傲慢常常是高层管理者的通病。结果，重要的问题被贴上了"不重要"或者"再议"的标签，被轻轻打发了。

自鸣得意

"自满"看了一眼数据，发自内心地认为，这些数据既没体现出重大的威胁，也没带来有意义的机会（"偏见"和"无知"通常也会在这时赶来凑热闹）。

我们总是一不小心就会低估未来趋势的影响力。历史告诉我们，当大型组织目睹初创企业云集、成势时，这样的低估会体现得尤为明显。这也是人类历史上最有影响力的创新巨著之一的主题，它就是克莱顿·克里斯坦森（Clay Christensen）教授的《创新者的窘境》（*The Innovator's Dilemma*）。如果你还没读过这本书，现在就下单买一本吧。

"昙花一现而已。"这是当年的行业巨头们对初创时期的爱彼迎（Airbnb）、优步（Uber）、奈飞和众多引发行业地震的企业的经典评价。如今，那些当年的巨头早已衰败不堪（有的已经关门大吉了）。

我曾在一家全球最大的电信基础设施企业工作。当时，中国的华为公司刚刚开始起步，正在努力获得和提高国际市场份额。当时和客户开会时经常听到一句玩笑："华为……'我是谁？！'"。（华为的发音类似于英文Who are we的发音。——译者注）

不到两年，华为一举成长为全球市场霸主。

你也在忽视"一现的昙花"吗？

第 11 章

引领，从未来开始

未来要求我们现在就回答的几个问题。

说到底，是领导者选择了组织的未来。但是，现状是个可怕的敌人，它总能轻而易举地分散高管的注意力，让他们看不到即将来临的事物。

领导者起码要建立起定期的、有意义的审查机制，重点关注以下几个方面：

为未来配置资源

- 谁主要负责思考未来？
- 他们的"未来时间"的质量和数量是否足够充分？
- 为了更准确地探测"来自未来的幽微信号"，还需要什么额外资源？
- 我们是在做万无一失的投资，还是在期待奇迹？

发现趋势

- 我们正在追踪哪些趋势？为什么？
- 哪些趋势对我们的商业模式具有最大的潜在影响力？
- 我们正在按照怎样的频率追踪趋势？
- 信息来源的质量如何？

解读

- 多久更新一次市场场景？
- 把趋势数据转化为指导行动的洞察，我们在这一点上的效率如何？
- 在设计精确的场景方面，如1年期、2年期、5年期和7年期的场景，我们的过往记录表现如何？

- 董事会每隔多久参与一次场景讨论和战略启示讨论？
- 产品开发团队的决策流程有没有明确反映出新兴市场洞察？反映程度如何？

要有目的地追踪未来，很多企业没有做到这一点。如果知道有多少企业没有做到这一点，你一定会大吃一惊。要为自己量身打造这项能力，并逐步提高这项能力。这是在为自己投资，打造"僵尸克星"。

第12章

创新战略：启动

启动创新战略需要一份清单、一套行动方案和配套资源。

只有深思熟虑的创新才能开花结果。只有如此，才能抵挡现有业务压倒一切的巨大力量。

创新战略包含的"最重要的"潜在因素有很多，我的经验告诉我，一开始时，以下步骤足够我们以最快的速度取得最大的进步。

（1）把起点设定在未来：描绘未来图景，从起点开始，搞清楚为了实现这一图景必须做到什么。

（2）定义财务指标：确定一套不容讨价还价的财务指标，把创新变成必须做到的事（例如，销售额的30%必须来自3年之内的新产品）。

（3）画出客户画像：画出粗略的客户进步轨迹，选择你想与大众产生共鸣的点（如果目前这一点太新或太难，可以先跳过去，阅读相关章节，稍后再返回继续）。

（4）配置资源：为创新组合配置资源目标，使得财务目标和进步目标更容易实现——要在其中融入足够多的更具颠覆性的探索，也就是如果听之任之，组织一定会选择逃避不做的颠覆性探索。刚一开始，可以实施10∶20∶70的投资比例，随后一边学习一边根据具体情景建立更精准的配置方式。

（5）指定负责人和赞助人：确定由谁具体负责创新工作、由谁为创新提供资金（集中式vs分布式）。比如说，巩固式创新项目也许依靠本地资源就够了，探索式创新可能需要集中式投入，而扩展式创新项目也许离不开二者的结合。

（6）建立创新通路：成立一支团队，专门负责为探索式创意找到通路（和依赖关系），使之成为巩固式创意，任务期为90天。明确平均过程的用时目标，也就是从创意产生到跨越整个组合的平均时间，还要为之设计测量指标，确保阻力的最小化。

（7）明确责任：协商一致，明确工作责任制度。

专门的创新战略带给我们提高和保持创新业绩的最大机会。长久以来，我们一直在用相同的方式对待业务的其他方面，为什么不把它用在创新工作上呢？创新并没什么特别的不同。

在开展上述工作的过程中，我们会不可避免地做出假设，有时甚至是从猜想开始的。但是，任何一项战略说到底都是某种形式的假设，所以，要坚定不移地一边快速学习，一边加速前进，早日获得更高的确定性。

等到万事俱备再行动的人永远都不会出发。

第 13 章

快速启动的创新战略研讨会

逐步递进的、实用的研讨会,将帮助团队打造创新战略。

这里简要介绍一种形式的研讨会,我曾经用它帮助过很多企业在清晰的战略并非一直可用的情况下启动创新工作。你可以对它随意改动,使之适应自己的目标。

准备阶段

- 预定一次高管会议,1个月后召开(参会人数最好不超过12人,因为少于12人的效果会更好)。根据我的经验,要选择一天中最恰当的时段,才能保证恰到好处地实现会议目的。不要试图走捷径——否则你一定会后悔的,当天就会后悔。
- 在会议邀请函中放入3张空白明信片。收到卡片的人要在每张卡片上写下一项关键里程碑,也就是公司必须在3年之内实现的重要目标。注意,里程碑应该是整个公司的,而不是某个部门的。在这一阶段,要刻意保持模糊性(稍后你就会明白为什么这样做),还要请与会者对即将出现的趋势及这些里程碑的潜在影响做出必要的思考。
- 预定一间会议室(最好不在公司里),会议室里一定要有一大面墙,足够每个人舒舒服服地站在前面,而且可以在上面随意涂画或者贴满白板纸。(如果因为会场不允许使用蓝丁胶,创新战略研讨会连第一步都没迈出去就失败了。再没有什么比这更糟糕的了!)

会议

- 把下面的表格贴到会议室墙上。

第1年	第2年	第3年

- 再拿一张白板纸，写下"依存关系"（Dependencies）这个标题，并在它下面抄写这些子标题（作为提示器使用）：
- 洞察。
- 产品/服务。
- 收入/节约（或者其他价值）。
- 资源。
- 关系。
- 能力。
- 协作。
- 合作伙伴关系。
- 领导力。
- 决策。
- 把这张白板纸贴到附近方便看到的位置。
- 邀请所有人简略分享自己的3张明信片（领导最后讲）。可以把这些明信片贴到墙上；也可以把它们放在地板上，大家围坐一圈。

快速插一句：这是发现总体假设与重点工作之间真正一致性的绝佳方式。那些隐而不显的东西，却足以成为团队内部冲突的诱因。这实际上借鉴了音乐专家克里斯·帕尔斯（Chris Parles）的做法。他用这种方法帮摇滚乐队开发商业战略。

帕尔斯告诉我："当非要人们说出什么最重要时，他们通常会隐晦地透露自己的价值观、信仰和期望——平时这些都是深藏不露的。因此，这不仅是建立战略一致性的绝佳途径，还对思考一支摇滚乐队乃至任何一支团队需要共同走过的文化历程有着极大的帮助作用。"

刻意保持上述里程碑问题的模糊性，可以促使每个人自觉思考对自己最重要的是什么，而不是从一开始就用明确的销售收入目标或者市场份额引导对话。这是一种非常有用的技巧，适用于很多场合。

好了，现在回到研讨会……

- 当每个人都分享了之后，先就分享的内容进行一轮讨论。哪些内容突出引起了人们的注意？哪些因素最具有普遍性？哪些潜移默化地透露出我们是一支团队？还缺少什么？假如每个人都提到了财务指标，这说明了我们真正的人员价值和文化价值中的什么内涵？假如人们过度关注竞争对手问题，这是否说明我们缺少真正的客户导向？
- 就3年之内最重要的3项里程碑达成一致意见。
- 记住这一点后，转向墙上张贴的3年时间表，在提示器的帮助下问问自己："要实现这些里程碑，必须保证做到什么？"从右侧一栏开始，写下具体的依存关系，然后按照时间的倒序向左依次填写。以上文的图表为例，先填好"第3年"那一栏，再填写"第2年"，以此类推。（请注意，我们不需要写下提示器里的每一项依存关系，选择适用的部分就够了。）

这个过程会帮助我们为创新战略奠定广泛的基础。虽然我们会在这个阶段不可避免地做出大量假设，但是我们毕竟迈出了第一步！我们克服了最大的障碍，这个障碍拦住了大多数公司的去路，阻碍着它们更富有战略性地开展创新工作。

当这个阶段结束时，我们已经有了一份3年创新战略的原型，它是后续研讨的基础。当然，我们还需要把它提升到下一个层次，做出进一步的细化，才可能用来指导行动，但是我们毕竟开了个好头。

同时开启的还有一种强有力的、讲述故事的附加作用，它会在你从事其他业务的过程中发挥无与伦比的价值。英国饮品巨头保乐力加（Pernod Ricard）公司组织过一次与此类似的活动，名叫"千日之旅"（1000-day Journey），结果它变成了一种极其有用的沟通工具，稳固连接了各种项目、进步和计划——帮助员工看清更大的局面，认识到这些局面是如何在平日肉搏战般的不停忙碌之外不断展开的。

通常情况下，大多数领导者都会表示，这样的研讨会是他们长久以来见过的最好的、最有价值的对话。"应该多组织一些这样的活动！"这是我听过最多的评价。

下一步，要验证这些假设，确定来自未来的哪些趋势可能会阻碍我们取得成功，同时还要留意可能的有利趋势。这里可以使用此前提到的两种工具——商业模式画布和PESTEL分析模型（PESTEL分别代表政治、经济、社会、技术、环境、法律6项要素）。

最后，为讨论过的各个领域指派负责人，商定30天之后再次开会的具体时间。

下次会议的目标是评估学习效果，把对话聚焦到更加细化的战略版本上。到那时，我们已经做好准备，可以开始更广泛的交流并建立行动计划了。

请先不要离开会议室……

接下来通常是这样的。

人们斗志昂扬地离开了会议室，结果被吸进了电子邮件收件箱的"僵尸牵引光束"（Zombie Tractor Beam）里。30天之后，我们只会为自己找借口，一再拖延会议时间。情况真的可能会这样。但是，我们要知道，一旦失去了前进的动力，就很难再找回来了。

应该这样做——用离开会议室之前的半小时好好回答这个问题："为了让下次会议的讨论富有成果，并为此提前做好准备，我们必须做到什么？"一定要目标明确、切实可行，还要对彼此负责。为自己设计一条成功的必由之路（仅仅是这一条要求，就足够成为邀请一位主持人来主持会议的理由）。

如果你很想把这一讨论放在下次董事会会议结束前进行，请不要这样做。相信我，即使你这样做了，大家也只会心不在焉，不大可能真正付出心力。那样的对话只能是虎头蛇尾。这一类对话需要自己的专属空间。

这是一种很好的对话开启方式。其他的方式可能会显得过于脆弱，不足以开启对话。它还有助于人们切实了解创新真正需要什么，以及广受尊重的领导者应该是什么样的。

尽管如此，因为创新实际上是一场争辩，所以，高级管理团队必须把创新当作自己工作中新的三大优先事项之一，并通过设计问责措施使之保持最高的优先级别。在过去的合作中，我见过太多公司在开完首次会议时觉得自己天下无敌，结果，短短半年之后，他们就把它忘得一干二净了。

彼得·德鲁克（Peter Drucker）说过一句很著名的话："在文化面前，战略就是一碟小菜。"

"僵尸"就隐晦多了。它们会悄悄地蚕食创新战略，直到最后你都没意识到战略已经被吞噬殆尽了。

如果你决定举办这样的研讨会，可以从belesszombie的网站下载模版，按需修改和使用。

在继续之前，还有最后一点。

让创新进入"效能状态"

EA公司盈创部门副总裁安迪·比林斯指出："如果缺少了创新和创造力，企业失败的可能性高达95%。我们必须立志成为胜出的5%，还要认识到，这一切并非一夜之功，而是多年一贯的长远战略。"

要想成为胜利的5%，离不开明确的、得到高层管理者支持的、自我更新的创新战略。这是其中最重要的一项因素。

顶尖的创新者走得更远。

他们当然拥有为自己量身打造的创新战略，但那只是服务于更高成就的一个着眼点和协作必要性：企业要把创新当作一种思想状态，作为整个组织的效能状态。

这种效能状态是对当前的紧迫感和对未来的饥渴感。创新不是麻烦和不便（在大多数依靠现状驱动的公司里，创新就是麻烦和不便），实际工作中的模式正好相反。当创新受到威胁或者创新缺失时，会出现一种健康的反抗。

第二部分
开启创新流程的快速通道

没有清晰有效的流程，就很难产生卓越的创新。这部分主要分享了全球创新领导者的实用工具。你的团队现在就可以开始使用这些工具。

第14章

"僵尸"为什么憎恶创新流程

看似简单的创新流程是如何提高竞争优势的?

流程是对创新业绩产生最重要影响力的一大杠杆。它也笃定令人感到枯燥乏味。

之所以枯燥乏味,是同创新给人们留下的印象——火花四溅、多姿多彩、冒险精神、天才式的创造力——相比较而言,流程本就如此。但是,流程也是让人放心的,因为它在意料之内,是可以管理和度量的,而且流程一直在组织生活的所有其他方面持续不断地带来良好的成果。

流程让创新变得更安全。没有什么能保证零风险,但是流程更有可能带来我们需要它带来的结果。

因此,"僵尸"对出色的流程深恶痛绝。

即使如此,在我接触过的组织里,只有10%的管理者认为自己的公司建立了清晰的创新流程。这意味着有90%的企业要么没有流程、信马由缰,要么没有做好已有流程的沟通工作。

对于那些认真对待未来影响力和盈利能力的组织来说,这真是个坏消息。流程的缺失不仅会助长平庸想法的产生和实施,而且会让创新的管理、度量和规划变得难上加难,因为组织对以下方面几乎不会有任何深入认识:

- 整个公司的员工是在怎样的指导思想下工作的。
- 这些项目旨在创造的价值何在。
- 它们是否与总体战略保持一致。
- 公司的重复劳动情况如何。
- 这些思想目前处于哪个阶段。

- 公司为这些项目配置了什么资源。
- 创新历程的有效性（速度、质量、范围）。
- "孤儿创意"（Orphan Ideas，指超出所在团队职权范围的创意）的结局是什么。

此外还有很多……

如果不具备某种最基本的创新流程，我们的企业可能永远都在奋力实现最低目标，永远表现不力。

从哪里开始

流程用不着多么复杂奇巧，但必须清楚明白。当我们追求的创意远离当前的核心业务时，更要做到这一点。渐进式创新通常需要较少的流程，因为它们往往包含了一部分的日常工作，可以通过已有团队和资源完成。

越是颠覆性的创意，越有可能需要加大马力、浪费资源、刺激高管团队的神经。

我遇到的绝大多数领导者都告诉我，他们更想要颠覆式创新。既然如此，某一类型的流程就是必不可少的了。

远离核心业务的创意究竟需要怎样的流程？

我们在全球最具创新力的公司里发现了一种高度类似的、轻量级的流程，它们会沿着三个步骤展开。这三个步骤缺一不可、次第展开（见图14-1）。

第1步：发现机会（客户/机会匹配）

- 发现合适的问题和机会。
- 设计创新问题。

第2步：找到解决方案（机会/解决方案匹配）

- 产生创意。
- 评估和选择创意。
- 通过实验验证假设。
- 扩大实验规模，整合实验。

第3步：定义商业模式（解决方案/市场匹配）

- 确立切实可行的商业模式（一种或者多种）。

只有存在充足的数据保障，创意才有可能在各个步骤之间发展和进步。

最优秀的创新者会在重点工作和灵活性之间找到平衡。他们拥有清晰的流程，来指导创新工作的每一步。同时，他们也很清楚，想要获得最优成果，流程必须具备足够的灵活性。

本书的这一部分会带你深入幕后，审视创新流程的每个阶段，并为你带来实用的工具，帮助你在团队和组织内部快速开启类似流程。

发现合适的机会	设计创新问题	产生创意	评估和选择创意	通过实验验证假设	扩大实验规模，整合实验	确立切实可行的商业模式
发现机会（客户/机会匹配）		找到解决方案（机会/解决方案匹配）				定义商业模式（解决方案/市场匹配）

© 埃尔文·特纳

图14-1

第 15 章

从洞察做起：创新粒子

通过关注多数公司所忽视的，化解创新风险。

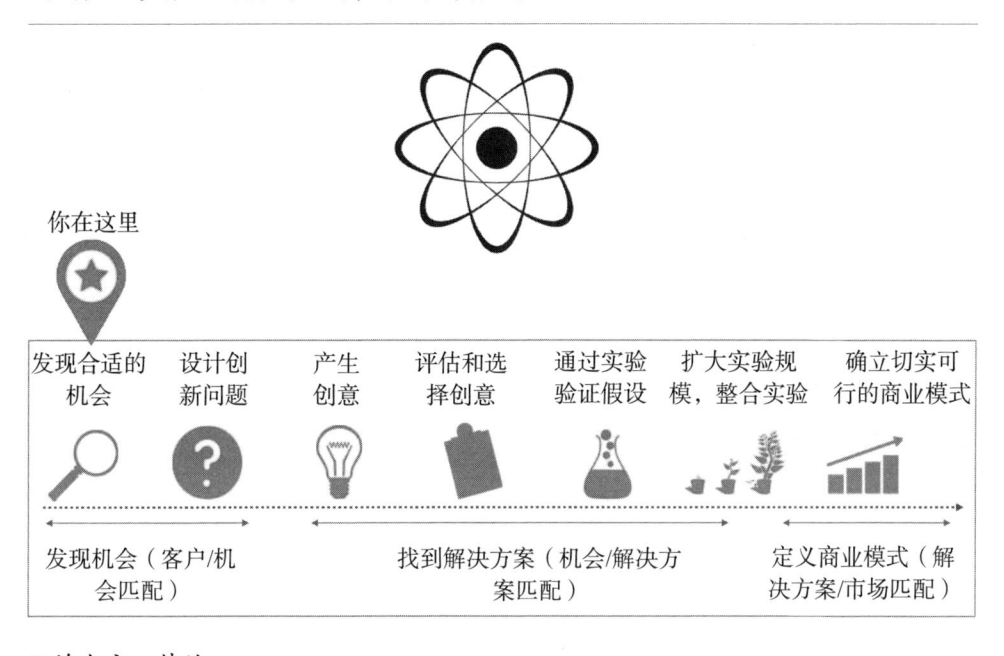

图15-1

　　假如你的公司明天突然消失了，客户们会想念它吗？有多想它？请打分回答，1分不想，10分最想。

　　暂且抛开更换供应商的痛苦不论（只是想想更换供应商，就会让很多人望而却步，这种感觉绑架了很多不满意的客户），真的会有人想念你吗？

　　应该认真调查一下。因为绝大多数公司会对此做出过高的估计。根据发展专家肖恩·埃利斯（Sean Ellis）的理论，一旦这个数字低于40%，就意味着你的公司已经立足不稳了。

为什么这一点如此重要？这是因为，即使这是一项极为严苛的测试，它依然能说明你的公司里是否存在一种不可或缺的要素，而该要素拥有化解创新风险的力量。

创新粒子

回避风险是扼杀大多数组织内部创新与变革的最大凶手。

风险是某事不会发生的可能性。它是一幅未来的图景，其中缺少了某种事物或者某个人。

颇具讽刺意味的是，很多组织缺少的正是能够真正降低风险回避引发的麻痹力量的事物。我把它称为"创新粒子"（Innovation Particle）。

它决定了你的客户是否会一直购买你的产品，还决定了员工的工作速度和工作质量。

简单地讲，它决定着我们的可持续影响力。

它究竟是何方神圣？

人们最最想要的是什么

让我们回到最基本的问题上来（见图15-1）。

客户购买产品是为了取得成果。

当然，他们购买的是产品，但是这些产品的作用是实现进步——具体环境下的具体进步。

所以说，客户购买的实际上是"进步"。如果企业能够围绕"进步"——而不是产品——给自己的想法重新定向，一切都会变得不同。

为什么呢？我们知道，围绕产品展开的技术变革是飞速发展变化的，反观客户渴望得到的进步，其实际变化速度是极为缓慢的。这就意味着进步驱动下的创新具有更高的可预测性和更低的风险。

最卓越的公司都是青白眼。它们用白眼指导优秀产品的寻找和开发，用青眼寻找更好的客户进步。它们会研究客户所处的具体情景，理解客户希望获得怎样的进步，找到阻碍进步的问题所在，并致力于消除这些问题。

以进步为重心还会降低市场的脆弱性。这是因为，进步式思维模式（Progress Mindset）是与技术无关的。它清楚地懂得，我们对未来的最大威胁其实在于自己对当前技术的过分狂热。我们固守自己的过去，漠视客户的未来。

进步优先能带来更高的可预测性；产品优先只能带来更严重的脆弱性。

我们会在第16章更深入地探讨这个问题。

企业的流沙

客户购买产品是为了在具体情景中获得进步，员工也在具体情景下生产和交付产品，他们同样需要获得进步。

如果员工获得进步的能力遭到抑制，企业的业绩就会下滑，而且员工的工作积极性也会受到打击。员工的工作积极性与客户满意度是紧密相连的。Glassdoor的一项调查显示，在满分为5星的调查中，员工满意度每提高1星，客户满意度预计增长3.2%。

客户进步是员工进步的函数。

公司的整体影响力是二者的函数。

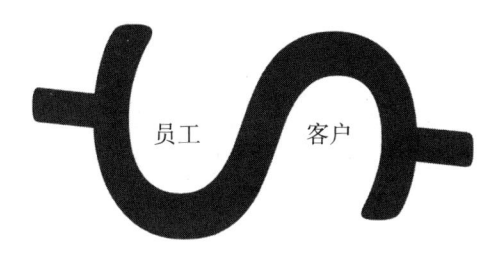

Ⓒ 埃尔文·特纳

英国移动网络运营商的颠覆者giffgaff公司围绕"相互依存"（Mutuality）这个概念建立了公司的整体战略，为公司的员工带来了进步式思维模式。

这家公司的首席执行官阿什·斯科菲尔德（Ash Schofield）指出："我们并不是从产品做起的，我们的起点是一个社区和一个问题。这个问题就是——要成为什么样的运营商，人们才会爱上我们？"

在一个客户信任度只比银行业略高的行业里，爱是一种大胆的奢望。它挑战的是这个行业里一直被刻意回避的最大问题。

斯科菲尔德解释："人们憎恨被绑定在一个移动通信服务商身上的感觉——

那感觉就像遭到绑架一样。想让人们真正地爱上我们，就必须正面解决这个问题。"

giffgaff公司选择了不与客户签订合约。它的300名万会员可以来去自由，怎么开心怎么办。真爱让人自由。

这听上去是一种很冒险的战略。可是斯科菲尔德不这么看："只有我们不相信自己能带给会员值得留恋的东西时，这样做才是冒险的。"

这种战略方式坦白得露骨，需要人们具备进步优先的思维模式。他们要锲而不舍地帮助会员获得比其他任何运营商所能给予的更大的进步。他们必须做到这一点：没有合约意味着客户利益必须好得出奇。这家公司确实做到了这一点，它的客户满意度是行业平均水平的3倍。

这种理念带来了反直觉式的创新。

第一项创新是不设客户服务部门——结果是giffgaff公司赢得了业内最高水平的客户服务大奖（是的，你没有看错）。

斯科菲尔德说："我们发现，当需要解决问题时，人们更多地喜欢独立完成。我们还发现，在移动电话客户服务呼叫中心几十年的历史中，我们能想象到的所有问题都已经被问过了。所以，为什么不能把这些知识开放给会员，帮助他们最大程度地独立解决问题，获得最大的进步呢？"

于是，giffgaff公司一方面在官网上提供大量服务支持建议，另一方面支持"会员对会员"式的问题解决方式。结果绝大多数的问题得到了迅速而方便的解决。

这种相互支持、进步优先的思维模式通过看似不可能的方式在会员中树立了极深的品牌拥护度。

斯科菲尔德回忆说："我们遭遇过一次特别严重的网络故障，一位会员因此来到了我们的办公室——她不是来投诉的，而是送来了刚刚烤好的蛋糕。她认为，我们的团队可能刚刚度过了糟糕的一天。想想看，如果你的产品出了问题，会不会有客户特地烤好蛋糕，专程送来安慰你？"

那么，问题来了：你有没有把战略、创新和绩效指标与有意义的客户及员工的进步维度统一起来？程度如何？

在具体情景中，应该为哪些客户和哪些员工带来怎样的进步？对于这个问题，我们是否清楚？有多清楚？

或者像《快公司》杂志（*Fast Company*）共同创办人威廉·泰勒（William Taylor）说的那样："要怎样做，才能被称为'之最'？"

这些问题的答案越清楚，我们就会在做出创新选择时越充满自信。如果你的公司存在风险回避问题，很可能是因为你对这些问题还不够清楚。

应该如何围绕客户期待的真正进步找到方向、确定方向呢？

第 16 章

客户洞察力:"为什么"比"什么"更重要

> 卓越的创新会围绕客户想要的具体"进步单位"确定方向。

假如你通过爱彼迎租过度假民宿,你的照片很有可能被张贴在这家公司位于旧金山的办公室里。

用不着担心,这不是酒店卧室里暗藏摄像头的恐怖故事。爱彼迎之所以把住客照片贴到墙上,是因为它想通过环境的设计让今天、明天和未来的模样出现在同一个创新连续体上。

这很管用,而且每个人都做得到。

你的照片是40多张照片中的一张,这些照片是爱彼迎洞察力的精确提炼。而洞察力是爱彼迎公司的战略基石。它们就像完美排列的皇冠之珠,每一颗都抓住了爱彼迎公司所说的"心动瞬间"(Emotional Moment)。每一刻都是民宿主人或者住客的经历中至关重要的一面,是它们形成了(或者打破了)人们与爱彼迎之间的关系纽带。

换句话说,这些"心动瞬间"就是最重要的客户进步单位,是这家公司为了发展必须做到的事。爱彼迎集中全力消除这些瞬间中的任何一点点阻碍,不达目的绝不罢休。它收获的是更小的阻力、更大的进步、更高的客户满意度和更多的经常性收入(见图16-1)。

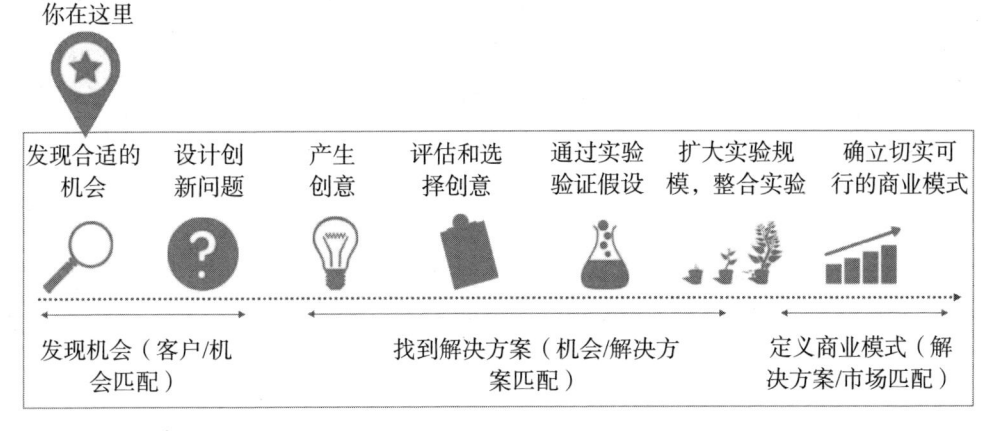

第16章 客户洞察力："为什么"比"什么"更重要

你在这里

| 发现合适的机会 | 设计创新问题 | 产生创意 | 评估和选择创意 | 通过实验验证假设 | 扩大实验规模，整合实验 | 确立切实可行的商业模式 |

| 发现机会（客户/机会匹配） | 找到解决方案（机会/解决方案匹配） | 定义商业模式（解决方案/市场匹配） |

© 埃尔文·特纳

图16-1

更大的进步、更低的风险

不仅如此，围绕这些进步单位确定方向，还可以降低与创新有关的各种风险。

创新咨询机构Strategyn的研究表明，只有17%的产品在通常的产品创新道路上获得成功。同时，Strategyn还指出，在采用了"成果驱动创新"（Outcome Driven Innovation）方法的客户中，高达86%的客户获得了成功，这种方法强调的重点正是进步导向。

为什么？这是因为，尽管每个行业的技术和交付机制会随着时间不可避免地发生变革，但是客户的进步单位是不受其影响的。即使受到影响，它们也会以极慢的速度和极小的步伐发生改变。音乐产业就是个很好的例子。

几十年以来，人们一直想自由获取和管理自己购买的音乐。20世纪初，想做到这一点十分困难。当时的人们使用留声机听音乐。它笨重无比，根本谈不上便携。

然而，在接下来的大约一百年里，消费者的进步能力得到了极大的提高，这既包括获取音乐的能力，也包括管理音乐的能力：黑胶唱片、八轨道磁带、盒式磁带、CD、MP3和接下来的串流技术（Streaming Technology），每一种新生事物的出现都在帮助消费者提高获取和管理音乐的能力（见图16-2）。

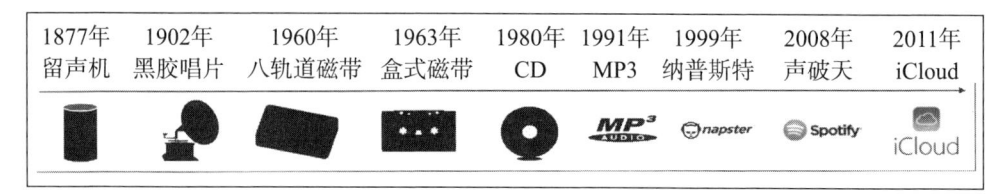

1877年	1902年	1960年	1963年	1980年	1991年	1999年	2008年	2011年
留声机	黑胶唱片	八轨道磁带	盒式磁带	CD	MP3	纳普斯特	声破天	iCloud

© 埃尔文·特纳

图16-2

结果呢？尽管技术在不断进步，但消费者渴望获得的进步在本质上保持不变。令人遗憾的是，同样的话无法用来形容这个产业里的供应商。每一次技术转型都在每一家供应商内部引发天翻地覆的震荡，几乎没有哪家音乐公司能在变革中毫发无损。

这些转型发生时，消费者掏钱购买的并不是新产品，而是更好的进步。

每一位消费者都在呼喊着——无论是否通过语言表达——"请帮我在这个环境中获得更大的进步！"如果另一家公司能帮他们做到这一点，消费者就会用自己的钱包投票，果断选择它。

利润跟随进步而来

进步导向思想还有一项好处——利润。

2018年，苹果的iPhone手机只占据全球智能手机市场销量的13%，然而，它取得了全球智能手机市场利润的85%。戴森（Dyson），这家以生产强劲有力的真空吸尘器和干手器闻名于世的公司，也给人们留下了类似的深刻印象。

如果把这些公司所做的工作拆解开来分析，我们不难发现，它们都做到了深刻理解客户在具体情景中想要的功能性进步和情绪性进步。接下来，它们都找到了阻止这些进步发生的障碍物，然后集中发挥创新的力量，清除了这些障碍。它们在这一点上表现得比其他公司都好。结果是什么？是无与伦比的客户体验、深厚的客户忠诚度和令人艳羡的超高利润。

苹果公司还非常清楚流行技术不可避免的有效期限。这也是为什么这家公司毫不担心iPhone会侵蚀iPod的市场份额，或者iPad Pro会侵蚀MacBook Air的市场份额。假如它们不去侵蚀，别人也会这样做的。苹果公司可能只是在制造产品，但推动了客户进步的发展、带来了利润，这让其他公司难望其项背。

摇滚乐队电台司令（Radiohead）的主唱汤姆·约克（Thom Yorke）最近的一句话总结得太好了，他说："我们必须时刻准备着，一把火烧毁它（指现有商业模式）。"

奈飞：创新不可知论者

奈飞公司之所以取得一飞冲天的成功，其中的一个核心原因在于它对技术的冷静态度和对客户进步的狂热追求。

2014年，奈飞的联合创始人马克·伦道夫（Mark Randolf）说过："……我们面对的最大挑战之一，也是我认为我们做过的最好的工作之一，就是很早地认识到，我们想要成功，就要提出交付不可知论这个大前提。"

"关于这一点，我们很早以前就提出过，奈飞就是要帮助用户找到喜爱的电影，实际上这与接收影片的方式无关。"

还记得音乐产业的例子吗？从CD到下载再到串流技术的飞跃为大型唱片公司带来了极大的财务震荡。我亲眼见到一位唱片公司高管在很短的时间里愁白了头。

然而，奈飞的基因预先提出了DVD终将消亡的设想。以此为准绳，这家公司展开了后续工作。当然，这不可能是一帆风顺的，话说回来，上次从百视达（Blockbuster）租电影是哪个年月的事，你还记得吗？

我们在讨论哪些类型的进步

能够产生进步思维的背景极为广泛，与之联系最紧密的是一种被称为"有待完成的工作"（Jobs-to-be-done）的创新方法论。该理论认为，无论在什么情况下，我们都是在雇用产品帮助我们完成工作。而这些工作就是进步单位。

关于进步的定义和分类，各家学派众说纷纭。我们可以简单地把它看作"在既定情景下想要做成的事情或者感受到的事物"。其中的关键更多地与"为什么"有关，而较少与"什么"有关。

简单地说，最常见的进步单位可以总结为更快、更好、更划算。在多数情况下，绝大多数人想要的就是这几个方面，即使他们没有明说。但是，当我们超越表面现象看问题时，以进步为导向就会变得格外充满力量。

贝恩公司（Bain & Co.）作为全球领先的战略咨询公司，设计过一张很有用的图，名为"价值要素金字塔（The Elements of Value）"。它罗列了30种要素，每一种都是客户在特定情景下或多或少可能需要的。可以在网上搜索一下"价值要素金字塔"，它的设计非常精妙，能够非常有效地针对一项创意展开快速学习。

可能用到的要素列表很长。我在工作中也发现了一些额外的进步单位，可以用来补充贝恩这一框架。它们包括：

速度—控制力—简单性—亲切感（Intimacy）—信任感—个性化—生产力—新奇性（Novelty）—地位—成本—效率—规模—风险—资源（Access）—便利性—可用性（Usability）—能力—兴奋度（Excitement）—恐惧—焦虑—喜乐（Joy）—同情—终止—信心—一体化—组织—连接（Connection）—分歧（Hassle）—质量—选择—信息—健康—希望—自我实现（Self-actualization）—怀旧（Nostalgia）—归属感（Belonging）—可信性（Credibility）—自尊（Self-esteem）—乐趣—财富—奖赏—治疗价值（Therapeutic value）—成就—感官魅力（Sensory appeal）—自由—认可。

现实中的进步

接下来，让我们通过一个简单的例子把它用在实际工作中。一个十几岁的男孩子为什么要买滑板？是因为他想学会玩滑板吗？不全对。他想成为某个小团体的一分子？也不全对。他想让自己有资格与心仪的女孩子约会吗？她总是出现在滑板公园的附近。不全为此。那么，是因为他想成为自己暗自钦佩的大哥哥的样子吗？也不全对。

人们为什么购买商品，这是一门科学。想要做到经久不衰，企业除了尽力抓住这一点别无选择。但它毕竟是从动机开始的。在那个滑板少年的具体情景里，究竟是什么在真正发挥作用？他真正想要的进步单位是什么——是功能性的进步还是情绪性的进步？是什么限制了这种进步？是什么使他变得焦虑，阻止他点下"购买"按钮？我想不大可能是价格，更有可能的应该是疑虑，也就是说，他拿不准自己能不能学会玩滑板以及能不能追到那个女孩子等。

只要在人们追求达到某一目标的情况下，进步思维都有用武之地。它常常表现为多种微妙因素的组合，这些因素可能太过含混而无法衡量（如希望、连接、恐惧等）。但我们可以找到具体的进步和衡量具体进步的具体方法，并把这个过程看作一种创新挑战。在这个竞争优势的源泉日益萎缩的时代里，这是一种强大的有利条件。

ⓒ 理查德·约翰斯顿

2018年，宜家家居公司发布了"家居生活"报告。这家公司的全球研究项目发现了5种共同要素，这些要素的共同作用能带给人们"家"的感觉。它们分别是：归属感、隐密性、安全感、舒适感和所有权。

这5项要素对宜家的客户群体极为重要，因为它们各自构成了独立的创新平台。每一项都值得更加深入精微的研究。但是，首先要了解的是，对客户而言，这些要素比别的要素重要得多，这是开展创新最重要的基石。

越准确地理解"为什么"，认识就会变得越深入、越有价值，我们就越有可能比竞争对手开发出更有吸引力的客户体验。这些体验远远超出产品本身的范畴，它们可能涉及广告、销售、采购、安装、客户支持等，当从进步的视角完成设计时，我们因此获得的收益同样也会高于他人。

说到这里，你是怎样发现进步的？

第 17 章

运用客户"流程"洞察力

你有出色的产品或者优秀的用户吗?你的答案会改变一切。

  细心的客户观察和采访可以透露最根本的进步单位。它们是对客户最重要的事(见图17-1)。接下来,可能会形成一种线性叙事,它能说明两点:第一点,客户在具体情景中想要实现的总体进步;第二点,他在整个过程中试图实现的每一个具体步骤。

  下面是一个真实的例子,也是我在英国做过的TEDx演讲《伟大创意的隐秘生活》(*The Secret Life of Great Ideas*)的一部分。

  在我15岁的时候,有一次,我想分开两块冻在一起的汉堡,结果把自己的左手掌刺伤了。当时只有我自己在家,我扔下了汉堡,脑子里同时闪过三个想法:哎呦好疼!好多的血!我是不是害自己染上了疯牛病?当时正是克雅氏病(Creutzfeldt-Jakob disease)在英国肆虐的最高峰。

你在这里

| 发现合适的机会 | 设计创新问题 | 产生创意 | 评估和选择创意 | 通过实验验证假设 | 扩大实验规模,整合实验 | 确立切实可行的商业模式 |

发现机会(客户/机会匹配) | 找到解决方案(机会/解决方案匹配) | 定义商业模式(解决方案/市场匹配)

© 埃尔文·特纳

图17-1

于是，我们就有了一个具体情景：一个十几岁的少年独自在家，一只手正在不停流血，有可能发生致命的感染。堪称完美的情景。就算是吧。

在这样的情景下，我想要的进步是什么？当然是止血、止疼、搞清楚自己因此染上疯牛病并且死亡的可能性（得了吧，但我那时只是个孩子，我们多少还是需要一些戏剧化成分的！）。

那时，在那间厨房里，我有什么解决方案可用？厨房纸巾？洗碗布？创可贴（英国人叫它"橡皮膏"）？在当时的情况下，创可贴能帮我取得最大的进步。好极了，让我们找到它。

在接下来的两分钟里，我成功地复刻了电视剧里经常出现的凶案现场：血迹在厨房的地板上纵横交织，浸透了血渍的指纹布满壁橱门和工作台。我几近疯狂地翻箱倒柜，终于在一个抽屉深处的旧盒子里找到了创可贴。

我又花了两分钟的时间用一只手笨拙地翻遍那个盒子，找到适合我的尺码，打开包装，把它贴到了伤口上（见图17-2）。

我取得了进步，恐慌结束了。

创可贴太棒了！

好吧，也许是的。在获得进步的整个过程中，我的体验如何？我本来可以在哪个阶段获得更多的进步、实现更快的速度、忍受更少的疼痛和焦虑？答案或许是每个阶段？

通常，假如我们把这个场景讲给创可贴厂商听，他们可能会通过已有产品的视角来看待它："通过客户洞察，我们发现，应该把创可贴做得更方便撕开。让我们动手做起来吧。"

这没什么问题。对现有产品的渐进式提升是很重要的工作。

而且这很合乎道理：我们是一家创可贴厂商，我们整个体系的目的就是设计和激励高效的创可贴生产。这是我们的核心能力，因此需要在这个范畴内开展创新。我认同这一点，大部分认同吧！

但是，如果回头看看这个过程，我们就会发现，创可贴帮我止了血，但它并没有帮助我在止疼方面取得任何进步，也没有帮我搞清楚自己是否需要缝针（或者搞清楚，在这种情况下，使用创可贴是不是坏处大于好处），它也没能帮我减轻关于疯牛病的焦虑感。而对于独自在家的我来说，这些统统都是重要的进步方面。事实在于，直到现在，这次只有创可贴的经历仍然充满着摩擦力，依然阻碍着我获得自己想要的整体性进步。

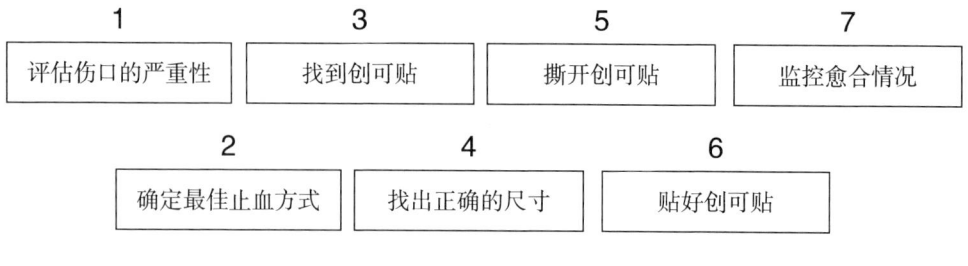

1 评估伤口的严重性	3 找到创可贴	5 撕开创可贴	7 监控愈合情况
2 确定最佳止血方式	4 找出正确的尺寸	6 贴好创可贴	

图17-2

若把同样的情景呈现给一家医疗初创企业，他们不会考虑创可贴的问题，他们思考的是："如何尽快给这个孩子止血、减轻疼痛，帮他搞清楚用不用去医院，以降低他对感染疯牛病的焦虑感？"

如果他们能帮我在这些方面取得进步（不只是止血），那么，对我来说，总体效果要比一块创可贴好太多了。如果带给我的体验超过了创可贴，那么，请告诉我，我为什么还要用创可贴呢？

初创企业团队的起始点会有所不同：进步优先于产品。他们深刻理解自己要为之寻求解决方案的进步是什么，因此，他们不会对某一种技术表现出特别的喜好。他们是海纳百川的，他们会让想象力任意驰骋，只为尽可能找到最好的解决方案。这与创可贴创新团队不同，后者基本把自己绑定在创可贴上面了。

初创企业的人们会设想：能不能做一个盒子，只要人们把手放进里面，就可以：

- 自动扫描伤口，立即把结果发给医生。
- 施用抗菌和麻醉喷剂，同时判断图像，给出是否需要去医院处置的建议。
- 播放舒缓的音乐，施放薰衣草味道的香氛，接着一个声音响起，鼓励你放慢呼吸。
- 喷出快速凝固的胶体，精准覆盖创口，快速止血。
- 通过凝胶中的传感器快速评估伤口潜在的感染源，监控愈合情况。

这一切只需要30秒。

就这样，曾经乱作一团、痛苦不堪的7个步骤变成了一站式流程，每个方面都得到了极大提升。

他们要不要设计这样一个神奇的盒子？它需要的大部分技术都是现成的，所以它是有可能做到的。但是，可行吗？谁知道？人们渴望得到它吗？怎么说呢，假如我们能为它找到一个适合的场景，身在其中的人总是不断地割到手，而且需要急速处置（米其林二星餐厅厨房里的工作人员算吗），它也许是有市场的。

但是这些都是后话。在这个阶段，我们只是想找到最重要的进步，而且不要受到任何作为答案的具体产品的束缚，如创可贴。

在很多组织里，人们往往过于注意客户今日的需要，一叶障目，看不见客户明日的需要。

这不是"或者……或者……"的情况。进步和产品创新同样重要。

理解了客户渴望获得的进步，理解了这种进步发生的具体情景如何时、何地，掌握了这情景中的具体阻碍是什么，就会在准确聚焦创新活动方面处于有利地位。接下来我们就可以问自己："什么样的技术、商业模式与合作伙伴关系等因素的组合能带来最大的进步？"

我们客户的进步

客户的进步之旅是什么样的？如何发现它们？我会在本章末尾推荐一种快速启动方法，如果你对具体的采访技巧感兴趣，推荐浏览jobstobedone网站。那里有一项非常有用的在线课程：熟练掌控需要完成的工作（*Mastering Jobs-to-be-done*）。课程开发者是克里斯·史皮克（Chris Spiek）和鲍勃·莫埃斯塔（Bob Moesta）。

接下来，这些进步单位可以被绘制成图、排出优先级别、转化成为进步驱动的创新问题，从而有助于把战略与资源统一起来。

如果能像爱彼迎一样帮助每位员工深刻理解客户在具体情景中想要的最基本的进步，我们就会有很大的机会开发出既能把握现在、又能影响未来的产品和服务。

好产品vs好用户

事情从这里开始变得越来越有趣。

《当咖啡与甘蓝汁竞争时》（*When Coffee and Kale Compete*）的作者、"有待完成的工作"专家阿兰·克莱门特（Alan Klement）说过："说到底，人们真正感兴趣的是成为更好的自己。"

这足以击败许多组织中的产品开发方式，因为它们通常关注的是功能的升级，而不是用户的提高。

再想想那位为了追女孩儿而学滑板的少年。如果给他一副可以滑得更快的滑板，或者买滑板赠送免费课程，学完就能在10天之内完成3次花式动作，他真的会更感兴趣吗？

滑板的速度对他以后可能比较重要，但是，在目前情况下，对他来说最重要的是实现最终目标的进步速度。在他眼里，想要追到女孩儿，就要成为更好的自己。而滑板本身是第二位的，在很多方面都是如此。

因此，针对用户的创新应该永远优先于针对产品本身的创新。

凯西·谢拉（Kathy Sierra）在她杰出的著作《用户思维+：好产品让用户为自己尖叫》（*Badass: Making Users Awesome*）中说过："不要制造某种更好的产品，要创造某一产品的更优质用户。"

所以，问问自己："我们的用户在什么程度上优于竞争对手的用户？和竞争对手相比，我们的产品有没有帮助用户实现更多的、更好的进步？"看到别人做出漂亮的成绩时，我们很想知道他们是怎样做到的。我们要让自己的品牌和产品成为这个问题的答案。

预见潜在的进步

在进步式思维模式的指导下，企业会根据创新组合完成资源的配置，这种创新组合追求的是永无止境的进步。一开始，要踏实全面地认清现实，这是极为重要的。

同竞争对手相比，目前客户从我们这里获得的进步是不是更好？好出多少？

同竞争对手相比，客户在我们这里获得的进步是上升的？原地踏步的？还是下降的？

为了保持影响力，我们必须在未来更多地实现怎样的进步？要在什么时候之前做到？

这些问题没有一个是容易回答的，但是，沿着这些指示信号前进，按图索骥，一定能把创新工作带向前进，并把它变成一种更加健康、更多地以客户为中心的追求。

不妨找一位客户聊聊："以3年为期，为了保持影响力，我们应该立志在关键的客户进步方面实现怎样的提升？"

换句话说，客户应该在3年内实现哪些今天无法实现的目标？

然后从这个结果倒推，为了实现这个目标，应该维持怎样的进步速度？如何把它转化为可以衡量的里程碑？

让我们再次回到追求浪漫的滑板少年那里。他为什么会考虑购买滑板？当然是为了在很多方面实现进步，但是，最重要的是在滑板公园得到那个特别的女孩子的青睐。获得一定程度的滑板技能只是实现这一进步的必经之路而已。

这样说来，滑板厂商如何帮他用两个小时学会"倒板头"（Nollie Shove It）技巧（我真是服了现在的孩子了），而不是通常需要的四个小时？他追求的是迅速追到女朋友，这是他的最终衡量指标，而迅速拿下"倒板头"是一种重要的中间措施。滑板厂商怎样同时提高这两个方面的速度？

我们呢？要培养团队发现重要的客户进步指标、设计创新问题的能力，从而把注意力集中在客户体验的提高上面，并把这些做法变成惯常的标准操作。

怎样知道自己应该选择哪个指标？这可能需要一个反复试错的过程，因为这是一门不精确的学科。但是，倒推式的开端可以发挥很大的帮助作用。

可以和你的团队一起画出你们的市场历史年表，标出进步绩效和技术方面的主要变革。你能从中找出什么样的基本模式？在最重要的方面，日益增长的客户进步的平均速度是多少？

把平均数画成一条粗略的曲线，并将其延伸到从现在开始的5年之后。看一看，为了在未来实现这样的进步，我们的产品目前是不是走在正确的轨道上？我们的竞争对手呢？

回想一下我们用过的音乐产业的例子（见图17-3）。

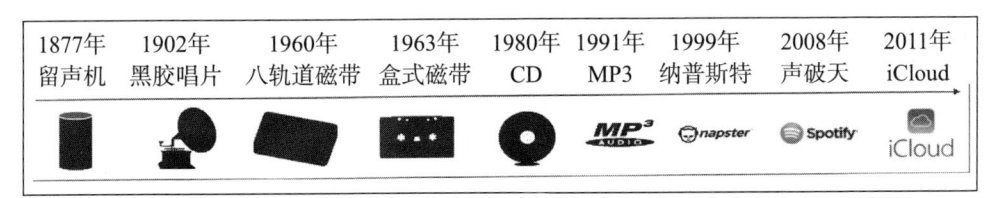

1877年	1902年	1960年	1963年	1980年	1991年	1999年	2008年	2011年
留声机	黑胶唱片	八轨道磁带	盒式磁带	CD	MP3	纳普斯特	声破天	iCloud

©埃尔文·特纳

图17-3

客户想要随时随地获取和管理自己的音乐，这就是他们想要的进步。选择一项涉及这方面进步的任务，如为一场婚礼派对准备音乐。然后沿着时间的轴线向前倒推，把完成这个任务的过程粗略地过一遍。

这需要多长时间？音乐获取与管理的最大难题是什么？接下来倒转方向，审视在便捷程度方面有了怎样的提升？能找到模式、周期、进程、变化率持续的变革前兆吗？

正如前文提过的，客户进步可能表现为多种多样的形式，其中某些形式也许永远不会在你的行业里得到有效的追踪。因此，要设计量体裁衣式的指标，使之成为对你有用的标准。这样做的价值几何？这既包括它作为指导创新工作的手段的价值，也包括作为行业竞争优势源头的价值。

预测产品开发的未来是非常困难的，但可以预测进步的方向，我们通常可以做到这一点。

在通常意义的公司情景里，这一过程常常是令人不快的。因为它不属于精确的科学，常常涉及类似用手指测风向的做法。有时甚至不得不猜想它会带我们走向哪里，一路摸着石头过河。

尽管如此，我们可以从自己能够把握的部分做起，朝着对我们最有意义的指标，一边学习一边前进。这离不开努力和耐心，但是未来的回报也是同样丰厚的。

稍等一下

也许你会禁不住好奇："这难道不是换了件马甲的客户洞察吗？"第一次接触这个想法时，我也有过类似的怀疑。但紧接着我发现，对于我的很多客户来说，他们在客户研究方面投入了大量的资金，结果换来的是平淡无奇的创新和空前高涨的风险回避情绪。

我遇到的现实情况是，产品开发很少与真正的客户进步保持一致。客户洞察常常遭到稀释，或者被人为歪曲，以此适应某种内部驱动的政治需要；或者只是为了某种草率的流程的需要。最终，对客户来说，开发者打造出来的产品难免文不对题、词不达意。

我最近亲身经历了这样的事例。一家全球技术企业的某个部门正在苦苦维系自己的市场份额。由于某些根本缺陷，这家公司的最新产品遭遇了失败。客户洞察报告准确抓住了这家公司需要做出的改变，然而，工程师们最后拿到的是一个"过审"之后的版本，他们收到的指令只是对现有产品稍加改动。对一支工程师团队来说，再没有什么比打造无人问津的产品更令人灰心丧气的了。

我对那位焦头烂额的团队领导建议道："为什么不让工程师们和客户见见面呢？"他用一种见鬼的眼神瞪着我："他们离开工作台的每个小时都是对生产力

的浪费！说什么也不能让工程师见客户，他们根本不晓得怎样沟通。"

那就让他们继续设计无人问津的东西吧。

灵活的进步

最后一点，一定要灵活对待这种方式。有些类型的进步相对容易衡量，但是，所需的努力较少并不意味着它们应该受到轻视。实际上，有人可能会告诉你，这些领域恰恰是最有利于建立进步数据基准的。而这些基准正是深厚竞争优势的基石。

举例来说，对一家销售婚礼相册的企业来说，怀旧是推动销售关键的客户进步单位之一。明白了这一点，这家企业会如何衡量客户对自己参加过的婚礼的怀旧能力的提高？按过去的20~30年来计算即可。其他情况下呢？其他行业提升怀旧感的方法是什么？有什么是我们可以学习的？

可能需要设计独有的指标来追踪类似的对象，既包括主观性衡量标准，也包括客观性标准。这与情景规划类似，它们都属于某种粗略的估计，但都是值得做的工作。前提是你拥有专有数据，它们能够告诉你未来可能的发展轨迹，你可以据此做出强有力的选择，如确定着力点和取胜的方式。

因此，在开始任何一项创新项目之前，先运用这些原则设计一个问题，以最大可能地带来眼下急需的进步。

然后围绕未来设计一些类似的问题，在开展更宏大的创新项目时，这些问题会帮助我们得到更高水平的可预测性。

沙子城堡

说到这里，你的组织对什么更感兴趣？是创造了不起的客户？还是生产和销售产品？

你想做的是培养整整一代像吉米·亨德里克斯（Jimi Hendrixes）一样的吉他之神，还是说服更多人买你的吉他？

当然，这两点都很重要。但是，如果把这比喻成小狗追逐自己的尾巴，哪个是小狗？哪个是尾巴？

如果你更关心前者，后者就更有可能成为不可避免的事。但是，反之不一定成立。

第 18 章

构建良机

如何识别正确的问题与机会?

创意败坏了创新的好名声。

大约有60%~90%的新产品是以失败收场的,这主要取决于你选择相信哪一家机构的研究成果。

创新大师阿尔贝托·萨伏亚(Alberto Savoia)的一项研究发现,有3个主要原因导致了新创意的失败:

(1)通过正确的方式打造正确的产品,但是做出了错误的发布。

(2)产品正确、发布正确,但是打造产品的方式错了。

(3)从一开始就是全盘错误的。

众所周知,最后一个是初创企业失败的最大原因。我的经验是,大多数企业的颠覆式创新同样属于这一类别。或者说,多数颠覆式创新同样属于这一范畴,但忽视了真正需要解决的问题的微妙性(见图18-1)。

在时机尚未成熟时催促人们开始头脑风暴,这是"僵尸"们最喜欢的一种创新陷阱。因为团队从一开始就在回答错误的问题,这导致了很多创意的失败。我们离核心业务越远,就越是如此。正如那句名言所说,"不要假设,假设会让我们犯傻。"[1]

---

[1] 这是作家C. J. 杜朵(C. J. Tudor)说过的一句名言,原文为"To assume makes an 'ass' out of 'u' and 'me'."直译为"'假设'(assume)是由'笨蛋'(ass)加上'你'(u)和'我'(me)组合而成的。"意译为"不要假设,假设会让我们犯傻。"——译者注

你在这里

发现合适的机会 → 设计创新问题 → 产生创意 → 评估和选择创意 → 通过实验验证假设 → 扩大实验规模，整合实验 → 确立切实可行的商业模式

发现机会（客户/机会匹配） | 找到解决方案（机会/解决方案匹配） | 定义商业模式（解决方案/市场匹配）

© 埃尔文·特纳

图18-1

建立章程

如此说来，应当如何确保高度专注于正确的问题和机会？包括思科（Cisco）公司在内的许多组织都在使用的方法是建立"项目章程"（Project Charter），以明确说明问题和机会的"为什么"。

这可以帮助团队认清眼前的现实：把他们为问题做出的所有假设清楚明白地表达出来。项目章程作为强有力的试金石，会让整个项目重新变得清晰起来。这样做是真正有用的，主要因为以下两点：

（1）避开陷阱：在开展任何行动之前，我们可以先返回项目章程，检查自己是不是在回答正确的问题。在一时冲动的情况下，我们往往很容易去追求"绝佳创意"，这种创意可能让我们偏离了真正想要解决的问题。

如果对一个项目的"为什么"掌握得很清楚，我们就会更清楚地明白"为什么不能"让某些创意带着我们偏离正轨。

（2）修正问题：在后续检查创意时，我们通常会发现自己实际上并没有回答正确的问题。吸收这一学习成果、及时调整项目章程，是一种积极健康的做法。这样做能帮我们重新调整聚焦点，确定项目是否仍然具有战略意义（例如，现在该项目的预期回报是不是变得过低了？），重塑问题以便更恰当地指导项目的后续发展。

这是高绩效创新团队的一项主要特征：项目章程为团队带来清晰而又富于灵活性的边界，团队在其中工作，并且无时无刻不在接受持续不断的现状核实，以此确定项目是应该坚持下去，还是应该终止。如果不这样做，我们往往太容易为创意的延续找到看似正当的理由，实际上它早该被终止了，组织早该把资源重新调配到更有价值的事情上了。

说到这里，那如何建立一项章程？本书为此在belesszombie网站上提供了一整套模版，供读者下载和修改使用。

在继续学习适用的原则之前，还要完成一项重要的合理性检查（Sanity Check）。我在辅导创新项目时，有些团队会说他们发现组织里的另一支团队也在做同样的工作。这样的情况太多了，而且往往是项目进行了三四个月后的事。所以，一定要先做合理性检查，这样可以为每个人节省出大量精力，还可以保护大家的工作积极性。

章程原则

从战略入手

如果我们的工作不能在某种程度上对战略有所贡献，为什么要做呢？通常情况下，通过迂回曲折的路线，人们总是能证明某种创意的正当性。但是，你的重点越是具有颠覆性，返回战略原点的清晰路径就越重要，这主要因为以下两点：

（1）公司的创新资源通常是有限的，所以要把这些资源同最重要的工作统一起来，这是对未来最明智的投资。

（2）在项目进行的过程中，当你的创意需要投资时，如果能让人们清晰地看到你的创意同战略目标的一致性，你会更有可能得到它。

在每一个问题或者每一次机会出现时，要清楚地掌握它的战略一致性。如果同时有几个问题需要处理，要和团队一起根据战略一致性和优先级为它们排序。

为什么是它？为什么是我们？为什么要现在

我遇见过很多团队，它们对于自己为什么要解决某一具体问题并不十分清楚。"奉命行事"成了产品工程师们最常见的限制因素。这对工作积极性没什么好处。

在开始一项创新项目时，要尽可能地让整个团队搞清楚自己所处的情景：

- 为什么这个问题/机会很重要？
- 它对谁来说很重要？
- 什么因素导致/带来了现在的问题/机会？
- 我们想要转动哪一项成果"指针"？转动多少？
- 为什么要现在解决它，而不是半年之后？
- 为什么我们会奉命完成这项工作？
- 参与这项工作的还有哪些人？
- 工作的时间表是怎样设定的？

这会帮助团队从一开始就把项目目标和价值联系起来，并提高全程深度投入工作的可能性。

随着项目的深入，要清楚地表述自己对即将探索的问题/机会空间的理解：

- 问题的根本原因是什么？（一开始时，可以使用"5个为什么"或者"鱼骨图"的提问技巧。这些工具对找到根本原因很有帮助。还有很多更复杂的工具，但是，如果你只是刚刚开始，可以先从这些简单的工具做起。）
- 关于这个问题，我们还知道哪些重要的因果关系？
- 这个问题的变化可能引起怎样的涟漪效应或者意料之外的后果？
- 我们不清楚的还有哪些？还需要哪些人的高见？
- 还有更合适的问题需要解决吗？现有的问题是不是某个更大/更重要问题的一个子集？

正如我们在前文所述的创可贴例子里看到的，探索问题的一个有效方法是画出所有已有流程的每个阶段，但它们必须是发生在我们的问题/机会这一具体情况之下的。

清楚地说明每个阶段发生了什么、为什么会发生，接下来要找到流程中的"摩擦阻力"，这样有助于找出更多具体的、需要解决的问题，防患于未然。

一边推进项目，一边问自己："在现在的情况下，客户最想取得的进步是什么？"这一流程常常会阻碍进步——例如，它也许需要的是两步，而不是五步。

我们越是像法医一样精于鉴别，就越有可能为创新项目找到可能范围内最好的框架。但是，要根据手上问题的潜在复杂性和熟悉度为这部分工作制定时间表。

本能

好的产品不只是功能性的，还是情绪性的。这一点妙不可言。好的产品会探索客户连接（Customer Connection）的深度，这是纯粹逻辑很少能够胜任的。但是，在产品开发中，我们总是让逻辑来当家。

为了平衡整体客户体验中的逻辑需求与情绪需求，可以在项目一开始时商定一种标志，把二者结合起来。这同样可以为直觉正名，也就是帮助我们判断一项创意是否处于正轨的直觉。

时尚女装品牌卡伦·米伦（Karen Millen）前创意总监杰玛·梅耶丁汉姆（Gemma Metheringham）指出："我们越是了解客户，在工作中指引我们前进的直觉就会越准确。"

梅耶丁汉姆说："在卡伦·米伦公司我们会用一个简单的问题引导全部的创意评价，它就是'这是非凡的吗'，因为我们深刻地理解客户想要怎样的整体品牌体验，所以我们明白，关键问题在于'它看上去是不是足够非凡''它摸起来是不是很棒''它能让我感觉非比寻常吗'。"

通常的情况是，一项产品的创意在逻辑上是行得通的，但我们就是知道它哪里不大对头。如果能为一个项目确立一种指导性的直觉，使之同时包括客户想要的功能性体验和情绪性体验，这就相当于为项目竖起了一座灯塔。

当然，我们依然需要和客户一同检验各项创意，避免把不可靠的直觉当作出发点。但是，当我们追求一个需要某种深层次原创性的结果，而又不知道最终产品应该是什么模样时，一种指导性的直觉往往能在整个过程中起到极大的帮助作用。

因此，作为一支团队，要考虑客户的进步——这既包括功能性的进步，也包括情绪性的进步，提出与指导性直觉有关的问题，把发展进步的过程同客户需要的品牌体验统一起来。

项目章程为机会搭好框架之后，就可以开始设计问题以关注和推动接下来的步骤了……

第 19 章

设计催化问题

设计问题，以触发创造力的大爆发。

大多数头脑风暴是以参与者的无动于衷和失意懊丧收场的。大胆的创意横遭扼杀，微不足道的创意不够激动人心，旧思想的变种层出不穷，看上去"很酷"的想法实际上解决不了任何问题。

稍后我们会讨论如何更好地开发创新动力的问题。需要在此说明的是，造成低效头脑风暴的一项主要原因是晦暗不明的起点。

有句话叫"求仁得仁"，把它用在创新工作上再准确不过。设计优质的问题是一种强大的工具，它能按照预期提高创造力（见图19-1）。

实际上，我认为优质的问题设计是竞争优势的真正源泉之一。主要原因如下：

当"催化问题"产生时，它会激活一连串的5种重要创新成果：

（1）战略一致性的提高——激发更多创意，且它们的目标成果明确地与战略紧密结合在一起。

（2）管理者可以获得更高效的成果——调整创意的产生，以带来最恰当类型的创意。

（3）让头脑风暴不再那样令人沮丧——每个人都很清楚自己期望哪种类型的创意，同时，每个人都有充分的创意自由，去构思内容广阔的解决方案。

（4）收获更富创造性的想法——打破现状对想象力的控制，这种控制会让想象力变得愚钝不堪。

（5）短期与长期的统一——设置商业化参数，管理当下的和未来的创新。

你在这里

| 发现合适的机会 | 设计创新问题 | 产生创意 | 评估和选择创意 | 通过实验验证假设 | 扩大实验规模，整合实验 | 确立切实可行的商业模式 |

发现机会（客户/机会匹配） | 找到解决方案（机会/解决方案匹配） | 定义商业模式（解决方案/市场匹配）

© 埃尔文·特纳

图19-1

设计"催化问题"

"催化问题"的设计一共分为3步：明确成果、建立假设、翻转现实。

第一步：明确成果

创造力是一种对因果关系的设计。

我们越是清楚自己想要创造的"果"（Effect），就越有可能产生引发这一结果的创意，即"因"（Cause）。

全球最大的电子游戏公司之一——EA公司有一种绝佳的方法，可以做到这一点。

EA公司盈创部门副总裁安迪·比林斯指出："如果说打造一款游戏就像拉紧一条橡皮筋，我们必须一手抓好令人疯狂的、富有创造力的、天马行空的灵感，另一手抓紧可预期的、能够带来盈利的产品开发，并在二者之间找到最优的拉力值。"

"有这样一种工具，我们用它不断完成盈利的创造性工作。它就是帮助开发团队理解所谓的游戏的'创意X'（Creative X）——也就是我们想为玩家打造的体验中心。它能带来高度共享的战略清晰性，确保我们在共同追求创造性地解决问题的过程中实现尽可能高的工作效率。"

因此，想要设计催化问题，需要从结局抓起，从确定你的"创意X"做起：

- 实际上，由于我们的创意，什么是会必然发生的？
- 我们需要创造怎样的具体进步？
- 为谁创造？
- 在什么情况下？
- 通过怎样的方式？
- 主要的束缚是什么？

举例来说，"如果等待时间过长，客户通常会退出购买流程。他们需要更快地完成结账，但也不能过快，否则他们会担心安全程度受到了影响"。

指标很重要 要为客户进步的设计加入一定数量的指标，这样做大有裨益。这主要有三点原因：

第一点，这会迫使我们考虑清楚目标业务成果，而不是简单地"变得更好"。如果总体战略要求1年之内在某一特定领域实现25%的业绩增长，目标问题也应该随之统一。这能带来更加有力的整体创新。

第二点，这有助于管理者自身更好地应对现实情况。宽泛的问题更易于引起支持者的兴趣，让他们接受较为容易实现的目标。带有数字的具体问题能让焦点更集中在那些为了实现目标必须做到的工作上，包括在头脑风暴以外追求与创意相伴而来的个人风险。参加一项头脑风暴时，最好先让自己的思维方式做好准备，而不是任凭想法在会议过程中缓慢进入你的头脑里。

因此，在思考催化问题的设计时，一定要思考以下问题：

- 恰当的问题可能需要什么程度的颠覆性？具有什么程度的潜在风险？
- 你是否适应这一程度的颠覆性？适应程度如何？
- 你的舒适度水平在多大程度上限制了头脑风暴的成果？
- 如果发生了错配，应该怎么做，你才会在会议上支持更具颠覆性的创意？
- 为了出现的新想法，你准备投入或争取怎样的资源（在数量和类型上）？

- 在开发和部署更大型的创意方面,你对你的团队的信心如何(包括现有能力、干劲、团队活力、工作才能等)?
- 哪些潜在的组织问题和政治问题可能会限制执行能力?

第三点,清楚把握这些问题还可以降低头脑风暴参与者的挫败感。在成果和风险水平没有说明的情况下,我们会假设什么都有可能发生。这会导致在未经证实的情况下扼杀"错误"创意的做法。如果每个人都知道边界在哪里,整个过程就会变得更令人享受,也会更加富有成果。

及早定义现实情况总是能使后续工作更顺畅。

例如,结账速度提高5%也许只能在头脑风暴参与者心中引发渐进式创意,认为这不需要冒太高的风险,也不需要太多的资源。

但是,如果把目标设定为提高100%,这就是明确地发出信号,以招募极大挑战现行工作方式的新想法(见表19-1)。

表19-1

客户进步	巩固	扩展	探索
缩短结账时间	如何把客户的结账时间缩短50%	如何把客户结账的时间缩短100%?	如何彻底取消结账环节

每种情况都是不同的,但要学会选择对我们最有效的那些指标。这会让创意会议的整体表现和成果大不一样。

即使为了某种虚构的事物,也要从切实的内容开始。我们总是可以稍后调整的。更好的做法是问一问团队,从我们的整体认识来说,什么水平的进步是必须达到的。从那里开始做起。

有时,简单就足够了 如果寻找的是迅速的、简单的渐进式创意,可能直接把"创意X"本身转变成问题就足够了。例如,"如何把客户结账的时间缩短5%,同时保证不影响客户在安全方面的信心?"

但如果需要更多的颠覆性,请继续……

第二步:建立假设

只要刻意地打乱"游戏规则"——也就是那些维持现状的东西——就能发现一些更加令人激动的问题。这些问题可能带来更加生机勃勃的新创意。

因此,要认真思考目前解决问题的办法。为了让解决方案更高效地发挥作用，哪些因素是必须准备就绪的？如定价、资源、能力、法规、技术、传统、习惯、预期、分配和关系等。

哪些因素具有最大的影响力？哪些因素让人感觉不可能做出改变？列出清单。

第三步：翻转现实

接下来，把清单变成深思熟虑的、激动人心的问题。

我们试图通过颠覆现状和惯例来快速启动自己的创意，因为这些惯例限制着我们的思考，这种限制甚至是我们自己没有意识到的。我们越是打破这些惯例，就越是能带着更高的客观性来质疑它们的有效性。

可以在设计问题时加入一些有用的变量，例如：

- 规模：更少、更多、没有、更重、更轻/10倍/100倍/提高10%。
- 速度：更快、更慢、停滞不前、倒退。
- 控制力：更高、更低、完全控制、没有控制、共享控制。
- 简单性：更难、更简单、更少、不可能实现。
- 关系：更虚拟化/更紧密，更情绪化/更逻辑化/更"神奇"。
- 形式：数字化/模拟化/混合式。

最近几年，我和音乐产业里的很多组织都有过合作。它们中的一些组织通过同样的方式获得了优质的催化问题，有些问题带来的创意现在依然处于探索之中，例如：

- 音乐怎样让人变得更健康？
- 在人们为流媒体服务支付的费用降低的情况下，怎样把自己的盈利提高1倍？
- 怎样帮助失聪人士享受音乐？
- 在没有听音乐的情况下怎样成功预测50%的金曲？
- 怎样在收听更少的音乐的情况下感觉听了更多？
- 怎样让机器人成为音乐的消费者？
- 可以食用的音乐是什么样的？

这种方法可能让一些人感觉不适。它可能让人觉得脱离了现实；可能挑战了全场所有人拥有的核心能力的未来价值；也许它会为头脑风暴带来一些看上去……愚不可及的想法。

但是，请稍安勿躁。伟大的创意常常是人们刻意地把之前从未见过的要素放在一起、让它们相互碰撞时出现的。

显而易见之外

逐步完成这些步骤，你的创新业绩一定会有所提高。但是，最符合逻辑推断的问题有时并不一定是最好的路径。

有家公司的办公室在一座摩天大楼的高层。这家公司最近收到了很多员工投诉。每天上班的第一件事就是等电梯，而等电梯的时间太长了——人们都在抱怨，这严重影响了他们的工作效率。

这家公司查了一下安装新电梯的价格——装不起，别想了。

有个人从另一个角度审视了这个问题。电梯的速度真的是问题吗？他不那么确定，于是，他请公司允许他做个实验。

下个礼拜一上班时，员工们发现办公楼大堂里装满了落地穿衣镜。结果，仿佛在一夜之间，员工的投诉消失不见了。

所以，真正需要解决的问题是什么？是"如何提高电梯速度？"还是"如何减少人们在等候电梯时的无聊和厌烦？"

两个问题都是对的，但是，更深一层的挖掘常常可以发现更好的、更需要解决的问题。

广告行业的传奇人物罗里·桑泽兰德（Rory Sutherland）说过，有时重要的是从侧面领会客户的意思，而不是从字面上。

所以，要选择成为优秀催化问题的设计者，为年度最佳问题颁奖。确保团队中的每个人都清楚地知道最重要的问题是什么。

我读过一种说法：80%的创意发生在会议设定的情景之外。如果人们对公司需要解决的最重要的问题总能保持清楚的认识，那么，创意之光闪现的概率就会大大增加，无论何时何地。

第 20 章

炽热的爱

为创意的繁衍开垦沃土。

创意的发展是一个连续演进的过程,尽管如此,它们依然需要一块孕育和生长的热土。

大部分的创意并不是诞生在会议这一情景之下的。但是,或早或晚,某种形式的会议仍然是有帮助的,它们可以分析创意,或者帮助创意进入下个阶段。

对我来说,头脑风暴像一种"非诚勿扰"式的速配约会:把洞察、事实、感觉、问题和梦想混在一起、让它们相互碰撞,只为找到生命的火花。

但是,和速配约会一样,头脑风暴总是让人既爱又恨的:它的成功与否和太多的因素密切相关,如个性偏好、过程质量、环境、时机、参与者、政治观点等。

下面几章会带来一些工作技巧,它们是我在工作中逐步积累的。这些技巧涉及的领域比较广泛,覆盖了优秀头脑风暴会议的准备、实施和会后的三个阶段。

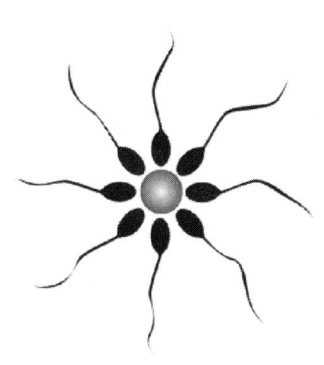

第 21 章

为卓越做好准备

如何在会议开始之前为团队的创造力快速充电?

优秀的创意会议通常是会前准备工作带来的(见图21-1)。

头脑风暴的过程和设计当然对会议成果有着重大影响,但是,如果想让头脑风暴产生更大的创意冲击力,有些基础性工作需要提前思考清楚。

有些关键因素是可以根据成果做出调整的,其中有很多与我们想要回答的问题有关。目标问题越是复杂难解,或者越是不明确,可能越需要复合方法。

1. 社会动力

我经常问头脑风暴会议的出席者:好的头脑风暴和不好的头脑风暴之间的区别是什么?我得到的答案五花八门,但它们都是围绕着一个核心问题展开的:人。

你在这里

| 发现合适的机会 | 设计创新问题 | 产生创意 | 评估和选择创意 | 通过实验验证假设 | 扩大实验规模,整合实验 | 确立切实可行的商业模式 |

发现机会(客户/机会匹配) — 找到解决方案(机会/解决方案匹配) — 定义商业模式(解决方案/市场匹配)

© 埃尔文·特纳

图21-1

有理全靠声高的人、否定一切的人、害怕提出"愚蠢"提议的羞耻感、一味提高头脑风暴的速度（不管面对什么类型的问题）、社会压力等，都在阻碍创意的诞生。这些只是在多数头脑风暴会议上导致创意郁结的几个因素而已。

那么，如何重新设计流程，让我们不再成为自身的阻碍？

一开始就分开　有一件事很简单，而且可以极大地提升团队中每个人产生优质创意的机会：把创造性思维分开处理。

提前几天把会议要解决的问题发给出席者，请大家准备好2~5个好点子。带着这些好点子来开会。

这看似简单，实际上却是创造性地变革游戏规则的做法。为什么这样说？

因为它为人们创造了机会，利用个人时间、以自我把控的速度思考和拓展思路（而且用不着担心被人评头论足），这样的做法有以下益处：

- 克服了几乎所有的社交壁垒（Social Barriers）。在集体讨论的情景下，社交壁垒是阻止人们分享意见的一大因素（毕竟你是在独自思考，不存在社交问题）。
- 降低社交焦虑（social anxiety），提高产生更好创意的可能性。
- 给人们更多时间完成反省式思考，按照自己的节奏展开思路，而不是临时被点名，被迫像变戏法儿一样提出创意，结果大脑一片空白。
- 为内向的人带来力量。等到会议开始时，内向的人和外向的人站在公平的赛场上：每个人都是有备而来的。它不像通常的头脑风暴那样充满了疾风暴雨般的唇枪舌战，那样对内向者不公平，他们只会躲起来不说话。
- 为渐进式创意带来发展壮大的时间，这意味着人们有更多的时间在头脑风暴开始前仔细琢磨和完善自己的想法。不过，话虽如此，需要提醒的是，不要把问题考虑和推进得太过头，否则，在稍后的会议上，想要解开你与偏离轨道的创意之间的情感依恋会变得很难。
- 能帮助我们不被头脑风暴中排山倒海的报事贴®淹没。通常情况下，头脑风暴会变成报事贴®风暴，它们铺天盖地，让人目不暇接，分不清什么最重要，什么不重要。

所以说，在创意会议之前，务必弄清楚我们真正想要哪些类型的成果，切实地给人们时间，以提前准备好自己的创意。

项目章程在这个阶段是一种优秀的工具。它能定义现状、提出聚焦问题，供所有人思考和问答。

财捷公司（Intuit）是一家著名的创新企业，也是会计软件QuickBooks的开发商。这家公司采用了一种名为"从7到1"（7-to-1）的类似工具。每位团队成员需要带着7个想法来参加创意会议。这给大多数与会者带来了某种程度的压力。通常情况下，人人都能随口说出个一二三点，但是，想出7点是需要超越表面现象、开展深入思考的。

讲故事的九十九种方式　　如果你还没有读过马特·马登（Matt Madden）的《一个故事的99种讲法》(*99 Ways to Tell a Story: Exercises in Style*)，一定要买来读一读。它就像一座宝库，能帮助我们学会如何从99种不同的角度破解一个简单的想法。为你的每一位团队成员买上一本，鼓励大家在参加创意会议之前拿出5分钟走马观花地翻一翻。我敢保证，它能立刻点燃人们的想象力。

2. 邀请什么人

会议室里都有哪些人对头脑风暴的创造性成果影响很大。我们都知道，获得完美和谐是很难的，但是，在能够掌控的范围之内，要对参加创意会议的人选挑剔一些。

所以，应该邀请哪些人呢？

首先要退后一步想问题。经常有人问我，是不是每个人都是充满创造力的？我的回答无疑是肯定的。然而，我们每个人都有自己的强项和弱项，各不相同的强项必然让我们在创新过程中的不同方面拥有不同的优势。我们需要创新过程的各个方面，所以，我们需要不同类型的人。

有人擅长天马行空地想出稀奇古怪的点子；有人善于在创意之间找到联系，并把这些创意变得更好；有人能提出精彩绝伦的问题，这足以把一项创意带入更好的方向；还有人能敏锐地指出为什么某项创意是行不通的。

组建健康的创意团队的起点是帮助人们看清两点：

第一，创新有着清晰严谨的阶段——识别一项洞察、形成问题、产生创意、选择创意、测试创意、实现创意的规模化。

第二，帮助人们认识到，他们各自的强项可以在哪些阶段发挥最大价值。

还要让大家确信，每个人都是创意过程中极富价值的一分子，这有助于去除各个阶段中的政治因素和情绪化的部分。我们可以客观地商定，在创意产生的最初阶段，我们需要不同的看法和意见。同样的道理，在开始探询和遴选创意时，我们依然需要不同的思想，确保有人看得见潜在的障碍。

但是，真正使人们联合在一起的是发现缺失的能力。在初期阶段，这主要体现为发现创意、填补机会空间的能力；在后期阶段，它主要体现为在实现的过程中发现障碍的能力。

在这里，有用的分析工具有很多，包括"团队维度"（Team Dimensions）、"GC指标"（The GC Index）和"创新九面"（The Nine Innovation Roles）等。

避免创意精英主义　话虽如此，我更多把它看作一种经验法则。永远把吹毛求疵的人们隔绝在早期头脑风暴以外。举例来说，如果不特别发出具有协作意味的信号，就可能带来创意精英主义的感觉。

只是帮助人们理解自身的强项、清晰地了解各个阶段寻求的不同类型的输入信息，就足够帮助更多人参与进来。我们会要求人们按照各个阶段的规则行事，并保留相互帮助的权利。也就是当有人超越规则范畴时，委婉地提醒对方的权利。

说到这里，让我们回到最初的问题：应该邀请哪些人参加创意会议？这主要取决于进行到了整个过程的哪个阶段、该阶段需要什么样的成果，以及哪些能力和经验的组合最有可能带来这些成果。要谋定而后动，要做到客观冷静，要帮助团队成员们认识到自身的创意优势。

最后一点，要超越团队想问题。最好的创意往往出现在不同领域的交叉点上。因此，邀请团队之外的人时，要富有创造性。要尝试各种不同的人员组合，看看不同组合带来的结果。

还要邀请将在稍后的创意表达过程中发挥作用的人们出席。如果从最初阶段就成为项目的一分子，他们将来就会更多地参与和支持项目。而且他们有能力发现团队成员没发现的障碍和机会。

邀请外部人士出席会议也常常可以收到意想不到的效果。这有助于克服我们对自己的创意的固有成见。与直接下属比较起来，心无挂碍的外部人士更有可能挑战领导者的想法。研究表明，一个人的职位越高，其想法的价值被高估的可能性就越大。

3. 头脑风暴的时长：百米短跑与马拉松

头脑风暴以多长时间为宜？理想情况下，我们应该在心里不断地琢磨受到客户进步驱动的种种问题，所以，从某种意义上来说，这种群体性的、安静的头脑风暴是一直延续不停、没有止境的。但是，那种专门拿出时间开会、解决具体问题的头脑风暴会议呢？它们应该开多久？

如果问题很简单，只是为了一个大家都懂的问题寻找渐进式改善方法，大约半个小时的创意冲刺就能得出比较适宜的、可供进一步探索的创意。如果是复杂程度更高的、科学化的问题，也许需要30年的时间逐步完成史蒂文·约翰逊（Stephen Johnson）所说的那种"愚公移山"式的演进和迭代。

我的书桌上方贴着一张年深日久的、皱巴巴的报事贴®，上面写着：挽弓当挽强。也就是说，要解决难度很高，但是通常能够创造最高的价值、需要耗费最多时间的问题。这些问题需要的是创意马拉松，而不是灵感冲刺。带来企业更渴望的颠覆式创新的正是这些高阶问题。

两次头脑风暴法则　　近来，我建议团队不要为了一个问题只召开一次头脑风暴会议，最少要开两次，这样可以在间隔期内让想法孕育出更有趣的内容。伟大的创意需要酝酿的时间。这也是人类大脑天生的工作方式，我们最好顺应生物规律办事，而不是与之抗争。第24章会详细描述一种值得一试的流程，而解决的正是这个问题。

4. 时机与精力

人在精力充沛时容易想出更好的创意。

令人遗憾的是，大多数人的创意无法像开关一样可以轻松开启。在我们感到疲劳、紧张时，在面对截止日期时，或者为自己的饭碗担忧时，我们身体里的化学反应会让优秀创意诞生的可能性大大降低。

安排头脑风暴会议，使之充分发挥团队动力和内在投入度（无论是在工作时间之内还是之外）的能力会为创意成果的质量带来莫大的回报。

多数团队把它看作一种"有则更好"的做法。他们会说："选定一天，把它放到日程表上，我们会大批量地制造创意。"我很了解多数人的时间压力，每个人的日程都排得满满当当。但是，如果能带着有的放矢的专注，团队可以帮助彼此更好地理解团体创意会议的最优时机和节奏。

还有一点，会议上的乐趣越多，就越容易形成更好的成果。有的人不喜欢开会，他们认为创意的形成过程看上去琐碎、空洞、做作，甚至有些令人尴尬。可它总归是工作的一部分！如果你非要对几十年来积累的科学依据置之不理，这是你的自由。但是，乐趣是帮助我们发现绝佳创意的秘诀之一。如果绕开了乐趣，就等于与良机失之交臂。

人终究是要多些人性。

尽可能选择一个多数人最有可能精力充沛的时间召开头脑风暴会议。这需要提前思考成熟的计划，但它可以让最终的成果大不一样，尤其是在解决高阶问题的时候。

5. 地点

我们习以为常的办公室环境会潜移默化地增强现状的影响力：那些所谓的"游戏规则"悄无声息地对我们耳语着——新的想法是行不通的。

应该尽可能地在远离办公场所的地方召开创意会议。大量有关环境因素的研究表明，这样可以提高创造力，尤其是在大自然的怀抱里开会时。这值得我们上网搜索最理想的山水一隅。我的经验是，只要离开根据地，就能带来更好的创意。哪怕只是到公司隔壁的咖啡馆开会，现状的束缚力量也会大大降低。

6. 刺激因素

邀请外部人士出席会议有助于提高我们的发现能力。同时，鼓励人们在会议期间像局外人一样思考问题，这样也可以加倍提升创造力。

通过问题的设计迫使与会者从局外人的角度审视局面，或者刻意地破坏现状的驱动力。下面是几个值得一试的例子：

- 蝙蝠侠会怎样解决这个问题？
- 如果客户是Lady Gaga，我们会怎么解决这个问题？
- 如果没有电，我们会怎么做？
- 能不能既做到免费赠送，又创造更高的价值？怎么做到？
- 如何在提价3倍的同时扩大市场份额？
- 竞争对手最不愿意看到我们做什么？
- 什么能让所有的客户一天之内全部跳票？它的反面是什么模样的？

更长的列表见belesszombie网站。

这些问题的答案不一定说得通，但是没关系。因为优质的创意常常是从其他的、不那么靠谱的问题中旁逸斜出的。

正如"谷歌登月计划"（Google's X Program）的负责人阿斯特罗·泰勒（Astro Teller）说的："糟糕创意是优秀创意的表哥，了不起的创意和它们住同一条胡同。"

罗杰·哈格里夫斯（Roger Hargreaves）的"奇先生"（Mr. Men）系列作品卖出了9000万册，这套书就是这样来的。有一天，哈格里夫斯6岁的儿子问他："痒痒长什么样？"于是，他拿起笔为儿子画了起来，这就成了后来的"挠痒痒先生"（Mr. Tickle）。接下来的事大家都知道了。

还有其他的激励技巧，包括搭建一个专用的空间，在里面贴满市场洞察、问题、图片和口号等。

这并不需要付出多么昂贵的成本——可以从简，要求团队成员每人带上10页A4纸，把这些纸贴在墙上即可。话虽这样说，我们当然也可以去市区找一个专门的地方（就像许多大型消费品牌做的那样），建立永久性的客户环境设施。

刺激因素是打破原有思维模式的重要工具，尽管如此，注意不要让它分散我们对亟待解决的问题的注意力。类似"蝙蝠侠"之类的问题只是为了打破人们对问题解决方法的固有思维而已。偶尔走进蝙蝠洞是很好玩儿，但不要待太久，以免给主人带来不便。要把注意力保持在解决方案需要的进步上面。

7. 领导者的准备就绪情况

我们都喜欢雇用和自己相似的人。同样的道理，我们都倾向于支持那些反映我们个性的想法。这可能是个问题。

如果你领导的是一支立志发现更有颠覆性创意的团队，而你本人更偏爱低风险的创新想法，那么，请首先认识到这是一种潜在的业绩限制条件。你的舒适度水平正好站在了总体战略的对立面上，也同样站在了你的团队成员迫切希望提出的创意的对立面上。

可以寻求辅导式对话，认清是什么导致了风险回避情绪。提升自己与风险之间关系的能力会直接影响到你的领导能力、业务价值和生活中的整体压力水平（个人观点）。

如果你把这个问题束之高阁，人们就会带着假面具走进头脑风暴会议室。你的项目章程呼吁的是一回事，而你的舒适度水平追求的是另一回事。

我们稍后探讨降低创新风险的具体方法。

提高实力　上文提到过，创造力能为首席执行官带来最大的回报。话虽如此，真正年复一年地、有目的地、可以衡量地创造整体创意业绩的团队、部门和企业又有多少呢？太少了。

我们的整体创意能力越强，就越有可能在结束头脑风暴时带走更多的创新想法，从而把竞争对手远远甩在身后。

强烈建议领导者为这个问题建立并追求一种团队式的对话。我们的目标应该是什么样的？需要付出怎样的代价？在召开创意会议之前，哪些方面应该多做一些，哪些方面应该少做一些？

说到底，能否成功地举办优秀的头脑风暴会议、能否产生创造性的成果，关键在于领导者。正如本书提出的很多建议一样，越是把更多的原则结合在一起，提高创造能力的机会就越大。

我们的团队可以在哪些方面做出改善，以帮助我们在明年这个时候收获更好的头脑风暴成果？尤其是由于在头脑风暴之前的工作而变得更好？如何把这些原则中的一部分系统化，让它们在适当的时候自动出现？

第 22 章

组织创意会议

简单流程同样有效。

无论头脑风暴追求的结果是什么,它总是要让多样化的发散思维和聚合思维遵循以下基本流程:

- 创意的产生。
- 创意的分类。
- 创意的遴选。

这一章主要聚焦于创意的产生(见图22-1);第23章讨论创意的分类和遴选。

没有什么流程是完美无缺的。近年涌现出了一种应用广泛的方法,可以作为流程工作起点一个不错的默认设置。

你在这里

| 发现合适的机会 | 设计创新问题 | 产生创意 | 评估和选择创意 | 通过实验验证假设 | 扩大实验规模,整合实验 | 确立切实可行的商业模式 |

发现机会(客户/机会匹配) | 找到解决方案(机会/解决方案匹配) | 定义商业模式(解决方案/市场匹配)

© 埃尔文·特纳

图22-1

创意的产生

1. 准备工作

- 把需要解答的问题写在白板纸上或者白板上。
- 会议介绍，提醒人们项目目标和要解决的具体问题，以及想要收获的成果。
- 如果没有提前发布项目章程，现在是个好时机，可以提醒大家注意最关键的因素。

2. 热身

刚到会时，人们通常满脑子装着参会之前处理的其他工作，或者已经开始思考散会之后要办的事。

创造力的最大化离不开每个人的完全投入，同时还要尽可能做到放松。这意味着要准确解读人们的心理状态和情绪状态，帮助他们把精神状态调整到最适宜发挥创造力的频道上来。

每个人的文化背景各不相同，所以，我不会在这里给出具体的对策。你一定知道对团队成员最适宜的办法。随便到网上找找看，那里有许多可供借鉴的方法，供你修改、采用，帮助你打破坚冰、活跃气氛。

对有些人来说，放松就是看上5分钟的喜剧节目；对有些人来说，放松是专注呼吸；有的人喜欢想象着把平日背负的心理和情绪包袱卸在会议室门外；还有的人选择先做做运动，如抛物杂耍等。

各人随心选择，但不能"强加"于人。交代清楚背景，解释清楚这种更轻松和更有趣是有意为之，是为了获得更高水准的创造力。这种做法非常有效。

头脑风暴

在创意会议上，头脑风暴一共包括4个部分：激发、筛选、分享、分类。

（1）激发：需要解答的问题已经写在白板纸或者白板上了，现在发给每个人一沓报事贴[®]。设定5分钟的倒计时，请大家在响铃前尽可能多地想出新点子——各想各的、默不作声地、无拘无束地。本阶段最重要的是数量。韩信点兵，多多益善。（如果已经请大家提前想好了创意，请直接跳到第3步。）

（2）筛选：接下来，请每个人浏览自己的创意，挑选出2~5个让自己感到兴奋的创意。

（3）分享：所有人集中到一面白墙或者白板前，逐个分享自己的2~5个创意。不需要做过长的阐释，每个创意简单介绍10~20秒就足够了。请记住，这是分享，不是兜售。

保证每个人都有机会说明自己已经理解了这些创意，然后再推进到下一步。这时不需要辩论，也无需冗长的对话，只要确保每个人都理解了所有创意就足够了。因为接下来就要为各项创意投票，人们无法在不理解一项创意时为它投票。

（4）分类：现在摆在我们面前的是一幅镶嵌画般的报事贴®墙。有可能你已经发现了，有些创意是重复的。即使没有重复，有些创意也是可以轻松合并在一起的，因为它们处于高度雷同的范围之内。如果是这样，请把雷同的报事贴®归到一类。

第 23 章

如何选择正确的创意

快速列出最佳创意候选名单并完成遴选,确保推进速度。

创意的分类

到了这个阶段,人们已经确定了自己偏爱的创意。但这并不总是好事,尤其在寻求颠覆式创意的时候(见图23-1)。

即使一项颠覆式创意能比一连串的渐进式创意带来更高的回报,依然很容易在这个阶段遭到淘汰。这主要归咎于两种认识:"这太冒险了"和"这太难了"。

你在这里

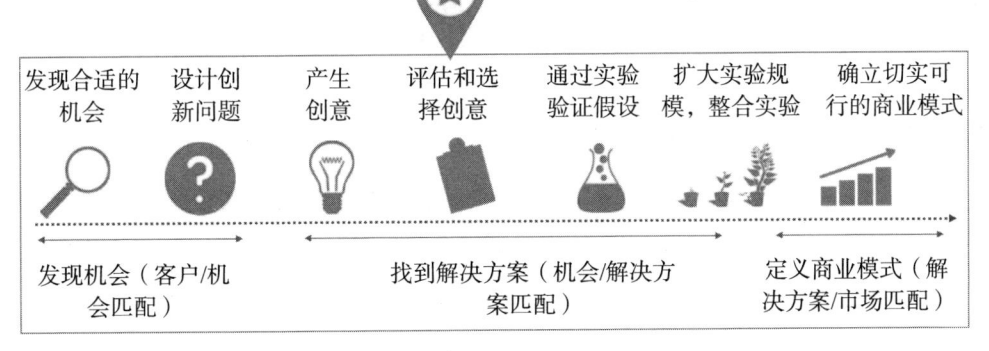

发现合适的机会 | 设计创新问题 | 产生创意 | 评估和选择创意 | 通过实验验证假设 | 扩大实验规模,整合实验 | 确立切实可行的商业模式

发现机会(客户/机会匹配) | 找到解决方案(机会/解决方案匹配) | 定义商业模式(解决方案/市场匹配)

©埃尔文·特纳

图23-1

这两种认识都可能是正确的,但是,现阶段做出这种假设为时过早。因此,为了让"疯狂的"创意存活得更长久,应该根据各个创意的潜在影响力和实施难度将其分类(见图23-2)。

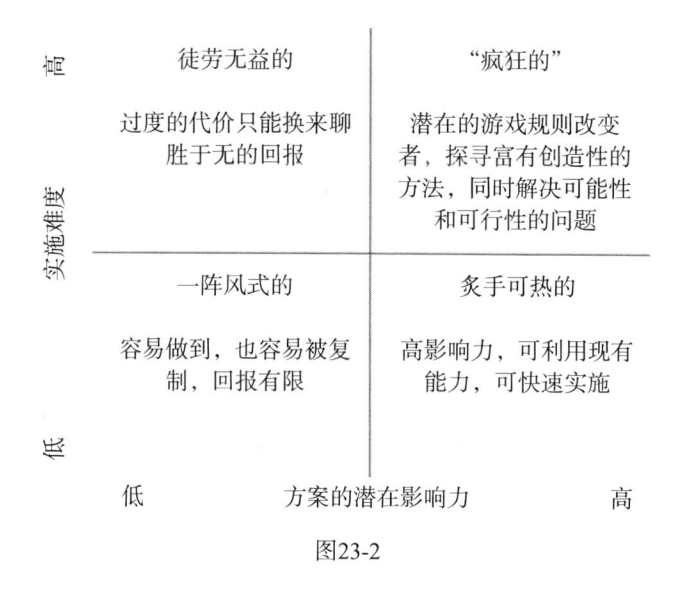

	徒劳无益的	"疯狂的"
高	过度的代价只能换来聊胜于无的回报	潜在的游戏规则改变者，探寻富有创造性的方法，同时解决可能性和可行性的问题
实施难度	一阵风式的	炙手可热的
低	容易做到，也容易被复制，回报有限	高影响力，可利用现有能力，可快速实施
	低　　　方案的潜在影响力　　　高	

图23-2

如何运用

（1）把上图画到白板纸或白板上。

（2）逐一审核每项创意，请大家确定各项创意在图中所属的区域。

（3）回顾并检查有没有遗漏的创意。最理想的情况是出现了一些"炙手可热的"创意，可以将其带入下一阶段的开发过程——也就是那些既有极强的潜在影响力，又比较容易实施的想法。但是，无论如何，现在还不是下结论的时候。

有意地打造一只怪物……

伟大的创意有时是无心插柳的结果。持续创新的公司——如亚马逊、谷歌和皮克斯等——都清楚这一点，并把自己的办公场所设计得更有利于员工之间不经意的创造力碰撞，如在午餐排队时，或者去洗手间的路上等。

有时候，可遇而不可求的"顿悟一刻"出现在人们把各种创意杂糅在一起的时候。而且这种做法是无需成本的，所以，为什么不偶尔试一试呢？无论如何，一定要让它成为组织创造力提升战略的一部分。

在召开这种创意会议时，要认真审视这些处于起跑线上的创意，并把它们混合在一起。因此可能得到一些"如果……会……？"问题，例如：

- 如果做一种给猫吃的覆盆子口味冰淇淋，它会大卖吗？

- 如果我们的棋盘游戏能逆转老年痴呆症会怎样？
- 如果所有会议都变成无声的，会怎样？
- 如果我们的广告仅仅展示内部开支的新政策会怎样？
- 如果我们的送货司机只能倒着开车会如何？
- 如果我们在员工餐厅里生产新的变速箱系统会发生什么？

这只是我们生活中的短短5分钟而已，可能什么结果都得不到，也可能带来一只丑陋不堪的、令人脊背发凉的怪物，但也可能带来一项更加切实可行的创意。不要过分地拘泥于方法——重要的是有没有让人感兴趣的东西冒出来。那些真正追求突破性创意的团队会认为这是值得的。

拯救疯狂的创意

似乎最有颠覆性的创意早就被放入了"疯狂的"区域里。很多时候，所谓"疯狂"，不过是"还不错，但是太过冒险或者太过困难，因此无法实施"的方便叫法。它们注定要被送入"粉碎机"——伴随着一声如释重负的轻叹。

太多可能改写游戏规则的创意在这个阶段遭到毫无必要的扼杀。千万不要掉进这个陷阱。

实际情况是，颠覆式创意常常是含糊不清的，它们有太多令人害怕的未知数，并可能对现有能力形成挑战。总体而言，它们很有可能会打破现状。

短跑冲刺式的研究：消灭幻想和噩梦

挑战是如何让这些丑陋的"婴孩"活得更长久。至少要让它们有机会检验人们的基本假设。

会议室里的人们有可能处于一种幻想vs噩梦的分裂状态当中。一边是生活在幻想世界里的人们（通常包括创意的提出者）。他们仿佛看到了客户对着产品的预告片垂涎三尺的样子。他们会想象几十亿客户为分享产品的广告，造成服务器宕机，然后人们在商店门口排上一个星期的队，争先恐后地成为第一批客户的场面。

在与之相对的另一边，噩梦逐渐控制了人们的头脑。他们想象的是完全不同的另一番景象：他们的创意把每个人拉入了永久失业的万丈深渊，尤其对于具体实施该项创意的人们，无处不在的绊马索和陷阱让他们纷纷失去了工作。

现实就处于这两个极端之间，我们要做的就是走出幻想世界，走进现实的国度。具体包括：

- 这一创意能创造的真正潜在价值是什么（要测试真正的客户期望和市场规模）？
- 创意的落实真的像我们想得那么难吗（要测试创意实施的可行性。经常发生的情况是，我们这时往往还没想到行之有效的解决方案）？

高管成员也许会问："这项创意能带来多少收入？什么时候能实现？"没有什么能比这种问题更快杀死"疯狂的"创意了。现在问这个问题还为时尚早，但在很多情况下，如果创意的提出者无法作答，这项创意可能当场就被枪毙了。这样的情况我见过很多。

与其扼杀一项"疯狂的"创意，不如换个方向，进行一次"短跑冲刺式的研究"。如果我们花上几个星期专注于验证让创意变得疯狂的假设，也许能得到足以改变游戏规则的发现。当然，也可能得不到。但是，如果不试试看，又怎么知道？

因此，在继续推进之前，先把团队接触最多的那个"疯狂的"创意展示给大家，然后问两个问题：

- 为什么把它放入"疯狂的"区域，而不是"炙手可热的"区域？
- 想进入"炙手可热的"区域，需要满足什么条件？

接下来，请这项创意的提出者在30天内验证所有已经显现的假设。然后审视他的结论，看这项创意是不是距离"炙手可热的"区域又近了一步。如果不是，可以暂时把它搁置起来，在日程表里做好提醒，几个月后再把它拿出来重新审视一遍。

重大突破很少是灵光一现的结果，相反，它常常是深思熟虑的、跨学科的不懈追求，通常要假以时日才会有所得。

爱因斯坦的一些理论经历了长达20年的酝酿期。其中有些属于纯粹的大脑处理，要在后台不停地运转；有些与同时出现的其他发现或创意紧密相连。归根结底，这种处理和新刺激因素的结合带来了重大的突破。

我要说的是，现在就为"疯狂的"创意投入资金可能是疯狂的做法。但是，如果它真有可能为客户创造不可思议的进步，就不应该把它一笔勾销。

创意的遴选

你可能还没看上一个想要推进的创意。如果是这样，可以先缩小范围。

谁的创意得到了采纳？为什么采纳？这些问题可能给很多人带来挫败感和困惑，让他们萌生退意，尤其是在政治因素干扰了创意遴选时。

解决这个问题的方法之一是引入民主因素。它是这样发挥作用的：

（1）每人有2~6票。不设固定票数规则，从某种意义上来说，每人投出的票数取决于面前创意的多少和开会的总人数。

（2）每人用笔在自己认为最能有效解决问题的创意旁边画一个或者多个点，同时允许为自己的创意投票。有的团队喜欢用点状贴纸，方便在改变主意时取下来。

（3）等到所有人投票完毕后，清算点数，宣布获胜创意。

进行到这里，我们发现了想要推进的创意（或者多个创意）。这时需要做出一个重要选择：如何处置未能胜出的创意？之前讨论过"疯狂的"创意，实际上，其他类型的冗余创意也可能极其优秀。没有进入候选名单的创意并不见得差。

多数团队会把这些创意丢进垃圾桶，他们有时也会感到一阵遗憾袭上心头，因为这让人觉得浪费。是的！这就是浪费！我们完全可以选择在团队创造力管理方面做个更聪明的人。

我早就建议过，可以指定一位团队成员，他的非正式职责是保管落选创意（它们只是这一次没有入选而已）。他会时不时地把这些创意展示给大家，提醒队友们，这些创意依然存在着。

有一家瑞典通信企业会定期这样做。有的时候，几年之前的优秀产品创意突然变得又有用、又时髦，一跃成为企业重要的收入来源。

对新创意来说，时机就是一切。所以，不要因为它们在纸上谈兵的阶段说不通，就让那些可能极优秀的、属于未来的创意从指缝间溜走。

还有一点，一定要分享创意。如果有十支内部团队，每支团队有一位非正式的创意保管人，他们每个季度开一次会，比较各自的落选创意，这可能带来怎样的成果？很多意外获得的价值都是惠而不费的。我们完全可以放手一试，比如说，找几位朋友，请他们试上几个月，我们又不会因此损失什么。

更长久、更深刻、更广泛

我曾经多次成功地用过这种创意产生和遴选流程。它是一种非常有用的方法，可以帮助我们搭建框架、保障推进力、克服社会现实阻力，帮助我们在给定的时间范围内获得预期的结果。

尽管如此，它并不能包打天下、解决一切问题。更重大、更复杂的创意不会总是出现在发现之旅的最初几步。问题越是具有颠覆性，我们的展望、思考、辩论和培育就要越长久、越深刻、越广泛。

第 24 章

"五日头脑风暴"

想要更好的创意？先慢下来再说。

我们总是把创意过程限制在一次头脑风暴的时间范围之内，这样的做法太常见了。然而，人类的大脑喜欢把问题细嚼慢咽，把各种想法放在后台慢慢处理。

如果能更聪明地同步自己的创造性和创意培养过程，一定能得到更好的点子（见图24-1）。哪怕只是把它们放上几天，甚至几个小时，情况也会大不一样。

可以把这看作一种持续改进头脑风暴的方法。

所以，下次需要好的创意时，与其在头脑风暴结束时切断创意过程，不如来一次"五日头脑风暴"（Five-Day Brainstorm）：

（1）简短描述5项头脑风暴会议中出现的最具前景的创意。

（2）为每一项创意描述拍一张照片。

（3）安排好日程，5天后召开后续会议。

（4）后续会议之前，每天上午发邮件给团队成员，每次发送5项创意的其中1项，鼓励大家多多思考照片上的创意：提出意见、天马行空地思考它、谈论它、拆解它、为它加入新的内容。到了下午5点，请每个人把自己的思考所得通过电子邮件发给你。

（5）召开后续会议，轮流分享新发现，据此重新调整创意。

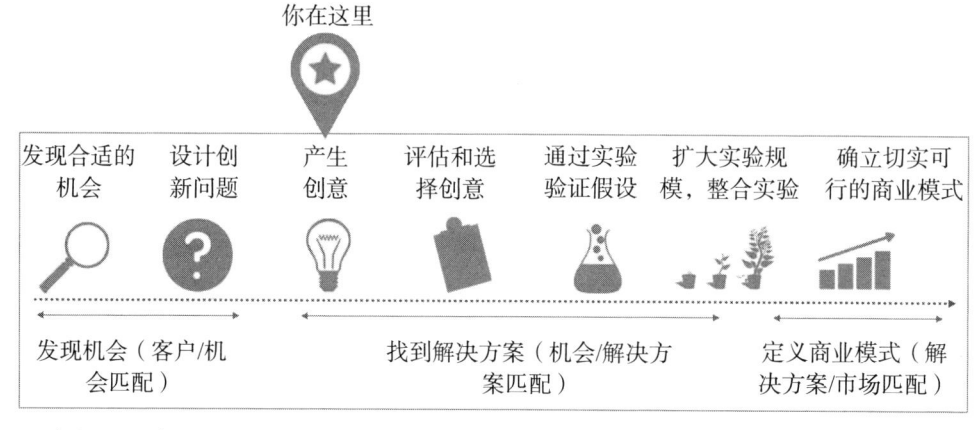

你在这里

| 发现合适的机会 | 设计创新问题 | 产生创意 | 评估和选择创意 | 通过实验验证假设 | 扩大实验规模，整合实验 | 确立切实可行的商业模式 |

发现机会（客户/机会匹配） | 找到解决方案（机会/解决方案匹配） | 定义商业模式（解决方案/市场匹配）

© 埃尔文·特纳

图24-1

这个方法值得一试。可以根据自己的具体情景做出调整，让它更好地适用于你的团队。

优秀创意的出现往往需要时间，在尝试解决复杂问题时尤其如此。因此，不要进行到头脑风暴就停下脚步——要为思想的逐步酝酿留出充裕的时间，并把这种做法变成自己的习惯。

但是，这里还涉及一个平衡的问题。不能让自己过早地对新创意着迷。过度的推进往往会让我们对新的创意过度迷恋而无法自拔，一旦发现它不如最初设想的那样有价值，我们将不得不面对令人痛苦的结局。

第 25 章

追溯创意过程

如何在整个组织的范围内监测创意的状态?

此时此刻,企业中所有创意的潜在价值总和是多少?

截至目前,这些创意处于什么发展阶段?

这些创意得到了哪些专用资源?

有多少创意具备专利潜质?

最佳创意来自哪里?

许多企业根本不知道这些问题的答案,这使得战略创新的管理和发展变得极为困难(见图25-1)。

在过去几年里,市场上涌现出不少优秀的软件解决方案,它们能为领导者带来所有这些方面的洞察。这实在是个好消息。

发现合适的机会	设计创新问题	产生创意	评估和选择创意（你在这里）	通过实验验证假设	扩大实验规模，整合实验	确立切实可行的商业模式
发现机会（客户/机会匹配）			找到解决方案（机会/解决方案匹配）			定义商业模式（解决方案/市场匹配）

© 埃尔文·特纳

图25-1

员工参与创新

这些创意管理平台能帮助管理者在团队、部门或者整个企业的范围内开展创意活动。管理者可以在平台上发布问题，员工们通过平台提出自己建议的解决方案。很多平台还带有投票功能。

这不仅是向本团队以外的人们开放创新机会的好办法，而且有利于从组织的不同部门发现有能力不断产生优秀创意的人才。

这种解决方案和大多数软件一样，其表现好坏完全取决于输入数据的质量。同时，这些平台还离不开在关键阶段对优质项目设计的投入和管理层的支持，如果它们的价值能够得到证明的话。要当心那些声称可以带来"方便实用、即插即用式方案"的外部供应商。安装的简便性是一回事，激发系统的潜在价值是完全不同的另一回事。

话虽如此，如果管理得当，这些平台还是能够带来巨大的潜在价值。如果你的组织还没有合适的创意管理系统，强烈建议先在团队层面试运行2~3种不同平台，再最终确定1种最适合组织的平台。

第 26 章

克服执行问题

多数创意是在执行阶段折戟沉沙的。实际上大可不必如此。
"问题不在于创意本身,而在于把创意转化为行动。"

初次接触一些领导者时,我通常能猜到他们会说些什么,以上就是其中的一句。我不是在自命不凡;这只是这个问题的普遍表现之一。

在头脑风暴结束之后,存活下来的创意少之又少,这足以令人感到震惊。想想这浪费了多少的资源、消耗了多少人的积极性、蹉跎了多少美好的未来。

问题到底出在哪里?根据我的研究,这可以归咎于几种堪称"惯犯"的主要原因:

- 由于更紧急事件的需要,项目总是失去它的优先级。
- 回避风险的管理者。
- 资源的匮乏。
- 缺乏恰当的能力。
- 官僚主义妨害进步。
- 没有明确的创新流程。
- 创意缺乏强有力的业务案例,无法为自己对资源的需求提供足够的正当性。

这些因素中的大多数来自"一刀切"式的创新方式。实际上,这种方式只适用于渐进式创意。

我们在前文看到,领导者可以通过一些工作来克服其中的部分障碍:如鼓励人们在行动之前先建立起经过深思熟虑的项目章程;给予团队足够的自主权,做好必要的创新空间的设计;建立有效沟通、一致行动的创新战略等。如果能做到这些，创新成果一定会得到提升。

但是，假如在这本书里只能提出一条建议，以帮助人们的创新成果产生立竿见影的效果，以上都不是我选择的对象。

它是一种以行动为纲领的、直觉式的、低风险的、低成本的、高速的，足以改变游戏规则的创新技能。它几乎能打败上述所有的创新之敌。而且它可以随时启用。

我见过这项技能在全球各地发挥作用，还听过很多首席执行官把它称为自己见过的最重要的创新工具。

它就是实验（见图26-1）。欢迎来到实验的世界。

发现合适的 机会	设计创新问题	产生创意	评估和选择创意	通过实验 验证假设（你在这里）	扩大实验规模，整合实验	确立切实可行的商业模式
发现机会（客户/机会匹配）		找到解决方案（机会/解决方案匹配）			定义商业模式（解决方案/市场匹配）	

© 埃尔文·特纳

图26-1

© 理查德·约翰斯顿

第27章

创新的火箭燃料

最了不起的创新助推器,且随时可用。

全球饮品巨头保乐力加英国公司原董事总经理丹尼斯·奥弗林说过:"实验改变了一切。"

这是他在总结"独创力项目"(Project Ingenuity)时做出的评价。该项目是奥弗林一手负责的,始于2013年,总共运行了1000天。该项目的主要目标是提振公司日益扁平的收入曲线。在业已定型的英国饮料市场上,这是个艰巨的任务。

这一项目的核心理念是:大处着眼,小处着手。要敢于提出重大的创意,但不要一开始就押上重注,因为时机未到。

保乐力加英国公司员工能力负责人布里吉特·加德纳(Bridget Gardner)的任务是设计一项面向所有员工的快速培训项目,先从董事会开始。

这个项目是围绕几种关键工具展开的,旨在帮助每个人产生和落实新的创意,以推动公司的发展、提高公司的盈利能力。

然而真正引起所有人注意的一种工具是实验。下面是它的核心概念:

大多数新创意是正确与错误的混合体,既包括正确的直觉和假设,也包括错误的直觉和假设,以及所有处于二者之间的事物。

创意遭遇失败的一大原因是发现错误直觉和假设的时间太晚了。产品已经生产好了,结果发现没人真正想要它(虽然他们说过自己想要它)。一项变革计划已经部署完毕,结果发现自己低估了员工对它根深蒂固的憎恶。

能不能在制造一项产品之前就知道,人们是不是真的想要它?

© 理查德·约翰斯顿

［注：丹尼斯·奥弗林（Denis O'Flynn），保乐力加（Pernod Ricard）英国公司原董事总经理］

这个问题带来了本世纪最重要的商业著作之一——埃里克·莱斯（Eric Ries）的《精益创业》（*The Lean Startup*）。在经历了数次创业失败之后，莱斯开始研究精益生产原则，从中寻找可能对创业者有用的经验。

他的结论引发了一场轰轰烈烈的全球运动，不仅涤荡了全世界的初创企业，还逐渐深入成熟企业世界的各个领域。

概而言之，《精益创业》的主要内容是：在培育一项创意时，首先明确所有假设，然后按照重要性和确定性为这些假设排序。那些对创意的成功具有最大影响力的假设，也是我们最不确定的假设是百分百正确的——也就是所谓的"信念飞跃"假设（Leap of Faith Assumptions）。假如"信念飞跃"假设是错的，极有可能整个创意寸步难行。

因此，在对创意投入资源之前，应该首先验证这些假设（见图27-1）。怎样验证？莱斯提出了一种被他称为"最小可行产品"（Minimum Viable Product，MVP）的好方法：一种可以用来证实（或者证伪）假设的实验，并且是最小型的、成本最低的、可能的范围之内最快的实验。这是一种低风险、低成本、速度快、一边验证一边学习的工作方式。

第27章 创新的火箭燃料

```
                                    你在这里
                                       ★

发现合适的   设计创    产生     评估和选   通过实验   扩大实验规   确立切实可
  机会      新问题    创意     择创意    验证假设   模，整合实验  行的商业模式
   🔍        ❓       💡        📋        🧪         🌱          📊

←—— 发现机会（客户/机  ——→←———— 找到解决方案（机会/解决 ————→←—— 定义商业模式（解 ——→
       会匹配）                       方案匹配）                     决方案/市场匹配）
```

© 埃尔文·特纳

图27-1

假如实验返回的数据与期待刚好相悖，我们就应该好好问问自己，这项工作是否应该继续下去。如果实验证实了假设，我们就会充满信心地扩大实验的规模。如果数据处于二者之间，也许应该在前一次实验结果上再运行一次新的、"调整后的"实验。

对大多数企业来说，这种"感知—响应"式的创新方法产生了改变游戏规则的巨大作用。仿佛忽然之间，创新风险得到了极大的降低，让更多的创意在整个组织中传播开来会更安全。当领导者接收到投入更多资源的请求时，他们能立足于真实数据做出决策，而不是根据直觉，或者根据员工一厢情愿的工作热情做出决策。

我把这种现收现付式的创意开发方法称为创新的火箭燃料（Rocket Fuel）。

我至今还清楚地记得为保乐力加高管培训项目介绍实验方法时的情景。我通常把午饭后的第一节课叫作"墓园课堂"（Graveyard Session），因为很多人会打瞌睡，课堂一片极乐世界般的宁静。当时就是一节墓园课堂，我甚至觉得根本没人在听讲。

就在这时，时任市场总监的帕特里克·范宁（Patrick Venning）突然坐得笔直，提问道："所以，你的意思是我们不该提出类似'我可以用5万英镑造出什么'这样的问题，而是应该问'我可以用50英镑学到什么'这种问题，对吗？"他说得太对了。直到现在，这还是我听过的对这个概念的最佳解释。

短短几周之内，做实验的方法就在保乐力加位于伦敦西部的总部热火朝天地开展起来了。奥弗林告诉我："它立刻就传开了。我们建立了经过训练的风险承担机制。人们心中有这样一种感觉：'如果我提出一项创意，人们可能真的能用它做成些什么。'"

一年下来，这家企业的员工参与度、收入水平和盈利水平都朝着非常健康的、可持续的方向发展。

尽管保乐力加的"独创力项目"是一个多层面的变革项目，但是我可以笃定地说，是实验方法带给它最终的影响力。这和我在别的组织里看到的情形是一样的。只要给予人们适当的工具，帮他们为自己的创意带来低风险的进步，整个组织的创意浪潮就会迅速涌起。

"最小可行产品"（MVP）首先兴起于技术领域，做实验已经变成了这个行业的标准流程。拉斐尔·奥尔塔（Rafael Orta）曾经担任eBay及乐购（Tesco）的高管，如今是英国金融超市网站（Moneysupermarket）的首席产品官。奥尔塔指出："eBay的战略基础就是通过组合式实验取得成功。实验已经深深地植根于这家企业的文化当中，这里也因此成了进行合理冒险的安全场所。"

接下来，让我们一起更近距离地观察企业是如何在实际工作中开展实验的，先从找到"信念飞跃"假设开始。

第 28 章

创新的陷阱

如何快速发现隐藏在创意中的致命缺陷？

如果做得足够好，创新本身就是追求真理。

它是在具体情况下为精确理解的问题寻求简明的解决方案。这种寻求实际上是为了正确地回答有关创意的两个问题：应不应该打造这款产品？能不能做得出来？

我们天生想要动手做事，因此，"能不能"的问题总是先走一步，反而对"应不应该"的问题不屑一顾。

所以会出现无比熟悉的结局：在主观的半吊子真相的基础上做出投资决策，结果吞下昂贵的、悲惨的失败苦果。

我们（通过实验）取得的真相越多，成功的概率就越大，而伴随失败而来的痛苦就会越少（见图28-1）。但是，一旦卷入了政治议题、偏见、盲点和草率，真相的纯粹性就会大打折扣。

发现合适的机会 → 设计创新问题 → 产生创意 → 评估和选择创意 → **你在这里** 通过实验验证假设 → 扩大实验规模，整合实验 → 确立切实可行的商业模式

发现机会（客户/机会匹配） | 找到解决方案（机会/解决方案匹配） | 定义商业模式（解决方案/市场匹配）

© 埃尔文·特纳

图28-1

在创新工作中，未经验证的假设是歪曲真相的罪魁祸首之一，也是导致九成以上新产品失败的主要原因。它是创新的天敌。

但是，我们还能指望什么？毕竟，掌舵的人可能是情绪化的、非理智的、政治化的、过度投入的。真相可能隐藏在灰色阴影之下，很难被发现，我们毕竟是在21世纪的极快速度下管理企业的。

尽管如此，速度和方便性并不是问题的全部。很多情况下，问题来自单纯的痴迷。我们会和自己的创意形成情感联结，这让我们看不清现实情况。我们会说服自己：我们的创意是"炙手可热的"，足以"融化"敢于挡路的任何问题。

然而，现实无情。斯坦福大学教授史蒂夫·布朗克（Steve Blank）指出："没有哪个商业计划能挺过与客户的第一次接触。"再能干的演讲者也要面对产品发布会上空无一人的尴尬局面。他们原本认定，客户早就对新产品翘首以待了。

另外两种真相歪曲者是经验和专业性。它们既可能成为创新的帮手，也可能成为创新的阻碍。世界的变化速度意味着所有技能半衰期的缩短，意味着过去完成工作的方式不大可能重复发生。运用后向信息预测创意未来的成功的做法越来越行不通了。

见所未见

如果要列出一张创新超能力的清单，那么"发现缺失"一定排在非常靠前的位置。在发现和验证一项可能毁灭也可能大幅提升一项创意的假设时，这种能力的作用显得尤为突出。

值得庆幸的是，我们有不少简便有力的工具。它们能帮助我们排除假设、明确现实情况。我平时经常使用以下4种工具帮助团队完成创新工作的整合。

1. 令人向往的、可行的、可取的

设计咨询公司艾迪欧（IDEO）指出，成功的创新存在于3个领域的交界处。（见图28-2）

令人向往的（Desirability）：人们渴望我们解决方案的程度。

可行的（Feasibility）：实现这种解决方案的难度。

可取的（Viability）：方案能不能在财务层面做到可持续发展。

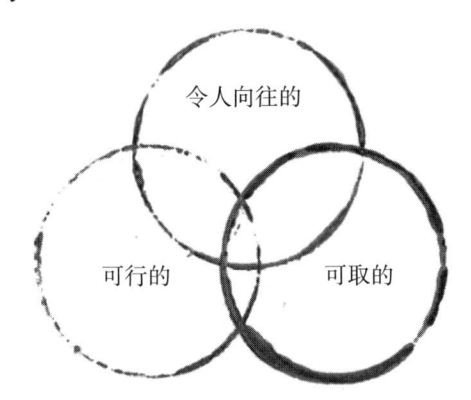

© 莉兰妮·特纳（Leilani Turner）

图28-2　咖啡渍交界（Coffee Stain）

在我们拷问创意背后的假设时，下面这个非同一般的框架能为团队指明正确的方向。

一些常见的假设示例似乎是显而易见的，但往往容易被忽视，包括：

- 使用者和购买者是同一个人吗？
- 他们有没有遇到我们假设会出现的具体问题？
- 问题的哪些部分影响最大？
- 人们获得这部分解决方案的需求有多迫切？
- 人们愿意为解决这个问题支付多少钱？
- 为构建这一解决方案，我们需要具备哪些能力？

- 为此，我们需要哪些资源？
- 需要哪些内部协作？获得这些协作的可能性有多大？
- 构建解决方案需要多长时间？
- 决策过程是什么样的？
- 需要哪种类型的客户关系？
- 如何最有效地获取客户？
- 我们需要多少客户才能实现收支平衡？
- 怎样的商业模式能够保证盈利？

此时可以拟订一份项目章程，来帮助我们发现和捕获各种假设，因为我们需要不断回顾和参考这些假设。

2. "想要……必须做到……"

有些工具可以帮助我们始终实事求是，其中最有力的一种工具表现为一个简单的问题："想要……必须做到……"

它能迫使我们面对现实，既能为那些快得即将脱轨的创意踩下刹车，又能为那些在流沙中挣扎的创意提供救援。

当我们感觉到，有人认为某项创意"显然行得通"，并试图为此一路亮起绿灯时，这种工具尤其有用。每当遇到这样的情况，我可能会这样说："也许你是对的，那么，让我们快速地制作一张清单，列出它赖以成功的各种因素吧，这样一来，我们就可以准确地规划所需的资源了。"

接下来，我们会把整个客户旅程从头到尾浏览一遍，然后建立一份"需要做到的工作"的长名单。通常，当未曾预见的问题浮出水面时，更宽阔的现实就会像黎明的曙光一样划过房间。这样做不是为了成为神机妙算的军师，而是为了确保不要把宝贵的资源过早地投入到立足未稳的创意上。

"想要……必须做到……"从我第一次听到丽塔·麦格拉思（Rita McGrath）教授用这个问题考问一群学员那一刻起，它就成了我最常用的一种工具。我用它帮助人们明确各种假设。如果能把这个问题和此处提到的其他工具结合起来使用，可能会发现大量隐藏在暗处的陷阱。

3. 美梦风暴 vs 噩梦风暴

有时候，简单的提问不足以消除更隐秘的、不易察觉的假设。

这正是第三种工具的用武之地。实际上，它相当于换一种方式提出相同的问题，但这种方式能迫使更多的假设浮出水面。

它包括两次想象的未来之旅：一次是畅想令人激动的满分体验，另一次是想象彻底的惨败。

令人称奇的是，在想象一件事情已经发生的时候，人们准确地为未来的结果找到原因的能力会提高足足30%。因此，这种做法值得我们付出努力。让我们先从光明的一面开始。

美梦风暴（Dream-Storming） 请想象我们的产品已经发布，已经有客户评价它了。

在具体的客户和解决方案已经确定的前提下，想象最好的评论可能包括哪些内容，整体体验和优势可能包括许多方面，要把注意力集中在最重要的方面上。

假设自己就是客户，编写5~10条详尽的满分好评。确保这些评论的焦点全部集中在你认为客户希望通过我们的产品实现的、最重要的进步上面。

从这些评论倒推回来，问问自己：我们必须做到哪些事情，才能让这些满分体验变成现实：

- 客户使用该产品的场景。
- 该产品能帮助他们实现的具体进步。
- 必不可少的具体行动以及开展这些行动必需的信念/态度。
- 为什么该产品强于其他替代性方案。
- 品牌的客户关系。
- 购买体验。
- 端到端的用户体验（包括出现问题时的体验）。
- 把产品推向市场必需的商业模式。
- 创造该产品必不可少的各项能力、资源及合作伙伴关系。

亚马逊公司的流程与此类似。如果有人想出了一项新创意，必须通过新产品发布会新闻稿的方式提出，包括产品的基本描述、第一位客户的样子、客户说了些什么、新产品的价格是多少、哪家分销商率先签约……

想让这些因素变成现实，需要做到哪些工作？强迫自己直面这些现实，可以很好地帮你找出需要在初期完成验证的假设。

噩梦风暴（Mare-Storming） 想象成功的情形很容易。但是，如果我们的创意一触即溃、彻底失败怎么办？可能的原因是什么？

实事求是意味着用同样的热情拥抱美好的一面和令人厌恶的一面。这是创新者的基本修养。

深藏不露的假设并不是这一阶段唯一的威胁。有一种更凶恶的创新劲敌常常潜行在桌面以下，且没人注意到它。它就是对表达的畏惧。

在不得不想象潜在的失败时，通常情况下，我们必须指出链条中最薄弱的环节。而这些薄弱环节可能就是坐在会议室里的某些人。这实在很尴尬。

然而，如果我们因此不敢开口，成功的概率就会大大下降。

这里可以借用心理学家加里·克莱因（Gary Klein）提出的"事前检验"方法（Pre-mortem，字面意义为"事先验尸法"）。人的死因通常是通过"事后剖析"（Post-mortem，字面意义为"死后验尸法"）发现的，但"事前检验"方法追求的是提前做到这一点。

这种方法可以极大地降低开口说话的恐惧感，因为它的全部意义在于对失败原因的想象。我们谈论的不是将会发生什么，当然这比较容易引起争议、不适、指责和羞耻感。我们寻找的是如果我们不够尽心尽力，可能会发生什么。我们当然是尽心尽力的。这样一来，就可以做到无一遗漏了。而且这种做法是符合逻辑的、负责任的、克勤克谨的。

所以，美梦风暴过后，让我们再来模拟一次噩梦风暴：

首先，花上一个小时进行想象，并写下些来自愤懑的客户的一星差评。这可能是因为我们违背了事先约定的承诺。什么样的事情可能引发如此糟糕的客户体验？要确保评论中包括从一开始就完全误解了我们产品的人们的看法，还有那些由于没有阅读产品操作指南而无法顺利使用产品的人们的看法。他们认为自己买到的是愚蠢至极的产品（毕竟我们是在模拟现实，而且这样的情况在现实生活中并不少见）。

可以提前设定一些类别的"事前检验"，然后由此倒推、展开想象，如产品质量问题、送货和安装问题、对产品的认识问题、是否有现货的问题、产品支持、产品认知、退货及保修问题、客户伤残及法律诉讼问题等。借助这样的方法，每个人都能认识到，所有的业务及职能部门都将被置于"调查之下"，因此，没有人会在叫出兄弟部门的名字时感到压力。

与此同时，切记设置一个"其他问题"的类别，以容纳那些无法追究任何人责任的问题。可以在网上搜索一些特别惊人的差评，它们能起到很好的热身作用，同时有助于发现一些潜在的、可能谁都没想到的"其他问题"。

最后一步，根据影响力和可能性为这些问题排序。这些问题可以作为原材料，供最后阶段评估所有假设使用。而这些假设都是我们通过上述工具得来的。

这种方法还有一些实用的附带益处。以往散会时，每个人心中都装着一大串没有得到公开讨论的问题，如今，他们会发现，需要动手解决这些问题了。哇呜！嘘！它还能去除群体偏见，尤其是过于乐观的偏见和确认偏差（Confirmation Bias）。

4. 只有……才……

大多数情况下，成功的创新离不开某人某处的行为转变。对这一点的估计不足造成了很多创新项目的失败，而且，这种低估常常发生在项目的初期阶段。

因此，务必清醒地认识到现有行为模式在用户心中有多根深蒂固，想要改变它，必须做到什么？这些都是至关重要的数据。

对人类行为的理解是自成一派的科学。可以从以下4个维度简要理解创意的情景：

（1）动机："只有……人们才会想要它。"

- 人们现在的行为是受到哪些动机支配的（熟悉性、舒适度、习惯、畏惧、对变化引起的痛苦或麻烦的想象等）？
- 动机是什么？
- 他们需要怎样不同的动机才能转变到我们的解决方案上来？
- 创造这些新动机的是什么？
- 如果要弱化或者切断人们与现有动机之间的联系，需要做到什么？

（2）资源："只有具备……才能……"

- 为了选择和使用我们的产品，用户需要哪些资源（如必需的设备、资金、时间，足够的空间）？

（3）机会："只有……人们才有机会……"

- 用户如何获得这一解决方案（配送、连接、关系）？

（4）能力："只有……人们才能使用……"

- 想要采纳和使用我们的产品，用户必须具备哪些技能、能力或者经验？
- 用户对这些技能、能力和经验水平的认知有多确切？
- 想要获得必需的技能、能力和经验，用户必须做到什么？

创新有多需要产品设计，就有多需要行为设计。

以上各领域中，我们必须做好的工作有哪些？我们对此理解得越深入，就越有可能打造出适宜的解决方案。

同时，还要特别注意盲区问题。下面是一些常见的盲区，需要特别留心。

对动机的高估

问卷调查往往会返回虚假的积极反馈。这让很多人深恶痛绝。也就是说，人们口口声声说，自己会如何如何做，或者购买某一产品，然而，当这种产品终于上市时，他们又不买了（相信我，我吃了很多亏才明白这一点）。想发现人们真实的动机水平，可以运用"行为召唤"（Call-to-action）的方法，用它来观察人们的真实反应。这是一种更好的办法，我们会在下文详细讨论。

自相矛盾的承诺

这指的是，客户真的想要我们的解决方案（甚至可能已经购买一段时间了），但总有一种奇怪的反作用力在发挥作用。

帮助人们完成新年愿望的产品就是个很好的例子。卧室的镜子上贴着闪闪发光的新年愿望，提醒自己消灭赘肉。健身房总是在每年一月迎来最多的客人。然而，经常健身的人都知道，到不了二月底，很多人就不再光顾了。这就是自相矛盾的承诺在起作用。

通常有以下3种最常见的类型。

（1）实际问题：我们会低估某些产品的实际使用成本（最常见的是时间或者精力成本）。在人们了解现实真相之后，最初的动力常常会消退殆尽。

（2）习惯问题：已有的习惯和惯例会不断冲击人们的新行动。例如，每晚八点看电视，你可能会说："噢！算了吧！今晚可是《老友记》（*Friends*）的某某集，你可不能去健身房！万一电视台不重播呢！"

（3）内在问题：我们内心的批评家和神经症会选择回避新行为带来的痛苦感。（例如，在健身房里，当你满身赘肉地经过那些壮男美女身边时，你能明显感到他们在努力克制，不要让自己笑出声儿来——算了，老子下次再也不来了！）

我有一位朋友，他专门为一种小众中的小众治疗专家开发资源。他把自己的客户群体称为"受伤的疗伤者"（Wounded Healers）——他们利用帮助别人带来的喜悦感掩盖和逃避自身问题带来的痛苦感。

在解决方案开发的初期阶段，要留心找出这些自相矛盾的承诺。

为假设排序

无论选用哪种方法来明确假设，现在到了为它们确定优先级别的时候了。把所有假设的列表摆在团队成员面前，请大家为这些假设排序。排序的依据是它们对创意成功的重要性和这些假设自身的确定程度。

我们要找的假设是这样的：团队相信它对创意的成功具有重大影响，同时又对这一因果关系没那么确定。

举例来说，假如你正在为一种超级奢侈的酸奶制作外包装——它能在保质期临近时提醒消费者（见表28-1）。

你想到了一种可行的方法：在酸奶盒上嵌入一块传感器。从技术上讲，它能从冰箱里面与消费者的手机通信。但是，你还不确定冰箱的厚度对传输信号质量的影响，不清楚冰箱里的低温对传感器精确度的影响，以及由此而来的价格上涨对消费者购买行为的影响，还有，真的有人在乎能不能在第一时间知道自己的酸奶快过期了吗？

表28-1

假　　　设	重要性	确定性
与手机之间的信号传输没问题	10	7
低温不会特别影响传感器的精确度	8	3
该方案能为消费者解决重要问题	10	4
消费者不介意为了抵消成本而造成的价格上涨	2	9

在这个例子里，方案的可行性固然重要，但是，第一要务应该是确定方案是

否真的能为某个消费者群体解决足够重要的问题。如果不能，那么，整个创意只是纸上谈兵而已。

最理想的做法是在研究阶段解决这个问题。但事实往往并非如此：我们经常会高估客户对产品的渴望程度。这也是很多初创企业失败的最大原因。

最重要的，也是我们最没把握的假设被称为"信念飞跃"假设（Leap Faith Assumptions）。在推进创意之前，务必首先通过实验的方法验证信念飞跃假设。这是第29章讨论的核心问题。

有些创新项目包含着合理程度的不确定性，在推进这些项目时，要想到自己将在一段时间里不断发现新的假设。在探索"解决方案/市场匹配"的道路上，这将成为无法改变的事实。"解决方案/市场匹配"指的是为客户的某个问题找到完美的解决方案，其商业模式能带来可行性和规模化。

专业建议

接下来讨论如何设计实验来检验假设。在此之前，先分享几点建议，希望能帮助读者在明确假设时取得更快、更好的进步。

加入多样性：毫无疑问，如果所有利益相关者都能出席，创意会议将实现最大的价值。这不仅能让项目在可能范围内受益于最广泛的意见，而且，如果项目真的开始运作的话，它能从一开始就获得最高的参与度。

假设：一项创意看起来行之有效，可是在推进过程中遇到了难以逾越的障碍，或者我们认为它是难以逾越的。这种情况并不少见。

"客户一定喜欢这项功能，可惜法务不会通过。"

"我们可以把供应链效率提高15%，但是IT不支持这个模块。"

"凭借这样的决策，我们可以把速度提高5倍，可惜财务部门总是要签章才能批准。"

有的时候，我们真的会对自己的假设做出错误的假设。

先别急着甩手不干，试试下面的办法：

"如果……我们就能……"：亚当·摩根（Adam Morgan）和马克·巴登（Mark Barden）在他们了不起的著作《逆向创新》（*A Beautiful Constraint*）中提出了一种极为有效的工具，它能打破看似不可逾越的假设。

与其一开始就抱怨"我们做不到……是因为……",不如重申"如果……我们就能……"。

接下来,花点时间思考这个问题,想要移除某种限制条件,我们必须做到什么。摩根和巴登建议了9种类型的"如果……我们就能……":

如果为此提供……的资源,我们就能……

如果把……替换为……我们就能……

如果能去除……以此帮助我们……我们就能……

如果引入……我们就能……

如果……投入资金,我们就能……

如果把它看作……我们就能……

如果委派他人来……我们就能……

如果能融合……我们就能……

如果能获得……的知识,我们就能……

在这种技巧的帮助下,我们常常能想到办法、越过限定假设、找到出路。

英雄工厂(Hero-maker):去和那些被我们视为阻碍者的特定利益相关者见面谈谈,最好能邀请他们出席上文提到的创意会议。

向他们解释创意的潜在效益、阐明你对潜在限制条件的假设,就如何共同找到解决问题的出路征求他们的建议。有的时候,假设可能被证明是错的,至少不全对,障碍也因此不再是障碍了。

还有些时候,因为我们并不是内容专家,所以,关于某事为何不能发生,我们可能会做出更多的假设。创新专家埃里克·莱斯讲过这样一个故事,一位律师被自己的同事视为创新路上的"拦路虎"。然而,仅仅通过一次会议,他就变成了英雄。

当时,项目团队正在对一项限制性的法务流程做出假设,但是,他们并没有意识到,这一法务流程存在一个特别的漏洞,可以为他们这种类型的解决方案网开一面。只有专家律师才有可能看出这一点。结果,这位律师立刻就成了项目组的超级英雄。

当然,事情并不总是这样展开的。彼此冲突的优先级、政治因素、没有表达的愠怒、误解,以及很多其他因素都有可能在整个组织范围里形成创新的障碍。

我们会在下文详细讨论这些问题。

汇总

进行到这里，可以把创意的所有决定因素和假设放在一起，这样做大有裨益，尤其在涉及早期阶段创意的分享和寻求其他团队及利益相关者的反馈意见时。

下面是"假设追踪"（Assumption Tracker）框架图（见图28-3），这是一项强大的工具，能汇总人们的想法并为之搭建框架。而且这是一份活的文档：随着学习过程的不断深入，我们需要不断地更新它。

读者可以从blesszombie网站下载这一版本的框架图。为了演示方便，作者在这里把它放在了同一页里，实际上，读者在下载时可以发现，它是按照每页1个要素的形式编排的，以为实际使用时提供便利。

总结

因此，要把寻找假设和验证假设变成团队条件反射式的反应。着力培养自己在这方面的能力，它会成为创新业绩最重要的促进力量之一。

明确了最重要的假设之后，现在要做的就是检验它们。

第 28 章 创新的陷阱　121

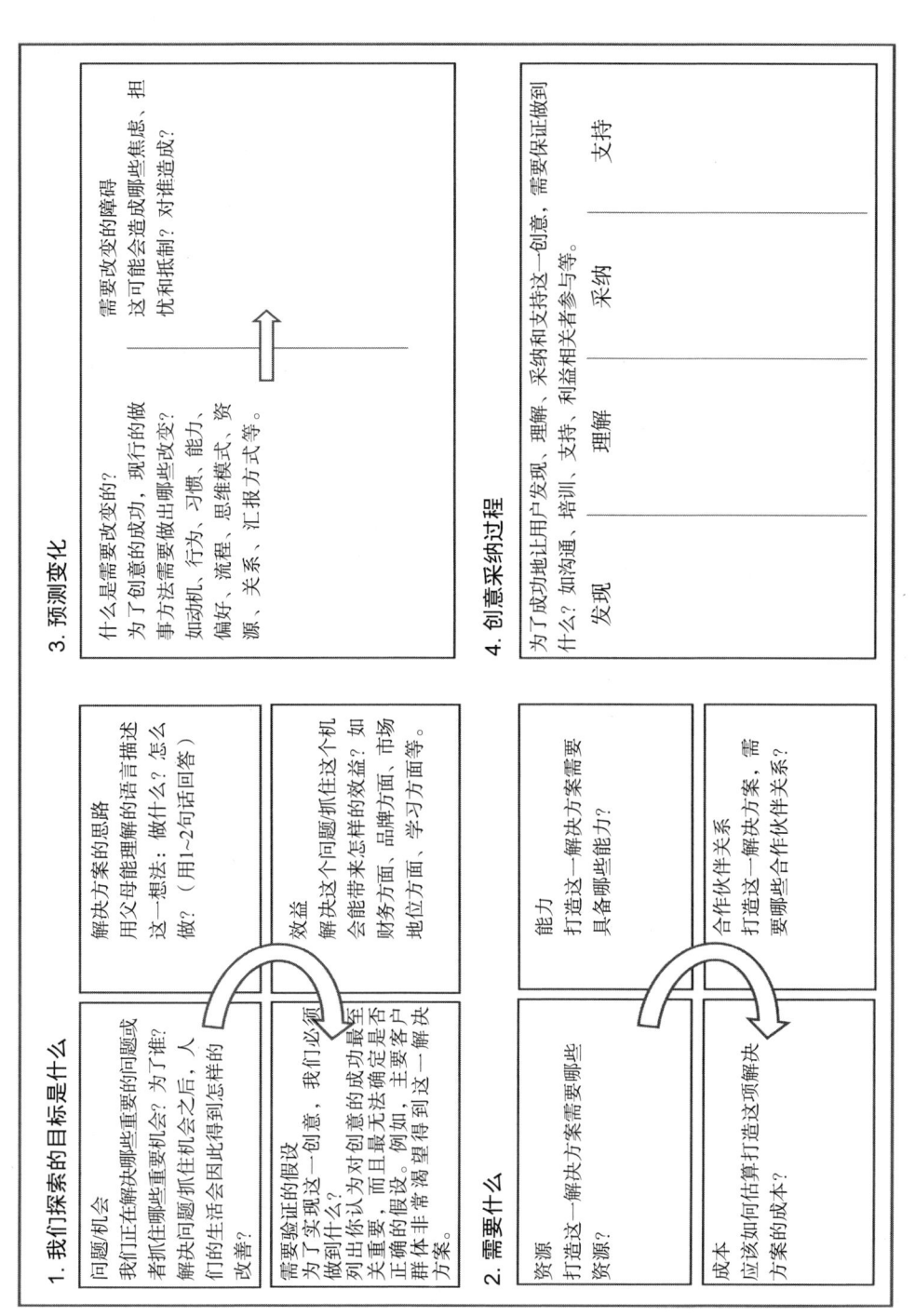

1. 我们探索的目标是什么

问题/机会
我们正在解决哪些重要的问题或者抓住哪些重要机会？为了谁？人们的生活会因此得到怎样的改善？

需要验证的假设
为了实现这一创意，我们必须做到什么？列出你认为对创意的成功最至关重要、而目前无法确定是否正确的假设。例如，主要客户群体非常渴望得到这一解决方案。

解决方案的思路
用父母能理解的语言描述这一想法：做什么？怎么做？（用1~2句话回答）

效益
解决这个问题抓住这个机会能带来怎样的效益？如财务方面、品牌方面、市场地位方面、学习方面等。

2. 需要什么

资源
打造这一解决方案需要哪些资源？

成本
应该如何估算打造这项解决方案的成本？

能力
打造这一解决方案需要具备哪些能力？

合作伙伴关系
打造这一解决方案，需要哪些合作伙伴关系？

3. 预测变化

什么是需要改变的？
为了创意的成功，现行的做事方法需要做出哪些改变？如动机、行为、流程、习惯、偏好、关系、思维模式、资源、关系、汇报方式等。

需要改变的障碍
这可能会造成哪些焦虑、担忧可抵制？对谁造成？

4. 创意采纳过程

为了成功地让用户发现、理解、采纳和支持这一创意，需要保证做到什么？如沟通、培训、支持、利益相关者参与等。

发现　理解　采纳　支持

图28-3　"假设追踪"框架

第 29 章

如果你只读一个章节

如何设计和运行低成本、低风险、高回报的实验？

20世纪80年代，一位IBM公司的语音识别科学家想到了一项绝妙的创意。

在他想象的世界里，人们不用电脑键盘就可以单击"删除"键。如果IBM公司生产的电脑能听懂人话，数以百万计的办公室工作者哪里还用得着敲击电脑键盘？

这在逻辑上是说得通的，它的商业价值更是令人垂涎欲滴。然而，它的开发成本也可能是个惊人的数字。怎样确定这个大胆的愿景行不行得通呢？

在面对一项需要投资的新创意时，每位高层管理者都要面对这个问题——"怎样知道这个创意能不能成功？"（见图29-1）

IBM是这样做的。

它们找了一个房间，在里面放了一张桌子、一个电脑屏幕和一把椅子。然后邀请测试对象走进这间屋子，告诉他们，这是一台不需要键盘的电脑原型机。"请就座，对着电脑说话。结束之后告诉我们你的感受。"

"小白鼠"们照此行动，美滋滋地对着电脑聊了起来，而他们说的每一句话都出现在了那台电脑屏幕上。

他们并不知道，在相隔不远的另一间办公室里坐着一位戴着耳机的打字员。她的耳机连着隐藏在测试房间里的一支麦克风。测试对象说的每一个字都清清楚楚地传到了打字员的耳朵里。她把自己听到的话敲出来，它们就出现在测试房间的电脑屏幕上了。

你在这里

| 发现合适的机会 | 设计创新问题 | 产生创意 | 评估和选择创意 | 通过实验验证假设 | 扩大实验规模，整合实验 | 确立切实可行的商业模式 |

发现机会（客户/机会匹配） | 找到解决方案（机会/解决方案匹配） | 定义商业模式（解决方案/市场匹配）

© 埃尔文·特纳

图29-1

测试对象立刻爱上了它！这真是一次成功的测试，对吗？先别急着下结论。

随着实验的进行，一些测试者开始觉得嗓子疼。不仅如此，在测试不同的使用场景时，人们发现这个解决方案不适用于那些需要在开放空间里处理机密信息的人。

还有噪声问题！如果一个拥挤的空间里坐着几十个人，人们会在突然之间听不见自己内心的想法。

于是，IBM修正了这一产品的开发方向，节约了可观的精力、资源，避免了公司声誉的损失。

多方参与创新

在一个越来越不确定的世界里，在创新通常没有地位可言、无路可走的组织里，在风险回避情绪高涨的氛围中，也许实验是我们能够得到的最有效的良方。

实验是小型的、低成本的、迅速的验证手段，但它足以为决策带来有用的数据，而且投入微小，获益良多。

根据我的经验，实验是为数不多的几种有效工具之一，它们能让95%的高管主动参与，并希望了解更多信息。为什么会这样？

因为设计精良的实验能同时满足多个重要目的。

降低风险和恐惧

规模越小，赌注就越小，这让大家晚上都能睡得好一些。人们会在心中暗自庆幸："就算失败了，也不至于伤筋动骨。"

激发更多的颠覆式创意

对风险的厌弃会阻碍头脑风暴产生的创意存活下去。如果能以微小的验证式实验为起点，更多的大胆创意可以有机会迈开第一步，前进到一垒。

创意通衢

实施创意的一大障碍是不知道下一步该做什么：没有流程，超越现有运营模式以外的创意尤其如此。实验的设计是一种既简单又易于扩展的方法，每个人都能掌握。

现收现付式的创新

根据实际产生的数据和学习价值为实验进行投资的做法，可以防止对创意过度投资的问题，因为过度投资本身就是很多问题的根源。叫停一次价值一千美元的实验总比终止一个几百万美元的庞大项目容易得多。

竞争优势

我们开展的每一项实验都会带来独一无二的数据，这些数据是专属于我们的。行业研究报告固然有用，但每个人都可以买上一本。而实验能带来独有的洞察，帮助我们做出比竞争对手高出一等的决策。

高层的信心

实验能消除和支持大胆的新创意有关的猜测。尽管本能和直觉自有其作用，但是来自实验的数据能为投资决策带来更加坚实的基础。

创新效率

数据能揭示创意背后的真相，错误的创意因此无处遁形，它们会被快速而客观地丢进"粉碎机"里。谷歌公司清楚地知道，他们有90%的大胆创意从一开始就是直奔"粉碎机"而去的，因此，这家公司会奖励那些尽可能快地发现问题的员工。既然有些创意注定失败，当然越早发现越好。

规模化创新

如果每个人都知道如何设计和运行实验，就等于除去了禁锢创新的桎梏。在最基本的边界之内，每个人都可以放开手脚地追求自己认为最因地制宜的绝佳创意。

员工投入度

我发现，开展实验是提升员工投入度的最有效方法之一。通常情况下，创新的重点要么是影响客户，要么是改善我们的工作方式。两者都涉及理想和进步问题，且都能以自身的方式获得内在回报。

有一次，我刚上完一堂实验设计课，一位经理走过来告诉我，当天的课程帮她找回了刚入行时的初心。初心的力量是无穷的。

开展实验

既然如此，到底什么是实验？应当如何设计和开展实验？

实验像踩着冰面过河。

没人知道踏上冰封的河面是不是正确的第一步。因此，我们会先用棍子戳戳看。感觉还行？我们就会小心翼翼地踏上去，迈开小小的一步。

没人希望自己掉进冰窟窿，所以，我们会试探着向前一寸一寸地挪动自己的脚趾。这冰面到底能不能承受我们的体重？我们了解得越多，信心会变得越强。

我们迈出的每一步都在传回数据。有没有出现裂缝？再往前走一点。有没有听见轻微的咔咔声？是应该换个方向继续前进，还是果断向后转，回头是岸？

实验的过程也是探索的过程——一边走一边确定正确的方向和旅程的长度。小步向前，投入最少的资源，来换取最大程度的学习效果。

埃里克·莱斯是一位创业家，也是影响深远的创新著作《精益创业》的作者。他在书中把这种实验称为"最小可行产品"。其实这种方法并不一定拘泥于产品。在我把这一概念介绍给企业的过程中，我发现"最小可行产品"也可以用来检验那些天然具有一定程度不确定性的创意。

© 理查德·约翰斯顿

［注：最小可行产品——大胆地假设，小心地求证，动作要迅速。］

事实上，我运行过一次某国际银行的实验，结果发现70%的"最小可行产品"集中在看似呆板无趣、面向内部的项目上。这让我无比困惑，因为实验团队是在充分自由的情况下重新规划这家银行的未来的。

接下来，我发现这些实验都是有意为之的，目的是清除组织内部的官僚主义。因为官僚主义足以碾碎任何一种有抱负的、以客户为中心的创意。否则的话，任何出色创意的努力都是没有意义的，因为它们注定要被扼杀在摇篮里。

在多个行业的多个职能部门广泛接触了各种类型的实验之后，如今我更偏爱"最小可行X"（Minimal Viable X）这个说法。因为探索不确定性的方法，其原则是放之四海而皆准的。除此之外，"最小可行"（Minimum Viable）这个词经常会带来一种很棒的附带好处：它们会引发对组织生活中很多方面臃肿问题的质疑，激发人们把过度复杂或是过度费力的工作方式当作挑战目标的战斗欲望。例如：

- 最小可行会议。
- 最小可行流程。
- 最小可行项目。
- 最小可行报表。
- 最小可行验收。

……

设计一项实验

实验的目的是验证假设，这一点务必要牢记在心。如果能清楚地理解既定情景下的因果关系，也许根本用不着实验。话虽如此，我越来越多地看到实验被当作一种利益相关者参与的工具使用，以帮助精神紧张的高管批准为日常的运营项目提供预算。

创意已经到位，各种"信念飞跃"假设也已经准备就绪，接下来就可以开始设计实验了。

下面是实验设计的基本步骤（29-2）：

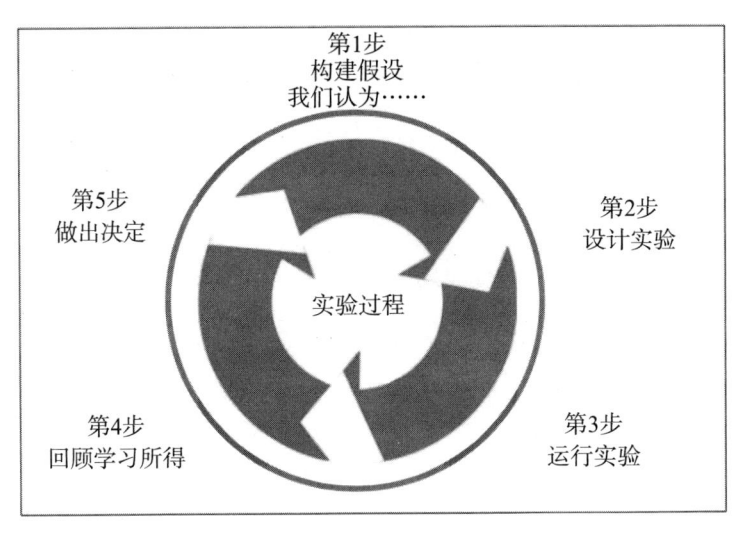

图29-2

第1步：构建假设

选出能决定创意成败的那个最重要的"信念飞跃"假设，把它转变为一段陈述。

例如，假设我们发现，公司网站上50%的客户未能完成交易。经过观察，我们假设，交易所需的时间和繁杂的步骤让这些客户感到心烦意乱，所以，他们选择了放弃交易。

我们的想法是把交易步骤从5步缩短到2步，但是，工程部门和后勤部门不得不为此做出重大的变革。

假如时间和步骤对交易量并不存在实质影响，我们将会因此损失大量的时间和精力。

我们的假设是"我们认为，缩短结账流程的时间和步骤将会极大提高完整交易的数量"。

在此，清晰地定义"极大"是个很好的做法。否则，我们可能用增加0.1%来验证这一假设。那么，究竟何种程度的增长在商业意义上才值得努力呢？我们稍后再详细讨论这个问题。

第2步：设计实验

实验的作用是帮助我们理解假设的正确程度。

在假设已经明确的前提下，可以向团队成员发出挑战，请他们提出验证这一假设的多种方式。

一项好的实验包括以下特点：

- 小型化。
- 低成本。
- 快速化。
- 能带来丰富的学习所得（这一点需要明确的指标和成功标准）。

小型化　设计实验是一种创造行为。因此，像所有的创造一样，实验也需要一定的操练之后才能熟练掌握。一开始时，你的实验可能会太过庞大。想要构思既出色又微型的实验毕竟不是一件轻而易举的事。

下面是几个常见实验模式，它们能为验证假设的组织带来足够出色的学习体验：

- 写博客，欢迎大家评论（高朋网，即Groupon）。
- "烟雾测试"（Smoke Test）登录页面，邀请潜在客户注册（Buffer）。
- 预购页面，Kickstarter式的众筹活动或者意向函（Oculus Rift）。
- 带有电子邮件注册入口的演示视频（多宝箱，即Dropbox）。
- "奥兹法师"（Wizard-of-Oz）式的服务——看似自动化，实际是幕后人工操作的结果（美捷步，即Zappos）。
- 不带任何功能的"原型机"——线框图或者实物模型（Palm Pilot掌上电脑）。
- 只有一项功能的原型机（Go Pro运动相机）。

低成本　有一种让实验保持小型化和低成本的好办法，一开始它显得有些严酷，但是，从长远来看，还是会带来很好的回报。请团队设计一项测试，无论收到什么方案，一律打回重做，不过这一次要求团队只能使用上一个方案一半的资源。也就是说，同样的学习效果，只用一半的资源。我把它变成了每次上课时的标准做法。一开始，上课的团队都会觉得这让人难以置信，但是，他们总是能紧接着提出更小型化、更好的实验设计。

同样的道理，还可以要求人们在不占用资源的情况下设计和进行实验。很多情况下，这是可能的，但是，因此发生的请求和借用资源的做法有助于培养创业者式的拼搏精神，这是很多组织最需要的精神。

无论如何，要保持密切的监测。有的时候，实验确实需要额外的资源才能进行下去。万一博取资源的做法意味着损害其他业务单元的业绩表现，要及时地伸出援手，防止这种情况的发生。

低成本实验的一大特点是，这些实验往往看上去丑陋不堪。要学会适应这种情况。如果人们非常想要我们的创意，他们是不会以貌取"才"的。人们有能力看到创意带来的进步之美。

领英（LinkedIn）的创始人里德·霍夫曼（Reid Hoffman）说过："如果产品的第一个版本没有让你觉得难堪，那说明你发布得太晚了。"

Basecamp软件公司把它称为"模拟板实验"（Bread-boarding）。这是一个来自电子行业的术语，即在一块简单的电路板上描述产品原型设计的基本理念——暂不考虑用户设计，至少目前不考虑。

优步推出时就超级难看。尽管有应用程序，用户还是需要给优步员工打电话或发短信，后者再十万火急地打电话给其他汽车公司为你找车。

也就是说，要用优雅来平衡难看。太难看会让人反感，导致原本可以很好的实验结果不准确。

快速化　学习的速度常常被人们视为硕果仅存的竞争优势来源。无论这种说法是否正确，我们验证假设的速度越快，在错误的创意上白白烧掉的钱就越少。这是毫无疑问的。

但是，速度不代表超速。后者只能带来设计得极为糟糕的实验，除了浪费资源，什么都做不到。

让我们回到结账的例子上。想要理解结账需要的步骤数与完整的交易量之间的因果关系，为此设计的小型化、低成本、可以快速部署的实验可能是什么样的？

可以逐步递进地思考这个问题。如果说，从5步直接缩短到2步需要巨大的工程投资，那么，能不能先从5步缩短到4步，然后测量它带来的影响？这本身就是测试因果机制的更小型化的、成本更低的、部署更快的方法。

在哪个步骤离开的客户最多？这个步骤甚至可能不是问题本身。就像我们在沮丧的电梯乘客的案例中看到的，真正的问题并不是漫长的等待，而是等待过程中的百无聊赖。

因此，我们可以同时开展多个不同的实验：第一项实验是在电脑屏幕上显示娱乐性内容或者丰富的有用信息，让客户在等待后台运行的过程中不至于感觉无聊；第二项实验是把两个步骤合并成一个。可以从最简单的那项实验做起。

正如上文提到的，实验的设计属于创意活动的范畴，因此，要把时间投入到开发充满智慧的事物上：虽小，但数据丰富。

学习成果丰富　实验成功吗？我们的假设是对的吗？达到了什么程度？

实验的最大天敌之一是对失败实验的结果大放马后炮，并且持续过长时间。

"哼，我早就料到会这样，因为……"

和科学实验室一样，出色的实验会明确定义预期的结果。因为所以，科学道理。

仍就上文的结账案例来说，预期的结果可能是"我们认为，把结账的步骤从5步缩短到4步，能为完整交易的总量带来10%的提升"。

事先的明确性有助于后期决策。如果不易做到精确，可以把一开始的预期定为一个区间，如10%~30%。只要确定了一个基准点，工作就会变得越来越精确。

应该由谁来选定衡量指标？为了克服偏见、幻想和政治因素的作用，还是集体选定为好。先搞清楚我们需要什么样的结果，才能证明假设是正确的。每个人先各自写下自己的看法，然后和整个团队分享。随着对话的徐徐展开，所有类型的隐藏假设都显露出来，经过一番谈判，最终会商定一种最适宜的衡量指标。

语言是廉价的，所以要让学习变得更"昂贵"　关于学习，还有一点非常重要，尤其是在验证客户期望的时候。客户总是会说自己一定会购买某一新产品，但是，在新产品终于推出时，我们通常连他们的人影都看不见。这早已成了众所周知的规律。出现这种情况的原因有很多，其中比较明显的一点是原始调查问题的设计方式。

不需要掏腰包的话，说上一句"是的，我会买它"再容易不过了。所以，最有价值的学习收获往往来自那些带有价值交换的实验。客户想得到某种价值，非要为之"付出"些什么才行。这样的实验能带来更可靠的指标，而这些指标会告诉我们，产品上市时，客户真的会购买它。

善财难舍。请潜在客户提前签约，为某种解决方案预付费用，这是消除隐藏缄默的好办法。如果人们说"不"，问问他们，怎样才能让他们同意预付。这样通常能带来发现隐藏假设的藏宝图。

这正是Kickstarter成为强势平台的力量之源。如果市场上没有累积足够数量的预订、积聚足够的资金，厂商根本就不会去生产。这是一种强有力的指标，它能证明我们抓住了重点，至少在特定的细分市场上是这样的。

尽管如此，根据初始数据推断市场的扩张规模时一定要加倍小心。能够吸引早期采用者的产品和商业模式常常需要修正和改进，才能适用于更广阔的市场。如需了解更多，可以读一读杰弗里·摩尔（Geoffrey Moore）的《跨越鸿沟》（*Crossing the Chasm*）。

实验不一定总是和金钱有关。Dropbox的首席执行官德鲁·休斯顿（Drew Houston）做过一次最著名的创业实验。当时，他迫切地想了解人们对他的云存储服务的潜在需求，于是他先请人们交出3种有价值的东西，用来换取回报。休斯顿认为，如果人们真的足够需要，他们会进行到底的。

第1项价值交换，用户要看完休斯顿在网上发布的一段视频。这是一段产品演示视频（实际上只是一段制作精良的动画），帮助观看者真实体验休斯顿的解决方案。

用户成本？他们要付出4分39秒的宝贵时间。因为YouTube上的视频流量会在60秒后激增，所以，休斯顿认为，能把整个视频看完的人至少表现出了合理程度的兴趣。

接下来是一个"点击诱饵"（Clickbait）。视频播放完毕之后会出现一个按钮，邀请用户下载Dropbox应用。用户通常会想，"谁知道我下载的是什么……恶意软件？电脑病毒？"风险当然不高，但这并不代表没有风险。所以，人们只有在足够感兴趣时才会点击它。

但是，这个按钮只是一个诱饵，实际上，点击后出现的页面只是对用户最终渴望程度的测试。页面上写着：Dropbox实际上还没有开发出来（用户在心里嘀咕着："干得漂亮！你刚刚成功地浪费了我5分钟的生命。"），同时向用户发送邀请，如果他们想成为测试用户，可以完成注册、加入邮件列表。

等一等，我来捋一下：一开始，我看了一段约4分半钟的视频，接下来，我想下载应用，结果发现上当了，现在，你想让我把邮箱地址交给你，而且我可能因此收到垃圾邮件。是这样吗？是的，你说的对极了！

到了最后，只有极其需要这一类型解决方案的人们才会完成注册。其他人（就是说"当然了！只要你能造出来，我一定会买"的那些人）早在几次点击之前就溜之大吉了。

结果，发布这段视频之后不到12个小时，休斯顿就收到了7万个电子邮件地址——有7万人证明了自己是感兴趣的，而不是声称自己感兴趣。

因此，在设计测试早期采用者潜在需求的实验时，要考虑到图29-3中的3个层次。

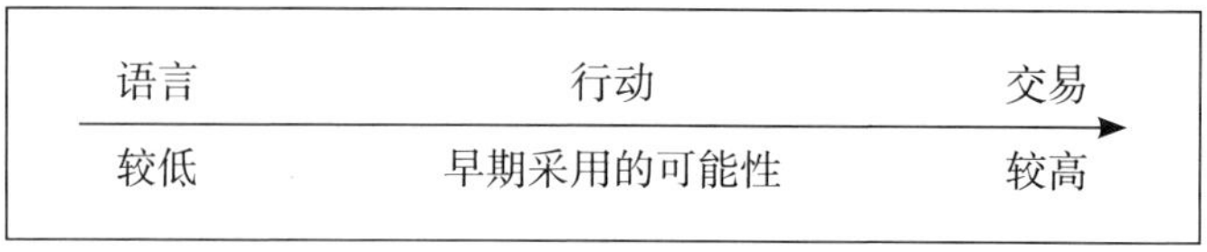

语言	行动	交易
较低	早期采用的可能性	较高

© 埃尔文·特纳

图29-3

第3步：运行实验

完成了实验设计，设定了预期成果，接下来就可以投入运行了。

其中最需要注意的是不能干扰实验过程，尤其是你亲身参与的实验。你的实验可能只在某些"实验室条件"下才能达到最优效果。如果参与测试的用户没有按照你期待的方式操作，你很有可能会禁不住去"帮助"他："不对，你应该点这个按钮……对，就是这样。""别忘了这一点，它非常重要。""试试小写体，看它管不管用。"

我们的目的并不是使得实验有效开展，而是了解在没有外力干扰的情况下它是如何开展的。这是因为，在现实世界里，我们是不可能出现在那里的。所以，开启实验，然后袖手旁观，观察接下来发生什么。务必要做到实事求是。

第4步：回顾学习所得

实验结束后，要及时回顾实验过程。数据本身会说话，这一点毫无疑问。即便如此，我仍然强烈建议邀请外部人士与团队成员一同检视这些数据。多一双外人的眼睛，就能带来多一些宝贵的客观性。

我辅导过几百次实验并从中发现，最有价值的投入是回看第一次实验的结果。当然，马后炮式地证明意料之外的结果的正当性，这总是充满诱惑力的做法。实际上，它们让整个创意处于风险之中。有些数据会说明我们的努力是前景光明的，而这时我们往往容易遗漏其中隐藏的其他宝贵信息。

尽管在大多数情况下，团队总是通过自己的发现一路推进，找到有用的下一步结论，但也要考虑一下邀请友善的外部人士，帮助我们保持路线的端正。

意料之外　无论上文如何强调要在这个阶段严格把握某些具体衡量标准，我们还必须考虑到意料之外因素的影响，因为实验过程中常常会出现意料之外的因素。

"我们求的是结果X，但我们没有料到，实验过程中出现了连带结果Y。"

更令人迷惑不解的是，当我们验证同一项假设时，从一组测试者身上得出的结果竟然与另一组测试者的结果截然不同。

这可能让人感觉实验失败了，实际上，这是额外的收获，因为你发现了拼图中缺少的几块。在此之前，你甚至不知道自己需要找到它们。

你已经开始发现"因变量"了，它们是实现预期成果的必备条件。

在进行网站测试时，爱彼迎公司知道他们得到的答案会根据天气的不同而变化。这与产品本身无关，重要的是情景。

所以，在实验的过程中，一定要注意可能决定因果关系的因变量。这些因果关系可能是我们之前完全忽视的。

事实上，我们有时得到的是正确的创意，我们试图证明的也是正确的假设，但是实验本身出了问题。有时建立正确的实验同样需要经过一个实验的过程。

因此，不要在刚完成一轮实验之后就急于求成地抛出创意。要花些时间来评估情景和因果关系机制，留些时间检查实验的微调会不会带来结果的改变。

由此可见，无论对不可否认的事实开展科学探究的愿望有多强烈，实验都是需要留有回旋空间的。如果能提前知晓所有答案，就称不上探索了。

第5步 做出决策

到了做决策的时候了。基于之前所掌握的内容，我们面前可能有3种选择：

（1）实验证明假设是正确的。取得了稍高的精确度，实验变得更加圆熟，能帮助我们测试另一项相关的假设。或者，如果我们已经掌握了足够的情况，可以向前推进到下一项重要的"信念飞跃"假设（尽管在理想状况下，我们本该是多项假设齐头并进的）。

（2）实验证明假设是错误的。数据毫无争议地表明，我们的假设是错误的。但是，请先不要急着销毁它。前文提到过，这可能是因变量或者其他因素影响的结果，这些也许是我们在实验中没有考虑到的。很多情况下，我们可以对实验稍加调整，然后再运行一次。

（3）实验没有形成结论。实验的有些部分会按照计划进行，有些不会。再次重申，要注意因变量的影响。同时，还要搜寻其他信号，它们可能表明实验确实是处于正轨的，但还需要做些细微的方向调整。

探索之路从来不存在两点之间线段最短的情况，它从来都不是一条笔直的线。一边验证假设，一边不断地做出航向调整，这才是实验过程天然的一部分。如果一切进行得异常顺利，很可能是某些人或者某些地方脱离了实际。

对高级管理者来说，实验过程中积累的学习所得是巨大的信心来源。根据我的经验，领导者收到的请求通常是，在几乎不存在可能成功的真凭实据的情况下对大胆的创意提供支持。如果创意有了一定程度的、由数据驱动的验证基础，领导的决策过程就会变得容易得多。

事实上，自从实验成了保乐力加公司的日常规程之后，原董事总经理丹尼斯·奥弗林就彻底推翻了公司原来探索大胆创意的惯用方法。他常挂在嘴边的一句话是："不要再告诉我，你有个好主意。请先完成实验，然后带着验证结果来找我。"

不要丢弃学习所得　无论你的决策是什么，它们都是建立在宝贵的学习所得基础之上的。在大多数组织里，尤其当创意被证明是错误的时候，学习所得往往会随着项目一同遭到丢弃。这真是天大的错误！明白什么不应该做，是宝贵的前车之鉴，这能帮助兄弟团队避免重蹈覆辙。

除此之外，过去种种实验的遗存中往往埋藏着闪闪发光的洞见，它们可能对组织的其他团队大有裨益。要把有益的学习成果分享变成每一次实验的规定动作。这是绝佳的学习机会，尤其是在与畏惧失败的文化斗争时。要为勇敢的团队努力欢呼喝彩，为失败创意带来的有益学习喝彩。这是力挽狂澜、击退风险回避情绪的好帮手。

创意的"葬礼"　有些企业热衷于克服风险回避情绪，它们会为失败的创意举办"葬礼"或者"追悼会"。高层管理者们会为团队付出的努力和走过的历程鼓掌，同时反思人们一开始认为它值得探究的原因并分享期间得到的教训。这乍听上去有些病态美，但它确实是健康文化的标志。

然而，大多数组织选择的是"秘不发丧"。在畏惧情绪的支配下，掩盖真相的文化往往把失败看作影响升迁的尴尬事，所以会悄无声息地秘密处理。遗憾的是，那些为了这些创意付出努力的勇敢者常常会遭到惩罚。这样的做法丝毫起不到激励未来创新者的作用。

但是，在现实世界里，除非我们能准确无误地预测未来，否则一定程度的失败是在所难免的。

这也是为什么一些公司，如奈飞、亚马逊、谷歌和皮克斯，以及众多其他超级创新者选择把"聪明的失败"（Smart Failure）当作竞争优势源泉的原因所在。

做实验的文化是创新通路的重要组成部分，每一家企业都可以选择走上这条大道。

扩大实验规模 当一项假设得到了证实，数据表明可以把一项创意扩展到下个层次时，应该把它扩大到什么程度为宜？

这个问题不存在简单的答案，但是，就像前文提到的，有一种很有用的经验法则可供借鉴。它就是System-Two公司的马克·比约嘎德创造的"水箱、池塘、海洋"方法（见图29-4）。

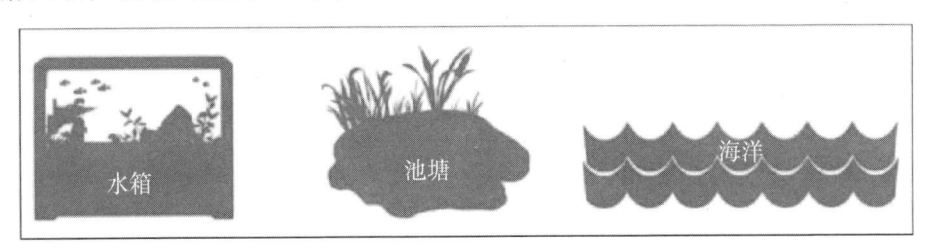

© 马克·比约嘎德

图29-4

实验始于水箱，这指的是小型的、安全无虞的、受控的环境。声破天（Spotify）公司经常讨论如何控制早期实验的"爆炸半径"——只用一支团队或者单一群体的客户来测试新创意。

如果实验证明了最初的假设，接下来就可以从水箱前进一步，进入池塘了。这指的是稍大一些的环境，不同的力量会在这里交汇并相互作用。到了这时，也许一支团队会扩大到五支，或者从小群体客户扩大到更大的群体。

同样地，如果一项创意在池塘里成功地完成迭代，就可以准备好进入海洋了。在那里，这项创意会得到充分的施展。

毫无疑问，这个过程一定伴随着不断的学习，但它的核心创意始终是行之有效的。

在推动创新的过程中，当团队需要了解自己所处的方位时，他们会发现这个比喻是非常有帮助的。实际上，也许会出现微小的、荡漾的水潭或湖泊的阶段，夹杂在上述三个阶段之间。无论如何，在开始一项实验时，要对这些阶段做到心中有数，这样有助于防止在一切就绪之前盲目扩大创意规模。

欧洲工商管理学院（INSEAD）的助理教授内森·弗尔（Nathan Furr）说得好："先搞定它，再扩大规模。"

实验：创新起始点还是转折点？ 实验被称为创新的火箭燃料。实际上，尽管实验在本书中出现的位置比较靠后，但我在很多例子里建议过，应当把实验当成组织工作的起点。为什么？因为大多数企业发现创新真的太难了。它要么是点对点模式的，被认为既难以系统化，又难以衡量；要么由于近期的失败导致政治层面上充满问题。

相反，实验能带来简单性、灵活性、安全性和活力。快速地、规模化地培训人员很容易做到，给他们提供简单的工具包，然后开始工作。这样的做法，我曾在不同的情况下重复过很多次，总是能得到一致的结果：这是行之有效的。

因为其他原因，实验常常可以成为最好的"特洛伊木马"（Trojan Horse）式的外来颠覆力量。它能激发出对更广泛的、更有战略性的创新能力建设的兴趣。对这种能力建设的支持贯穿了本书的始终。

开一个聪明的好头，为实验过程做好实验。从一支团队、一项实验、一个月的时间开始。暂时不要让别人知道，但他们可能会想知道……

危险警示 上文把实验描述为一种最接近创新法宝的对象，尽管如此，实验的道路不可能总是一片坦途，它难免会出现崎岖不平，而这些是我们要留意的。

"实验侦缉队" 人们喜爱实验。在研讨会上或者领导力培训课程中，如果下面坐着一群不好对付的听众，我就知道，只要讲到实验那一部分时，就会赢得他们的支持。但是一定要当心"实验侦缉队"（Experiment Police），尤其在刚开始的时候。

有这么一类人，他们极度热爱实验过程，热爱到深入钻研的份儿上。我觉得这很好，但也可能弄巧成拙。

刚开始时，你只是希望人们从实验开始做起，积累信心并逐渐把这些原则变成自己的本能和条件反射式的反应。从一位培训项目的学员到热情的皈依者，这个转变并不需要太长的时间。

然而，和所有方法论一样，实验也具有不同程度的复杂性。更精确的实验和更出色的衡量指标永远存在。我本人就在早年间掉入过这个陷阱里。人们总是做一些根本称不上实验的"实验"，然后过来找我，带着他们完全称不上实验结果的"实验结果"。它们只是完整解决方案的小型化版本，而不是针对方案某方面较重要假设的小型测试。即使如此,管理者依然兴奋异常,他们认为自己看到了正在发生的创新"巨变"。

过了一段时间,我不再抱怨自己的客户"根本没做好实验"。我这样的做法实际上是对错参半的。确实,这些实验不够完美,但是,放在具体的情景中,对比从前的情形,这毕竟是一种极大的提升。同时,为创意做出了过多过快的投入,这是他们的不足之处。但万事万物都是相对的。

所以要特别留意纯粹主义者。要帮助他们看到更大的局面,可以考虑邀请他们成为创新教练。随着人们对实验越来越熟悉,实验的复杂度是可以慢慢提升的。

在这个问题上,布里吉特·加德纳(Bridget Gardner)的做法堪称典范。她在保乐力加英国公司建立了一个名叫"创新大使"(Innovation Ambassadors)的社群,作为全员培训项目的一部分。"创新大使"们遍布公司的每一支团队。他们每隔几个月聚会一次,讨论实验工作、介绍更多的工具,以提高整个团体的能力。

注意你的言辞 没有什么比大量堆砌术语更能引起员工反感的事了。因此,开始实验时,要注意自己对它们的叫法。例如,我发现"最小可行产品"就是一个喜忧参半的词,有的公司喜欢它,有的则无比反感。

迪卡是世界上最古老但最具创新性的唱片公司之一,它把早期实验称为"培养皿"(Petri Dishes)(见图29-5)。

© 理查德·约翰斯顿

图29-5

语言看似是一件小事,却足以成为大事。项目开始时,我们主要追求的是动力,因此要注意消除一切可能造成阻碍的原因,选择更恰当的语言。

假实验 上有所好,下必甚焉。一旦发现高层管理者热爱实验,有的人就想到了走捷径。他们发现,想要自己的创意获得领导的重视,唯一的办法就是做实验。因此,他们会一切照旧,然后把工作贴上实验的标签。

这一点需要特别注意。尽管上文提到了防范实验纯粹主义，但是，我们同样要注意防范假实验，因为它们是有害无益的。一看到重量级"实验"进入系统，人们就会禁不住诱惑地摒弃真正实验的小型化、低成本维度。

慢慢地，各种资源、高管的注意力以及相关的政治力量开始回到流程里，整个工作会慢慢陷入停顿。"实验"二字失去了它本来的意义，我们就会大踏步地倒退。

所以，要确保支持实验的人们能够留心"冰山"，尽管它们把自己伪装成了冰块的模样。

为特定门槛以上的预算设置较高要求的审查制度可以在这里发挥较大作用。建议为此建立一个跨职能部门的"投资委员会"，它的作用不仅限于为实验的推进带来更广泛的信息来源，还可以防止职能部门的高级领导者在各自领域内因为政治原因或者个人喜好推进所谓的"实验"。

常态化而不是运动化　　多数大型组织里的人们都患有变革疲劳症。他们能在一英里以外嗅到新型变革项目的气味。很多情况下，这会孕育出反作用力。即使实验通常能孕育出能量，但它并不是绝对免疫的。

因为这个原因，我有时会推荐"水箱—池塘—海洋"方法，而不是更正式地引入实验的方法。可以找一支渴望更多进步的团队，帮他们成为成功的实验者。用不了多久，其他团队就会从隔断后面偷瞄他们，看他们在做什么，想要分上一杯羹等。

这是一种更加病毒式的、需求驱动的方法，它让人觉得没那么具有强制性和公事公办。它还可以在变革运动推进一段时间之后，防止人们心中产生百无聊赖的感觉。变革项目包含着一种隐性的期望，那就是我们将会在某一时刻完成改变，到了那时，我们就不需要再搞这个"劳什子"的实验了。但是，组织承受不起没有实验的情况，因此要把实验变成永远存在的日常工作。要从一开始就留心人们的期望，把它变成新的常态。

对品牌损毁的畏惧　　关于面向客户的实验，最常见的担忧是品牌损毁的可能性。"我们不能把它放在客户面前！"这不失为一种合理的担忧，但许多公司已经在几年之前克服了这一点。其中有两种方法尤其常见：

- 弹出式品牌

可以使用另一个品牌进行早期实验。如果创意得到了前进动力，再把它带回公司内部。如果失败了，也可以干脆利落地拔掉插头。这是很多行业里的常见做法。

- 做成公测项目

很多企业为客户提供加入"公测项目"的机会。这意味着他们有机会在产品和服务还处于开发阶段时早早了解它们。谷歌和微软已经如此操作多年了。

如果人们的期望值设置得比较合理，他们会发现，故障和问题都是题中应有之义，不至于对品牌造成消极影响。

通常情况下，支持这些项目的人们都会成为早期采用者。他们实际上非常享受协助完善产品、取得进步的过程。身在内部、总是第一个坐到沙发，这让人们禁不住自我陶醉。这是个双赢的结果。

日益增长的全球社区 实验的一项最大益处是它会形成一个巨大的、充满激情的全球社区，以供人们经常性地分享做好实验的新工具、诀窍和经验。

可以在网上搜索"精益创业"，这能帮你开个好头。此外，参考相关著作，会对入门者大有帮助。

《精益创业》（*The Lean Startup*），作者：埃里克·莱斯（Eric Ries）

《价值主张设计》（*Value Proposition Design*），作者：亚历克斯·奥斯特瓦尔德（Alex Osterwalder）

《第一英里》（*The First Mile*），作者：斯科特·安东尼（Scott Anthony）

《精益扩张》（*Scaling Lean*），作者：阿什·莫瑞亚（Ash Maurya）

《精益企业》（*Lean Enterprise*），作者：杰兹·亨布尔（Jez Humble）、乔安妮·莫莱斯基（Joanne Molesky）、巴里·奥雷利（Barry O'Reilly）

《感知与反应》（*Sense & Respond*），作者：杰夫·戈塞尔夫（Jeff Gothelf）、乔什·赛登（Josh Seiden）

《自律型创业》（*Disciplined Entrepreneurship*），作者：比尔·奥莱（Bill Aulet）

如今，实验可能已经成为企业创新领域最强有力的鞭策力。无论你是一开始就选择在创新过程中开展实验，还是在确定创新战略之后再进行实验，都不会影响它发挥作用。

无论你选择哪种方式，都会发现实验在激发和保持创新动力方面、在提高企业创新追求的效果和效率方面具有无与伦比的价值。

第30章

怎么赚钱

如何鼓舞领导者的信心、支持大胆的创意?

重要的创意往往"中道崩殂",因为对它们说"不行"太容易了。

其中一个原因来自容易感知的低投资回报率(Return on Inconvenience, ROI)。

更大的原因是一种关于如何正确衡量创意潜在价值的错误观念,解释如下(见图30-1)。

有一次,我坐在20位前途无量的媒体行业管理者中间,他们正在向上级管理者推销一些初步创意。实际上,他们是在24小时前刚想出这些点子的,姑且称它们为初步创意吧。

这次会议本来是为了用老道的行业智慧加持这些年轻的千里马提出的创意。但是,熟悉的一幕发生了。

这些创意一项接一项地被拆解、被否定。本应灵感迸发、创业精神大放光芒的温室里一片冷清,这让出席会议的代表们不禁对真正的创新理想和公司的未来感到迷茫。原因何在?还是那个老问题:"怎么赚钱?"

你在这里

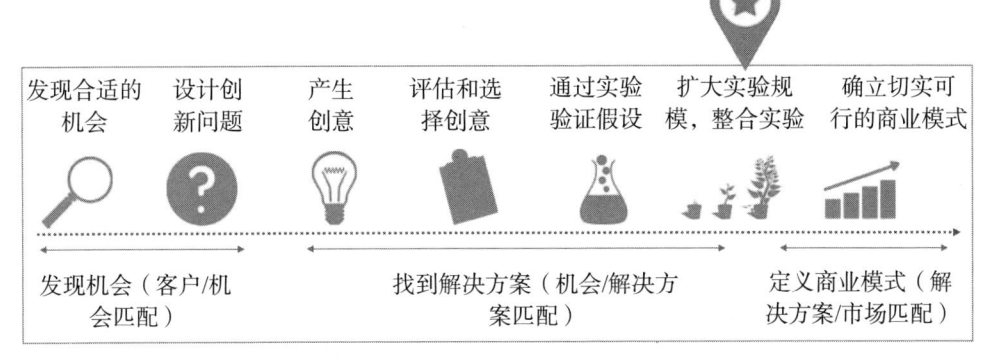

| 发现合适的机会 | 设计创新问题 | 产生创意 | 评估和选择创意 | 通过实验验证假设 | 扩大实验规模，整合实验 | 确立切实可行的商业模式 |

发现机会（客户/机会匹配） | 找到解决方案（机会/解决方案匹配） | 定义商业模式（解决方案/市场匹配）

© 埃尔文·特纳

图30-1

安息吧，大胆的创新

在大多数组织里，对于尚处于最初阶段的颠覆式创意来说，它们的预期寿命比蜉蝣还要短。这是因为，它们无法像日常业务一样为领导者承诺实实在在的财务数字。事实上，这个时候谈钱未免为时过早。

所以风险投资家基本不会太在意热忱的初创企业创始人提出的收益预测。他们知道，只要创意不走出这座大楼、见不到真正的用户、不经受所有未知因素的考验，那些所谓的预测只是痴人说梦而已。

尽管如此，有些早期阶段的数字和指标还是可以帮助高管建立对大胆创意的信心。

在协助组织建设创新能力时，我通常会建议他们重点培养员工以下3个方面的能力。

1. 公司的数字

要搞清楚金钱是如何在企业中流动的、为什么如此流动，这些基本原理有助于员工站在领导团队的角度思考问题。广而言之，这是大有裨益的，因为这能帮助我们在很多层面成为更优秀的商业经营者。

然而，在我们思考自己应该追求哪些创意、如何向领导者推销这些创意时，它不见得有帮助，因为这是从共同的认识和现实主义出发的。

要定期和员工分享财务状况，帮助他们理解背后的"因为所以"。进行基本的财务管理知识培训也是非常值得肯定的做法。课程不一定多么昂贵（我曾经在Udemy上花10美元买到过一门很棒的课），但能提升新创意对话的质量和可信度。

2. 融资讲稿与画布

新创意有时会被草草推翻，因为它的概念和潜在价值没有得到恰如其分的表述。我参与过很多组织内部类似"创智赢家"（*Shark Tank*）或是"龙穴"（*Dragon's Den*）风格的活动，并在创意提出者离开房间之后参与讨论。我发现，很多决策者实际上对创意的本质一头雾水，更别提商业应用了。

以下常用资源可以帮助大家摆脱这种困境：

i. 第一种是常见的融资演讲稿——一份10页PPT的样板，涵盖了一项创意不可或缺的全部细节。它可能包括：

- 问题/机会的性质和规模。
- 提出解决方案（为什么是它？为什么是我们？为什么现在就要做）。
- 提出商业模式。
- 提出上市计划。
- 竞争分析。
- 可能需要的能力及资源。
- 财务预测及衡量指标。
- 核心假设——已知的和需要检验的。
- 提出下一步的工作、成功的标准和衡量指标。
- 提出要求（以上工作需要哪些支持）。

这样可以确保方法的一贯性，并创建一种通用的语言，同时带来商业层面的严密性；还可以树立共同的期望值，帮助每个人严肃认真地对待每一项创意。

还要保证灵活性。切记，在早期阶段，并不是所有问题都能找到答案。有些答案只能通过后续的实验来发现。

ii. 比起PPT，更多的组织选择画布工具——只有一页的直观概览，主要包括关键创意、实际情形和假设等。

如果需其他工具分析面向市场的新创意，商业模式画布和阿什·莫瑞亚的"精益画布"（Lean Canvas）也是很好的替代性选择。这些工具都是免费下载的，使用起来直观方便（不过，最好能先在网上观看入门教程视频，这样有助于最大程度发挥这些工具的效用）。

3. 先学习，再赚钱不迟：早期阶段的衡量指标

对早期阶段的新创意而言，赚钱是最无用的一项衡量指标。

就像讨论实验的章节提到的，刚一开始时，最要紧的是验证各种假设，确定一项创意是不是行之有效的、能不能帮助客户获得重要的进步。

客户/机会匹配是第一追求，紧随其后的是机会/解决方案匹配。在这个阶段，取得涓涓细流般的收入开始成为较为合理的预期。但是，它的前提是商业模式（解决方案/市场匹配）已经确定，盈利才会变得更加笃定。

《堡垒之夜》（*Fortnite*）是Epic公司一款大获成功的电子游戏。这款看似一夜爆红的游戏实际是长达6年漫长开发的结果。优步、爱彼迎和许多其他所谓的独角兽公司也是如此。假如赚钱过早地成为重点衡量指标，人们可能根本没机会知道这些公司存在过。

既然如此，在创新征程的初期阶段，领导者应该把握哪些类型的衡量指标才算公正合理？哪些指标可以帮助他们搞清楚一项创意究竟是否值得持续支持？

最重要的是与学习有关的指标，尤其是能够验证假设的学习指标。也就是说，团队需要与领导者明确沟通，包括正在进行的实验、学习和了解的对象、要达到什么目标等。

根据实验的不同性质，早期阶段的衡量指标可能包括：

- 电子邮件或社交媒体活动的响应类型及速度。
- 信息请求率（Information Request Rate）。
- 登录页注册情况。
- 意向书或预购单（包括过多种不同的价格选项）。

一旦有了可用的产品，无论它有多么简陋，都可以加入更广泛的衡量指标。这些指标会根据产品性质的不同而不同。在数字分析可用的情况下，可以考虑以下指标：

- 转化率。
- 日活跃用户（它是衡量收益前增长率的良好替代指标，也经常成为创业投资者最感兴趣的一项指标）。

- 月活跃用户（主要说明重复使用情况）。
- 从免费试用到付费用户的转化率。
- 收入增长率（如月度经常性收入、年度经常性收入等）。
- 获客成本。
- 客户流失率。

核心宗旨是衡量对客户的吸引力。如何更确定地知晓我们是不是在为正确的人群通过正确的方式解决正确的问题？

干掉"僵尸项目"

还要检视那些徘徊过久的创意，也就是我们说的"僵尸项目"，主要看这些项目能否在某一时刻变成收入贡献者。这些项目没有被终止，相反，它们踯躅在暗处，等待决定命运的那一刻，有时一等就是数年。

在追踪各种收益前指标时，可以对它们的价值创造能力做出更好、更快的决策。在处理高层领导偏爱的项目时，这一做法尤其有用。人人都心知肚明，那些项目早该被终结了，可是它们就是顽固地苟延残喘着。

关于资源使用情况的指标也是非常有用的。应该定期核查目前的资源使用情况、已用资源的使用效率、下个计划阶段可能需要的资源等，这是一种非常健康的做法。它有助于保持对原本稀缺的创新资源的关注和责任落实。

衡量现实

如果组织需要更多颠覆式创意的更快流动，认真考虑早期阶段衡量指标的影响力。务必防范不切实际的衡量指标过早地扼杀新创意。要帮助领导者树立不同类型的初始预期值，帮助同事打造实验，以带来更有利于树立信心的数据。

第 31 章

让创意存活

严重的官僚主义会迅速扼杀大胆的创意。要懂得如何让自己的创意存活下来，至少要让人们来得及了解它们、确定它们是否真正值得扩大规模。

提出颠覆式创意谈何容易。你不仅可能一败涂地，而且可能人人对你"欲除之而后快"。这真是个苦差事。

但是，假设你是这些创意的提出者之一，你真的能让自己的创意安然无恙地走出这栋大楼吗？本章阐述的是如何让创意存活得足够长久，长久到足以确定它们能否带来卓越的成就（见图31-1）。

帮助决策者做出优质决策

为什么那么多无与伦比的新颖创意过早地凋零？如前所述，更好的商业论证能帮助方兴未艾的创意延长存活时间。

但这通常只是故事的一半。真的只是一半。

根据我的经验，许多颠覆式创意过早地遭到扼杀，仅仅是因为遭到了误解或者曲解。

我参加过很多企业举办的"创智赢家"或是"龙穴"式的活动，在创意演示的过程中，我看见领导们慈祥地微笑颔首。等到演示人一离开房间，领导们往往面面相觑、大耸其肩。很明显，他们根本没听懂！所以，这些创意得到的结论只能是大写的"NO"。

还有一种结果，不过也好不到哪儿去。有些创意会被悬置在角落里，几个月无人问津，因为领导者不知道根据什么来对它做出决定。还有一种可能性，那就是永远不会有决策。在崇尚所谓共识的文化里,没有决策是因为没人希望得罪创意的提出者。

你在这里

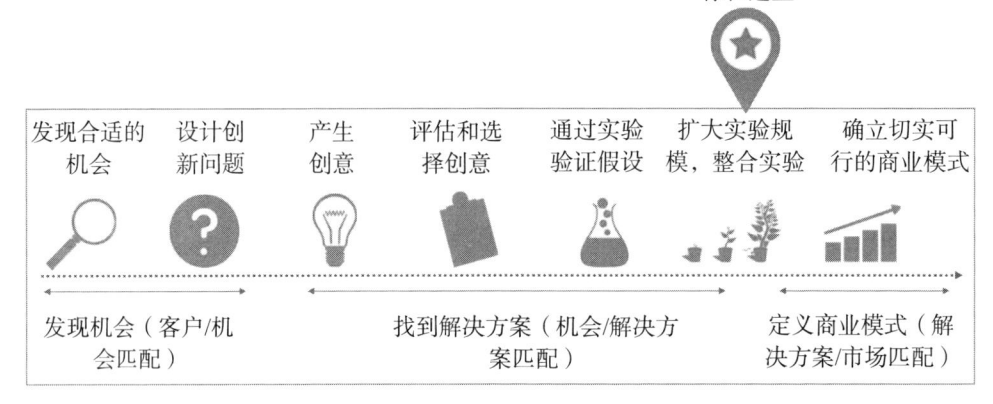

| 发现合适的机会 | 设计创新问题 | 产生创意 | 评估和选择创意 | 通过实验验证假设 | 扩大实验规模,整合实验 | 确立切实可行的商业模式 |

| 发现机会(客户/机会匹配) | 找到解决方案(机会/解决方案匹配) | 定义商业模式(解决方案/市场匹配) |

ⓒ 埃尔文·特纳

图31-1

如果你的创意不幸遭遇过这些命运,你就会明白,领导者往往不愿意冒险,或者不愿意尝试新鲜创意。这太常见了,也太令人大失所望了。领导者常常也是身不由己。

因为他们的信心水平常常取决于创意提出者围绕创意创造的体验,包括讲故事的水平,同时还涉及对决策者可能的感受、偏爱、兴趣和精力水平的预估,以及见招拆招的随机应变能力。

这些都超出了最初的创意宣讲范畴,但会贯穿创意发展旅程的每个阶段。无论什么创意,距离过早的封杀永远只有一次会议的距离。

说到这里,创意拥有者应该如何帮助时间宝贵的、日理万机的、惯用现有标准衡量一切的管理者在可能的范围内对自己的创意做出最好的决策?

首先要重新定义自己的职位描述(Job Description)。你不只是创意的拥有者,还要成为活动负责人。你要调动站在创意潜在收益背后的人们的理智和情感,而不是逃避成功必需的严酷现实。

当然,创意不一定成功。创意的拥有者不得不走过一条艰难而充满矛盾的道路。而且,他们需要具有足够的激情,才能把创意推向前进,为决策者创造出"关键一刻"(Moments of Truth),帮助他们参与到创意中来,并给出高质量的反馈意见。但是,话说回来,创意者必须用冷静的客观性收起这份激情,如果数据证明自己的创意真的行不通，要做到心甘情愿地拿得起、放得下——主要是放得下。

成为思想引领者

如果做不到殚精竭虑地营造条件，帮助人们做出最合理的决策，那么，你的创意很有可能遭遇失败。要提升人们的思想意识，这是你责无旁贷的份内工作。

关于利益相关者管理的话题早已成为老生常谈，市面上的相关著述也可谓汗牛充栋，因此，这里主要探讨以下两个方面，它们能为团队带来更大的机会、帮助正确的创意存活得更长久：

- 创意旅程地图：预估一项成功创意可能经历的整个过程，特别留意利益相关者必须为此完成的思维模式转变。
- 利益相关者体验设计：协助利益相关者在可能的范围内对创意做出最佳决策。

创意旅程地图

需要提出的最重要的问题应该是："想让这项创意获得成功，我们必须做到什么？"这贯穿于一项创意的整个生命周期。越是精确地绘制出创意成功决定因素的全景地图，就越有可能避免过早的失败。

这也是一张常变常新的地图。随着越来越深入地验证创意的各项假设，越来越多地收集新的数据，我们的创意不可避免地随之不断演进。随着这种演进的展开，只要我们还希望借助旅程地图来充分支持创意的存续，就必须保证它的同步演进。

那么，应该从何做起呢？

先要找到一支跨职能团队来帮助我们。想要绘制切实可用的旅程地图，就不能想当然地认为组织里的其他部门一定会给予我们支持。没人承担得起这样的风险和代价。有的项目拥有者认为，IT或者物流部门会牺牲自身的项目时间来支持他们，结果发现，真正到了急需某些必要能力支持时，它们统统无法到位，创意最终只能以失败收场。这样的尴尬局面，我见过太多了。

因此，首先要召集团队、清晰地阐释你的创意：它可以解决什么问题、目前的假设是什么。接下来，在白板上绘制预想中的创意发展旅程、大概的时间节点和关键里程碑。

下一步，把想到的决定因素添加上去，包括决策点（Decision-making Points）、资源、协作和必不可少的各项能力等。

接下来可以对团队这样说："这就是我对这项创意应该如何发展的全部假设。我知道，这只是全貌的一部分。在你们看来，我遗漏了什么？"

依据人们不同的反应，可以使用以下问题鼓励人们提出反馈意见：

- 关于这一方法，你有哪些疑虑？
- 它可能在哪里失败？
- 它离不开谁的支持？支持到什么程度？
- 具体来说，我们需要这些人做些什么？
- 对于我的请求，他们可能会作何反应？
- 这项创意成功与否，最大的影响力掌握在谁手里？
- 如果这项创意成功了，我们想把它同当前的工作方式整合在一起，前提是必须做到什么？
- 想要获得成功，哪些新的工作方式是不可或缺的？
- 这个创意可能影响哪些重要的KPI（包括短期和长期）？
- 这些新的工作方式可能让哪些人备感威胁？
- 如何把这种威胁感降到最低？
- 怎样的体验能让人感觉这项创意"更安全"？

要对自己听到的意见保持开放态度，同时做好思想准备，你可能需要设计一段旅程，让它的吸引力超出人们的逻辑范畴。根据你的创意可能需要的组织内部变革水平（或者客户行为的变革），你可能需要考虑做好利益相关者的习惯、常规、舒适区、偏好、政治情况和深层次恐惧等各种因素的管理工作。这在很大程度上属于情感的范畴，而不是逻辑范畴。假如忽视了它们的影响，到头来，吃亏的还是我们自己。

根据你的学习所得，创作一幅更详细的旅程地图，配上关键里程碑，以及组织中不同的人和不同部分可能需要做出的重要的观念转变。

明确表述这些利益相关者的现有观念、他们为何持有这些观念，这样可以带来很大的帮助。然后，把他们为了支持你的创意而必须秉持的新观念写下来，思考要完成从彼观念到此观念的转变必须做到什么，并为此制订计划。

以这一框架和观念转变为立足点，开始筹谋如何与特定利益相关者在短期、中期及长期层面打交道。

建立联盟

这里提醒一句：这个过程形成的地图很容易出现过度臃肿的问题，可能囊括过多的人，让人感觉不堪重负。建议运用80/20法则：哪些利益相关者（人数的20%）能带来（80%的）必要进步？

谈到这一点，不妨对"最小可行决策者群体"（Minimum Viable Decision-Making Group）作一思考。在保证最快完成创意发展的前提下，最少需要多少位利益相关者参与到这项工作中来？

对于更具颠覆性的创意而言，这常常意味着关注高层领导者，说到底，这些人的意见在组织内具有最高影响力。

哈维·韦德（Harvey Wade）是Innovate 21的董事总经理，他曾在思科公司和安联集团（Allianz）担任主管创新的高管。韦德指出："务必为此建立起一种联盟，吸引更多的人加入进来。决不能做一个人对抗全世界的傻事。"

利益相关者体验设计

旅程地图就绪之后，可以更有利地做好体验筹划工作，也就是说，需要创造哪些体验，才能更好地帮助人们做出优异的决策？

为此做出的大多努力都是围绕沟通展开的，因此，为了简便起见，这里重点探讨两个关键方面：沟通什么？如何沟通？

沟通什么

有位朋友常说："世界上最重要的问题是'因为所以？'"在帮助利益相关者掌握新创意时，这句话同样适用。无论什么样的演讲，有没有迅速讲到"因为所以"的段落都是至关重要的衡量标准。

第30章阐述了创意宣讲中必不可少的"因为所以"要素，它们包括：

- 问题/机会的性质和规模。
- 提出解决方案（为什么是它？为什么是我们？为什么现在就要做）。

- 提出商业模式。
- 提出上市计划。
- 竞争分析。
- 可能需要的能力及资源。
- 财务预测及衡量指标。
- 核心假设——已知的和需要检验的。
- 提出下一步的工作、成功的标准和衡量指标。
- 提出要求（以上工作需要哪些支持）。

可以根据创意目前所处的阶段调整这些要素。除此之外，这个阶段还存在更多的微妙之处，需要给予充分思考。

"为什么"的隐秘力量　"华盛顿大学医学院的分子生物学家约翰·梅狄纳（John Medina）指出：人脑渴求意义，而不是更多的细节。如果倾听者没有理解演讲者的中心思想，就会难以吸收自己听到的信息。"卡迈恩·加洛（Carmine Gallo）在发表于《哈佛商业评论》上的文章《电梯游说术》（*The Art of the Elevator Pitch*）中如是说。

在面对利益相关者的演示中，有人会忍不住直奔主题，尤其在时间有限的情况下。毕竟这是我们要讨论的重点，对吗？嗯，只能说大多数情况下的确如此。

创意的意义产生于它所处的情景，如果过快地略过情景，可能无法恰如其分地阐明我们的想法，会让听众不知所云。开门见山并不代表抛开情景谈问题。

问题比创意更重要　情景设定的核心是构建机会或问题。只要利益相关者一致认同：你是在试图解决一个重要的问题，只不过你目前的创意未能成功，那么，这个问题就会一直有效，直到有新的解决方案提出。因此，推动创意固然重要，成为重要问题的主人更重要。总有一天，你会感谢自己选择这样做的。

为何是它？为何是现在？　营造紧迫感是变革管理工具包里的一项核心工具。只要解决好以下问题，每个人都能成功地为自己的创意营造出紧迫感：

- 关于这个问题/机会，真正的、重要的客户是怎么说的？
- 什么事情正在起变化？什么正处于威胁之下？涌现出的机会是什么？我们正在面对怎样"不可否认"的情况？
- 假如选择等待或者什么都不做，可能发生什么情况？
- 这些情况的影响规模、范围、时间和可能性如何？

- 今天可以看到哪些证据，证明这些情景将要出现？
- 其他行业里出现过类似的情景吗？它们的领导者是如何应对的？
- 我们的竞争对手是如何应对这一问题/机会的？

善为人师 不要代表听众中的利益相关者假定他们具备太多的知识，尤其是在创意与新技术有关时。在宣讲会中，由于自尊心的原因，利益相关者通常不会言明自己对创意的基本问题一无所知。

可是，如果他们不明白，就无法做出合情合理的决策。

因此，要提前做好准备工作，掌握听众可能具备的理解水准，这项"家庭作业"非常重要。也可以在正式的宣讲会（后面即将谈到正式宣讲会的部分）之前召集预备会议，它的一大好处是可以确知听众的理解水平。只要掌握了人们将走过怎样的理解之路，就可以据此设计宣讲会。

这一直是个微妙的平衡问题：过度的阐释会让缺乏耐心的管理者心烦意乱；有些高层管理者会比别人更快地理解创意，他们甚至看一眼标题就懂了；还有些人的学习过程与此不同，他们需要完全不同的体验方式。宁愿有少数几位坐立不安的焦躁者，而大部分的人都在认真听讲，也不要因为学习体验设计的失误导致整个房间的人抓耳挠腮、如坐针毡。

把分散的点连接起来 上文提到过，我们可能会太快地从需要解决的问题跳到想要提出的具体方案上，没有对情景做出足够的解释。这并不是认知跃进的唯一不利做法，足以导致宣讲会失控的认知跃进还有很多。

如果从问题直接跳到具体解决方案，对过程中被"打入冷宫"的创意绝口不提，可能会在听众心里引发以下疑问，从而造成决策的滞涩——雪拥蓝关马不前：

- 他们一上来就想出这个主意了吗？
- 他们有没有想到过其他创意？
- 我敢打赌，他们根本没有想到过……
- 如果他们根本没想到其他创意，那么，他们现在的想法还处于初级阶段吧？
- 凭什么说这项创意就是最好的选择？

说到底，他们想知道的是，你有没有全面考虑过所有可能的选项，这项创意究竟是不是前进的最佳道路。

产品开发专家特蕾莎·托雷斯（Teresa Torres）这样解释：

在沟通过程中，我们总是把自己的研究所得当作真相，但是往往未能让利益相关者为这一真相做好准备。我们也没有给利益相关者足够的机会在解读这些研究成果时把自己的知识和专长整合进去。实际上，这样的做法不利于领导者与我们共同创造研究结论。

如果利益相关者感到自己在新创意开发或指导方面有所贡献，他们通常会对这些创意感到亲切、乐见其成。因此，除了要把散乱的点连起来、证明我们是如何得出这一具体创意的，还要征求利益相关者的意见和建议，倾听他们的声音：这一创意应该如何改进？应该怎样推进？

如何沟通

下面探讨如何与利益相关者沟通，这常常成为决定成败的关键因素。

清晰性　我最近刚和一位游说家（Lobbyist）谈过，他目前在向几家外国政府兜售一项与国际发展有关的创意。有一次，他和一位政府代表分享了这个创意。这位代表说："这创意足够简单，我们部长能听懂。这再好不过了！"

我并不是在拿这位部长大人的智力开玩笑。这更多地说明了他没时间潜心研究，且他不具备该领域的专业知识。绝大多数的高层管理者都是这样的。

作为创意的拥有者，我们可能经常在简单性上犯难。这可能让人觉得我们没有认真对待自己的创意。当然，若为创意加入少许流行热词，可使它显得更时髦一些！但是，如果想帮助人们对某些创意做出可能的、最好的决策，就必须为了确保清晰性做到言简意赅。

以下是一些企业的实例，它们只用了寥寥几个字就把自己提供的价值说得清楚明白，堪称典范。

- 印象笔记（Evernote）："记录一切"。
- iPod："口袋里的1000首歌"。
- Weebly："网站制作的至简之道"。
- DeskBeers："精酿啤酒，送到门口"。
- Square："开张大吉，就在今天"。
- 托尔图加（Tortuga背包）："大肚能容，无需托运"。

一读到这些宣传语，我们就会发现它们是如此简明易懂。而这恰恰是重点所在！但是不要因此低估了这项工作的难度。事实上，广告文案撰写人要花上几个小时来字斟句酌地琢磨上百条宣传语，才能达到这种水准的简单性。它既能展示解决方案本身，又能婉转地表明自己解决了怎样的问题。为什么我知道得这么详细？因为我曾经就是一名广告文案撰写人！

说到这里，怎样知道自己的信息够不够清晰呢？

创业领域为我们带来了一些有用的工具：如"老妈测试"（Mom Test，也就是你的母亲能不能理解你讲的是什么。如果不能，请继续简化你的内容）和"5秒测试"（如果只给你5秒快速浏览一个网页，你能准确地说清它在卖什么吗？），这些都是我最喜爱的工具。

尽管如此，我们始终都要明确一点：无论做怎样的创意演示，在正式宣讲会议开始之前，一定要找一些听众来试听，以此验证自己传递的信息。你一定会大吃一惊，怎么会有人不理解这个、不明白那个，而且，如果能对试听人群的反馈意见保持开放心态，你总是能把自己的宣讲做得更好。

精益创业博客网站Grasshopper Herder的特里斯坦·克罗默（Tristan Kromer）也推荐了一种简单的方法，他称之为"理解测试"（Comprehension Test）：

- 用1~3句话写下你的创意，准确表述它为目标人群创造的价值（或者带来的进步）。
- 用几分钟把你的解释分享给同事（或者潜在客户）听，然后把它拿开。
- 请同事们（或者潜在客户们）用自己的话解释这项创意及其益处。

如果参与者的解释和你的解释比较接近，就是成功；如果大相径庭，那就是失败了。

如果80%的测试对象都能获得成功，你就可以断定自己的沟通是明白清楚的。除此之外，因为人们是在用自己的语言复述你的创意，所以，你可以在这些复述中择其善者，把自己的解释打磨得更清晰。

清晰性决定一切。作为一位创意活动负责人，你要让这一点成为工作的重中之重。因此，如果你知道自己经常在清晰性上犯难，可以为自己找上一位"语伴"（Language Buddy），帮你说好"地球普通话"（Earthling）。

简洁性 清晰性与简洁性，孟不离焦、焦不离孟。你可能已经注意到了，上面的那些例子极尽简短。简洁性的一项超能力是过目难忘。话越短，黏性就会越强。当我们依靠别人来打通组织里的各种关系、协助推进我们的创意时，简洁性是一位强大的好盟友。

但是，简洁性也是取决于具体情景的。根据我的经验，我们大约需要4种长度的信息，这具体取决于我们想要的结果和身处什么样的具体情景。

5秒讲个故事

这说的是最关键的"活动信息"（Campaign Message），要用一句话说清创意传递的价值。这是你希望听众牢记在心的一条重点。想象自己要把整个创意压缩在一条微博的140个字里发出去。这条凝练的、让人过目难忘的微博就是你的5秒故事。它会反复出现在你的沟通当中。

假设要宣传谷歌公司，它可以是："谷歌致力于组织全球信息，让天下人知天下事。"算上标点符号，一共21个字。在这个层面上，我们更多表达的是"为何"（Why）和"是何"（What），而不是"如何"（How）。

我发现一个有趣的参考资料，能帮我们锻炼浓缩故事的能力，它就是马泰奥·塞瓦奇（Matteo Civaschi）和吉安马科·米莱西（Gianmarco Milesi）的《5秒看懂一部电影》（Film in Five Seconds）。这本书把几十部好莱坞电影的故事情节简化为几幅图片。能够做到这种水平的简洁化，实在是一种超能力。

30秒电梯游说

如果一位关键的利益相关者突然经过走廊，你要让自己有备而来地抓住这个游说的好机会。这时，5秒故事显然是不够的，而多于30秒的内容又显得过于冗长。要让自己准备好一段经典的电梯游说，并且做到张口就来。

电梯游说的目的是取得对方的许可，获得更详细讲解的机会。好的电梯游说包括：

- 你要解决的问题/把握的机会。
- 你认为自己的创意能带来的主要效益和成果。
- 请对方预留20分钟的时间详谈。

请注意一点，我并没有提到解释创意内容这一点。这是有意为之的。如果对方对我们提出的问题或者收益感兴趣，他们会主动要求我们阐述创意内容。在初期阶段，这是非常好的开始，并表明即使对方正在去往某处的路上，依然能挤出几分钟的时间来听听你的想法。

如果单刀直入地说出自己的创意，对方可能直接打消念头或者立即得出不准确的结论，无论发生哪一种情况，你们之间的交往之门都会从此关闭。当然，如果对方要求你当场提供更多信息的话，你要么建议开会详谈，要么直言不讳，别无选择。后一种选择存在一定风险。

为了有效应对后一种可能性，强烈建议你在手机里准备一些可视化资料。人们在看见有形资料时往往能更快地产生共鸣。

可以考虑在手机里放上5张PPT或者照片，保证自己可以随时打开它们，并在60秒之内讲完。

它们可以是简洁明快的流程图，说明要解决的问题是如何出现的，以及你的创意将如何解决这个问题。既可以展示方案原型及其工作原理，也可以展示实验数据趋势图或者早期用户的反馈评价等，这主要取决于你进行到了哪个阶段。总而言之，要未雨绸缪地在手机里准备一些能为创意带来意义和色彩的资料。

如果建议开会详谈，一定要让会议的名称里包括你的5秒演讲。这会帮你脱颖而出，而且能让利益相关者回想起你们在走廊里的那次短促的谈话。

另外，要在邀请信的备注部分加上几句重点，提醒收到邀请的利益相关者——你要解决的问题或者致力于带来的效益是什么。如果可能的话，可以把你准备的PPT或照片作为附件，起到辅助备忘录的作用。要尽一切可能地保证这次会议不会被取消，就算这位利益相关者的办公桌突然失火，也不会影响你们开会。

5分钟即兴宣讲

在理想状态下，你根本用不着这种宣讲方式。而在现实世界里，它却往往成为创意成败的转折点。

什么时候会用到这种宣讲方式？主要有以下两种情况。

1. "你也来听听这个会吧"局面

你曾游说过的一位利益相关者毫无征兆地突然打来电话，请你中途参加一个会议，而且是一个已经进行得热火朝天的会议。因为你正在解决的问题突然出现在他们的对话里，于是，这位利益相关者认为，最好请你也来参加一下。

走进会议室时，所有人的目光都集中在你身上。你可能连播放PPT的机会都没有，多半也不清楚与会者的知识水平和会议日程的具体安排。

这时可以从电梯游说讲起，把它作为听众理解你的基准点。接下来，用几分钟说明你的创意将如何在实际工作中发挥实效，阐述正在验证的假设，并对支持你的、更广大的利益相关者群体做一下介绍。

毫无疑问，人们接下来会提问。这些问题很有可能是你在20分钟会议宣讲里的内容（后面会讨论20分钟会议宣讲的问题），也可能主要涉及可取性、可行性、资源问题等。如果对话进行到这一步，你完全可以要求拿出自己的电脑，一边展示你的20分钟宣讲文档，一边讲解。在这种情况下，这样的要求是完全合理的。

可以使用任何能让你的创意变得生动的工具，尤其是可视化资料或者实际物品，这主要取决于你的创意发展到了哪个阶段。切记一点，你和这些人的沟通才开始渐入佳境，你的目的是帮助他们从对创意的认识提升到对它的理解，从而帮助他们在可能的范围内做出最好的后续决策。

2. "很抱歉，你只有5分钟"局面

你在会议室的门外候场，早已反复打磨、背得滚瓜烂熟的20分钟演示文档妥帖地放在你的电脑里。很明显，利益相关者们当前的会议延迟了。终于，会议室的门开了，里面的人邀请你进去，并对你说："很抱歉，我们前面的会议超时了，而且我们还有5分钟就要连线日本。能不能先给我们讲讲干货？"

一定要为这样的情况做好准备，并假设它会发生。

如果没有，万事大吉。但是，如果你在毫无准备的情况下被要求用5分钟的时间讲完20分钟的宣讲稿，很有可能因为准备不足而令所有人失去信心。

更好的做法是只讲5分钟，讲到哪算哪，把悬念和好奇留给听众，等到下次机会再详细讲解。你会因此收获更高的信誉度，因为几乎没人能在毫无准备的情况下完美地做出这么巨大的调整，并且毫无瑕疵地讲好它。

20分钟会议宣讲

这指的是正式地、充分地、详细地为利益相关者讲解创意，帮助他们做出深思熟虑的下一步决策。我们可能在这次宣讲中遇到意料之外的问题，因此需要回过头来澄清这些问题，但是切记，这是我们着力完成的最重要的大事（很可能有多个类似这样的大事在重要的里程碑处等着我们）。

为了透彻地探讨创意，这个会议可能会延长，但是，一定要按照最长20分钟

的时间来做准备。著名的TED演讲只给演讲者18分钟，你可以把宣讲会想象成自己的TED演讲。实际上，真的可以找来TED的演讲者指南来读一读，这些指南里都是关于如何吸引听众注意力的实用妙招。

不过，即使只有20分钟的时间，也要惜时如金地用好它。

必须讲清楚必不可少的"因为—所以"要素，之前在讲打造优秀商业案例时提过这个要素。同时，要在宣讲中坚决抵制过于详细的诱惑。可以把更多的细节留到宣讲之后雷打不动的问答环节。在企业世界里，注意力是一种稀缺商品，我们必须尽一切努力地保护它。当人们仍在绞尽脑汁地琢磨创意的实际含义时，过多的细节可能会让他们彻底失去兴趣。

了解你的听众

显而易见，但仍然值得一提的是，一定要提前针对利益相关者做好功课。就目前而言，对他们最重要的是什么？他们追随谁的领导？他们一般会针对新创意提出什么类型的问题？什么事一定会浇灭他们的热情？他们是偏爱数字的人、喜欢听故事的人，还是视觉型学习者？对于我们正在努力解决的问题和提出的解决方案，他们可能达到怎样的认识水平？

找到熟悉利益相关者的人，还有能影响利益相关者的人，向他们求教。认真听他们说的一切，据此对你的宣讲做出相应地调整。

体验式宣讲

多数企业的内部沟通是令人内心压抑的，而不是令人身心愉悦的。这可以成为你的一大机会，帮助你成为创意的管家。

高管们早已习惯了在面对平庸宣讲时始终端坐不语。这些宣讲充斥着文字、图表和微软PPT软件自带的剪贴画，而且往往事实大于感受、逻辑压过魅力。

所以，如果有人带来精心设计的、引人入胜的"创意体验"，可能立即激发更高的参与水平。

这样的体验主要由哪些要素组成？奇普·希思（Chip Heath）和丹·希思（Dan Heath）在他们的《行为设计学：让创意更有黏性》（*Made to Stick*）一书中提出，当创意体现出6项关键特征时，会变得更有"黏性"。这6项关键特征分别是：简单、意外、具体、可信、情感、故事。

假如你在开会前一晚熬夜写PPT的话，你的宣讲不大可能同时包括这6项要素。创意通常通过迭代来实现提升，同样的道理，我们对这些要素下功夫的时间越长，它们就会变得越好。

这需要换一种方式思考创意沟通的作用。切记你的活动负责人身份。从目标成果倒推，问问自己："在可能的范围之内，想让这些高层管理者对我的创意做出最好的决策，必须保证做到什么？"

若想让自己的创意获得应有的存活时间，建议从假设创意开始存活的第一天开始沟通和体验设计工作，接下来，每个星期都要回顾这一天，运用希思兄弟提到的6个维度审视它，找出哪里可以做得更好。优秀的好莱坞剧本往往要易稿数十次，你的宣讲体验设计也应该向它们看齐。

我见过几百次创意宣讲，在这些经验的基础之上，我总结了以下几点建议以帮助你为自己的听众打造优异的参与体验。

1. 可视化

有一点我们都明白，但很少照做——看上去很精彩的事物会吸引人们的注意力。我见过的最好的宣讲材料都是由创意团队搭好框架，再由设计师设计和完善的。我强烈建议你也这样做。如果你在公司里找不到设计师，可以考虑找一位自由职业者。他们可以在半天时间里把你的文档设计得熠熠生辉。

如果你没有预算，也可以下载工具。自己动手，丰衣足食。在互联网上下载可编辑的、设计专业的视觉素材。

"创意故事"的可视化甚至足以成为一种艺术形式。实际上，它正是最出色广告的精髓所在。因此，如果想接受这个挑战，一定要常常问自己："如果只能用一幅图来说明我的创意，它会是什么样的？"

如今，我们再也没有借口在投资宣讲会上只播放令人昏昏欲睡的PPT了。你的创意也许值得更好的介绍，而且优秀创意的主人都应该做到这一点。

2. 体验vs展示vs讲述

在宣讲会上，我们需要人们迅速"抓住"我们的创意。通常，这意味着充分而明确的说明：

- 你力图解决的问题是什么，是为谁解决问题？

- 问题出现在怎样的情景里？
- 你的创意为什么值得这个群体关注（有什么回报）？
- 你的解决方案。
- 解决方案的工作原理。

要在整个宣讲期间尽力避免"认知障碍"（Cognitive Friction）的发生。这指的是人们既没有真正理解论及的问题，也不会请求我们帮助澄清这些问题。

人们的学习方法各不相同，借助PPT来讲述你的想法也许只能建立一条理解的基准线，但这可能远远不够。

很多情况下，让人们"豁然开朗"的最快途径是请他们亲身体验一下。你可以把早期的原型机交给他们尝试，也可以用PPT制作一个高仿版本的App，还可以通过任何别的途径让你的创意活起来。如果人们能亲身体验一项创意，就更有可能想象得出它在真情实境中发挥作用的模样。

在创意实验的早期阶段，你建立的实验会不可避免地让人感觉简陋粗糙。可能有人会因此不敢让它见人。他们认为，只有完美的成品才值得人们的认真对待，不会有人在意这个丑陋的原型。我的经验证明，想让决策者对一项创意豁然开朗，最好能让他们看得见、摸得到，就算这确实需要一些想象力也没问题。

如果确实不可能体验实物，可以选择演示你的创意。想象产品投入使用的样子、想象它们的使用场景，然后据此制作实物模型（Mock-ups）。可以用来展示的还包括界面、草图、客户对该创意的使用情况和反应等。展示客户旅程的不同阶段，说明问题出在哪里以及创意是怎样产生的。要不遗余力地让你的创意变得真实。这样会最大可能地促使听众提出有用的、信息丰富的、准确的反馈意见。

3. 语言

要做到言简意赅、惜字如金，并且直奔主题。同时要使用生动的、容易引起共鸣的语言，尽量避免使用专业术语。

如果你推销的是一个全新的概念，一定要把它和人们熟悉的事物联系起来，这样才能把你和听众联系起来。自从共享经济开始爆发式增长之后，人们经常会用一种简略说法介绍自己的新创意——"它就相当于××行业里的优步"。

你可以把自己的创意与人们熟知的哪些产品、服务或者体验联系起来，帮助人们立即理解它？

4. 通过"数据故事"实现引领

对于"尚未证明"的创意来说，最负责任的决策方式就是用数据说话。分享实验中发现的因果关系，这样能搭建一个客观的辩论平台，有助于限制主观意见，防止过分激动、政治和畏惧等因素带来的不利影响。

数据能验证创意中的重要假设。它不会取代直觉、本能或者经验的地位，但能带来客观的证据。这有助于培养利益相关者的决策信心。

但是，绝佳的数据也可能彻底终结一项创意。我辅导过一家全球组织的数据负责人。当时他的团队正在进行一项实验，数据指向的投资前景极具吸引力，但他的上级领导不支持这一实验，这让他极度懊丧。

我请他通过例子演示一下他是什么意思，并很快发现了问题。他列举的数字确实呈现了曲棍球棒式的增长趋势，但他没有说清究竟是什么在增长。他呈现的只有数字，没有故事。我确实没有听懂他的想法，也没听懂他的意思。

所以，要用数据说话，但一定要记得把数据转化成故事。把客户带入数据当中，并指出当实验不断迭代时发生于其间的人的行为和因果关系的种种转变。

5. 你需要的是进步，而不是PPT

如果创意取得了一定进展，你准备召开一次会议，同步最新情况。请记住：人们没那么在意PPT，他们真正想看的是进步本身。

上次开会至今，都发生了什么？创意取得了哪些进步？客户作何反应？创意的推进是高歌猛进的，还是表现疲软的？

准备好PPT很有用，但是，你的重点应该放在展示进步上。它会回过头来帮助人们体验你的创意，并见证其他人对它作何反应（如客户和用户等）。

可以为汇报会准备好PPT，但你很可能用不着展示太多，甚至根本用不上它。

6. 情绪

一定要在宣讲时表现出对创意的真切热情。如果人们感觉不到你是真正在乎它，他们更不会在乎它。

7. 找别人来宣讲

即使你对自己的创意充满了极富感染力的激情，即使你是公司里这一方面的专家，你也不一定是宣讲的最佳人选。要以利益相关者为念，问问自己："在这个团队里，谁的可信度是最高的？"

无论喜欢与否，我们都有自己的个人品牌。作为创意的提出者，为了让我们的创意最大可能地前进到下个阶段，必须坦率地认识到自己是不是这些创意的最佳宣讲者。可以问问自己最信任的人：为了创意本身着想，对于有些宣讲来说，我们是否应该后退一步，由别人来宣讲？请他们给出最诚实的意见。

有的时候，最好的宣讲者是客户。我听说过这样一件事，有一位高级经理在安排自己与公司首席执行官的一对一会议时，故意让它与一场客户会议的时间重合。但她事先并没有告诉那位首席执行官。而且这不是一次普通的客户会议，这场会议上讨论的创意正是那位首席执行官明令禁止的那一个。

就在这场研讨会进行得热火朝天时，来参加一对一会议的那位首席执行官走了进来。一开始，他以为自己走错了会议室。这位高级经理赶忙招呼他进来，把他介绍给了客户。那位首席执行官终于明白了是怎么回事，但是他已经困在了那里，只好坐下来慢慢听。

长话短说，这位首席执行官亲身体会到了客户对这个创意的热情，于是，他改变了主意。这个创意最终得到了进一步的发展。

当然，我并不是建议你真的这样做，这种做法毕竟有可能葬送你的职业发展前途。我们应该从中学习的是，要为利益相关者创造恰当的体验，以帮助利益相关者在可能的范围内做出最好的决策，这里的学问有很多。

尽可能一对一

对着一群人宣讲羽翼未丰的创意，等于把它的命运交给毫无帮助的群体动力（Group Dynamics）来支配，这包括政治因素、从众思维、以官职最高的人的意见为准绳等。

更好的办法是与利益相关者一对一会见，这样最有可能得到最恰当的反馈。这样做当然需要更多时间，但是更有可能让利益相关者问出他们不大可能在一群同事面前提出的问题，尤其是涉及他们真实理解水平的问题，因为他们觉得那样太暴露自己的弱点了。

一对一的另一个好处是，有助于判定每一位利益相关者对创意的兴趣高低和可能给予的支持水平。而且，这样还能为拥有特殊专业知识的利益相关者创造更多空间，为你的创意贡献更多价值。尤其是那些性格比较内向的利益相关者，他们可能在集体讨论时保持沉默，其实他们有着极富价值的看法，一直深藏不露。

即使必须通过大会来宣讲自己的创意，依然可以提前与尽可能多的利益相关者进行一对一交流。这样可以在利益相关者走进会议室之前确保他们完全理解你的创意，从而这样可以大大降低他们由于没有完全理解创意的潜在价值而投出否决票的可能性，同时还可以给人们足够的时间以更充分地反思这项创意。这比在宣讲会上匆忙做出决定好得多，而且也意味着你的输入信息可能得到提升。

《你就是用户体验》（本书第47章）提出了一些有用建议，可以帮助你更好地准备这些一对一会见。

如果找不到级别足够高的听众

有的时候，你的创意无法再进一步，是因为你的直接上级没有准备好支持它、不想把它推向更高一级的领导。

这非常令人沮丧，尤其在越级报告会损害职业前途的组织里。

极具讽刺意味的是，高层领导者常常抱怨自己听不到来自员工的大胆创意。很多时候，我们的创意就摆在那里。可是它们找不到通向董事会房间的路，甚至活不到那个时候。

这里有两种方法，它们在大多数组织里是行之有效的：

1. 季度宣讲日

这是指抛开通常的渠道，邀请员工们直接向董事会宣讲新创意。下面的因素能进一步帮助季度宣讲日获得成功：

（1）指出最重要的问题或机会，就创意的焦点给出指导意见。这样可以节省人们的时间，避免在用意良好但不具备战略价值的创意上浪费时间。

（2）请人们更多地就实验结果提出结论性建议，而不是提出全新的、未经检验的想法。即使最初步的测试也能为流程带来有用的严谨性，为高层管理者带来一些数据点，帮助他们更好地做出下一步决策（如果采用了这种方法，还需要培训团队成员如何运行低成本的、快速的、有效的实验）。

（3）请人们在大处着眼，从小处着手。渐进式的创意无论如何都能在组织中找到自己的前进之路，所以，应该邀请人们提出更大胆的、更有颠覆性的创意，最好是非要最高层领导者拿主意的创意。

（4）提供资源，支持人们更好地完成绝佳的宣讲。

（5）添加一道过滤流程，确保该流程体现一位董事会成员的直接意见。实事求是地讲，董事会在一次会议上能够听取的创意是有限的。所以，请人们提前上交自己的创意，先进行一轮筛选。但是，一定要给落选创意的提出者合理的答复。有些人会为了一项创意投入大量的时间，对他们来说，没有什么比收到一封"回复所有人"的邮件，或者"电脑无法发送"风格的邮件更令人意志消沉的了。

（6）制作宣讲材料，以供高管支持者参阅；宣讲材料要清晰地阐明创意，字数要控制在100字以内。高管成员可以在宣讲过程中参阅这些材料，这有助于抵消"优秀的创意、糟糕的宣讲"情况的影响，帮助值得考虑的创意获得应有的机会。

（7）确保董事会成员真正做好了准备，支持创意走向下个阶段。这可能意味着取得"原始资本"式的专门预算。否则的话，整个过程仅限于理论探讨，很快就会失去可信性。

（8）在宣讲过程中加入一些趣味性。有些公司会找些时髦的地方召开宣讲会，或者干脆在下班后找一家酒吧来宣讲。有些公司会把这种活动品牌化，有意为此营造一种初创企业的氛围。无论如何，一定要确保真实。如果一切只是一场假戏，人们参加活动的目的也许只剩下畅饮啤酒了。

2. 创意管理系统

可以专设一套系统，供员工提交创意，并由董事会定期审议。这同样可以提高大胆创意的产生概率。是否应该鼓励员工匿名提交创意？关于这一做法的价值，企业界一直存在不同的意见。但是，在建立创新文化的初期，我看到了这种做法的价值。

在一家全球规模的广告公司里，只有创意总监们有资格提出所谓的"重大"创意。这严重束缚了该公司在全球范围内的几千名普通员工创造力的流动。

如果企业建立一套匿名的创意管理系统，可能会看到奇妙的结果。客户经理可能提出创意要求，员工可以为由此产生的创意投票。最终胜出的创意很有可能来自初级项目管理人员，尽管他们资历尚浅，尽管他们的办公室被安排在远离中心的隐秘角落里。

新创意总是要面对不确定的命运。有了审慎的、"活动管理"式的方法，可能会提升创意的存活机会、帮助创意存活得足够长久，我们也会因此看到，这些创意是不是期待中的那个游戏规则的改变者。

第 32 章

仅凭你的绝妙创意是远远不够的

绝佳的创意只能在绝佳的商业模式下行得通。下面是绝佳商业模式的设计方法。

有种尸花40年一开花（见图32-1）。之所以有此雅号，是因为它会发出腐尸般的恶臭（真的有这种花，非笔者杜撰）。

图32-1

尸花只生长在苏门答腊的热带雨林深处。它对环境非常挑剔，只有在非常特别的条件下才能生长。

创意也是一样：它们需要非常特别的情境才行得通。

但是，我们对一项创意的过度热情常常会掩盖探索和设计这一特定情境的需要。而这种情境恰恰是创意发展壮大必不可少的。

商业模式是情境的一大关键维度。如果缺少了恰当的商业模式，即使世界上最好的创意也基本上会变得百无一用。我说"基本上"，是因为有些创意能在早期显现出潜在价值，如可以注册的知识产权等。

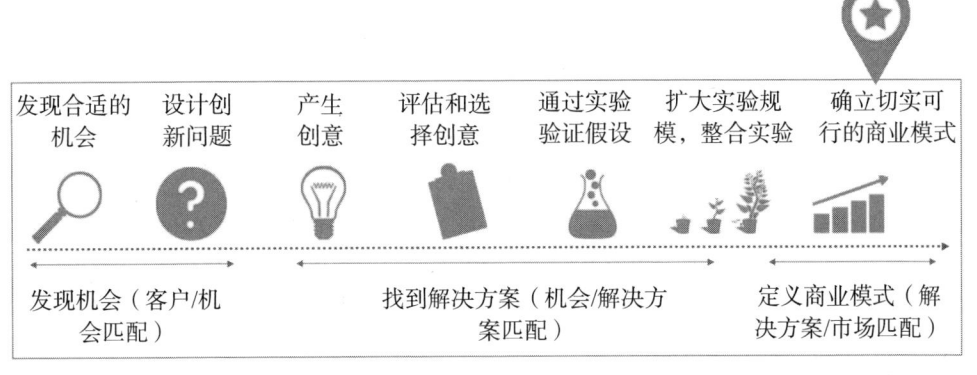

你在这里

| 发现合适的机会 | 设计创新问题 | 产生创意 | 评估和选择创意 | 通过实验验证假设 | 扩大实验规模，整合实验 | 确立切实可行的商业模式 |

发现机会（客户/机会匹配） | 找到解决方案（机会/解决方案匹配） | 定义商业模式（解决方案/市场匹配）

© 埃尔文·特纳

图32-2

三种交换

如果创意是面向客户的，它可能需要完成3个方面的价值交换：

- 为客户创造价值
- 向客户提供价值
- 与客户交换价值

一项创意找到解决方案/市场匹配的关键在于商业模式的设计，商业模式能同时高效地、有利可图地支持这3种价值交换。

而且，这不只适用于新产品。最有创新性的企业把商业模式看作持续实验和进化的源泉。它们不得不这样做。因为它们发现，昨天还在赚钱的有效办法，一夜之间就发生了些微的变化，所以不得不对自己的商业模式做出相应的调整。商业模式创新是增强自身竞争优势的根本。

商业模式专家马克·约翰逊（Mark Johnson）指出："每一家企业的成功都来自其商业模式的成功，只不过有些企业没有意识到这一点罢了。"

这在涉及颠覆式创新时表现得尤为明显。

拉斐尔·奥尔塔曾担任eBay及乐购的高管，如今是英国金融超市网站的首席产品官。奥尔塔指出："90%的成规模创新涉及更好的商业模式，而不是更好的应用程序。审视在数字时代取得成功的企业，你会发现它们的根本优势在于与众不同的商业模式。它是不可能轻易消失的。"

你有没有为新产品钻研新的商业模式或是升级现有的商业模式，你准备怎样做？

强有力的商业模式工具

"商业模式画布"是过去十年间在创新领域涌现出的最有用的工具之一（见图32-3）。第7章介绍过这种工具，可以返回该章稍作浏览。

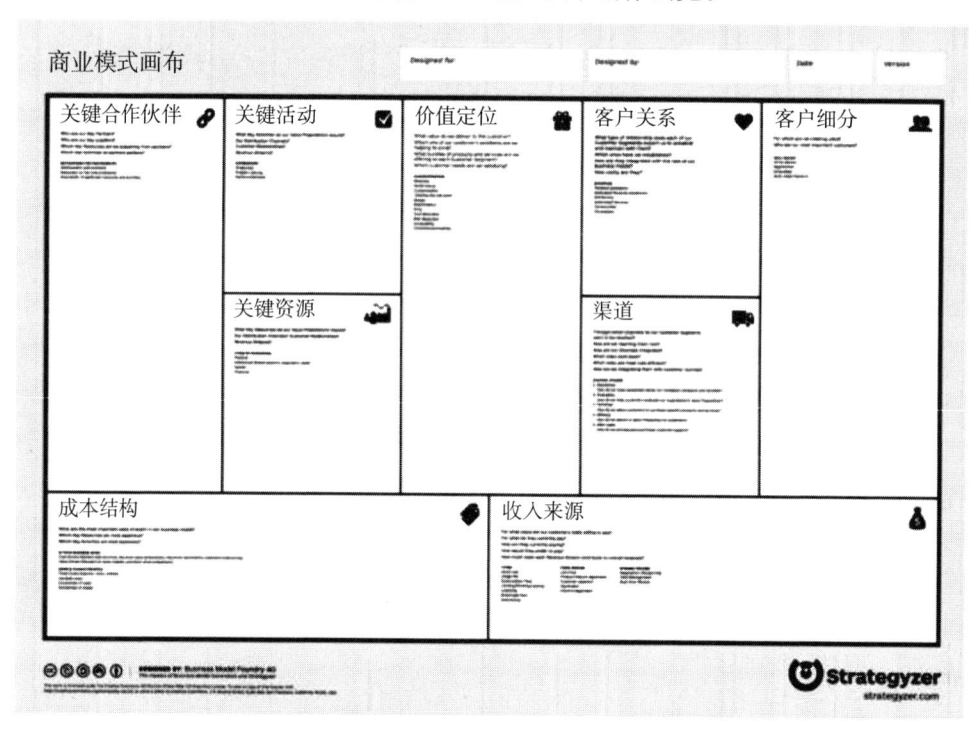

© Strategyzer公司

图32-3

和"最小可行产品"一样，"商业模式画布"也帮助很多组织提高了创新能力。背后的原因如下：

- 它更直观，更易于即时操作。
- 它提供了一种用于讨论商业模式创意的通用语言和模版。
- 它能帮助团队应对现实，快速发现隐藏问题。
- 它吸引了全球大量从业者的注意力，他们频繁地在线上进行最佳实践的交流和沟通。

- 免费下载、免费使用。

在第一个例子中，商业模式画布作为一种头脑风暴工具使用。在产品/解决方案创意确定的情况下，为团队树立目标，开发几种不同的商业模式原型。不要在产生第一个商业模式后止步不前，那就像头脑风暴会议产生了第一个创意之后就散会一样。要坚决抵制这一诱惑。

与头脑风暴相似的另一点在于，我们选择推进的商业模式同样必须是一个不断迭代发展的过程。你的商业模式画布既要包含一系列的事实，又要包括一系列的假设。要注意做好这些假设的验证工作。

这意味着你在发现解决方案/市场匹配方面的进展必须是步调一致的，必须同时兼顾两个方面：解决方案实验中的学习所得、面向商业模式的调查工作，必须做到信息互通。

设计"不公平的"优势

如果验证过程看起来充满希望，并有初始商业模式正在形成，可以着手进行下一层次的复杂设计："不公平"的优势。这指的是各种进入门槛，主要用来防止商业模式被他人模仿。这样可以延长自身市场份额增长的时间窗口、提高获得最佳收入的机会。

解决方案层面的不公平优势可以在一定程度上保护竞争优势。商业模式同样可以包含一定的不对称优势，并带来一定的保护作用，应该有意识地加以利用。可供探求的不公平优势包括：

- 与关键合作伙伴和分销商的独家协议，如苹果公司的iPhone手机。
- 战略性技术资产的独家授权，如陶氏化学公司（Dow Chemical）。
- 收购小众企业，获取有价值的资源、人才和能力，如思科公司。
- 定价，如免费赠送，因为价值是通过其他方式收回的，如位智公司（Waze）。

每家企业都是独一无二的，可以因地制宜地根据具体情况找到创意独特的不公平优势。

商业模式创新常态化

最顶尖的创新者会把商业模式创新作为深思熟虑的、没有止境的追求。因此，如果你的解决方案即将发布，请务必定期检查它的商业模式，原因有二：

第一，要做到商业模式不断的调整、再调整，确保它与市场变化和内部优先级的变化保持高度一致，因为这些变化是不可避免的。

第二，要寻求好上加好的商业模式，获得更高的盈利能力，同时提高他人复制的难度。要做到这一点，一种有用的办法是通过商业模式画布提出更具颠覆性的问题。这些问题一定是竞争对手不希望你想清楚的，例如：

- 如何在不需要分销合作伙伴支持的情况下提高销售额？
- 在不牺牲客户亲密度的前提下，如何实现90%客户关系工作的自动化？
- 如何发挥独有资源的优势，开发让竞争对手望尘莫及的解决方案？

认真地逐一完成商业模式画布的9个栏目，提出最恰当的问题。这些问题既要保证利益相关者进步的最大化，又要实现盈利的最大化。可以回顾第19章，以帮你获得更多想法。

©理查·约翰斯顿

［注：亚历克斯·奥斯瓦尔德——"商业模式画布"提出者］

停滞vs流动

另一个需要监测的部分是商业模式的活力健康状况。为了让商业模式画布的九个栏目最大地发挥效力、有效地完成整合，有些动力是不可或缺的。例如，为了在以下领域里最大限度地消除商业模式中的阻力，必须做到什么？

- 决策速度
- 内部职能部门之间的协作
- 过程效率
- 资源配置（包括数量和速度）
- 供应链动力
- 执行标准
- 合作伙伴关系的质量

要密切追踪那些把商业模式串联在一起的因果相关性，这一点至关重要。雷打不动的业绩驱动因素不仅对商业模式画布极为重要，它们对商业模式本身同样重要。找到它们可以确保以下3点：

（1）为主要活力建立"生命体征"指标。例如，商业模式容许的最低业绩下限是什么？只要低于这个下限，业绩就会受损。

（2）监测这些活力的表现。监测它们的从属关系的表现。

（3）有的利益相关者的职务或者业绩能够直接或者间接地影响这些活力，要与这些利益相关者明确沟通，并与他们保持健康的关系和联络。与他们合作，以保证整个商业模式中价值流动的最大化。

竞争对手的商业模式

商业模式画布还有一大作用，就是分析竞争对手的商业模式。商业模式创新极具价值的一部分就是分析现行模式、预判未来走向。商业模式画布可以在运动变化的基础上把这项工作变成一种快速的、协同的、更容易开展的对话。

当我们做出战略性举措时，竞争对手可能会作何反应？商业模式画布同样可以帮我们做出预测。

培养商业模式本能

我会向在这个领域中合作过的每一支团队提出这项建议：做一个学习商业模式的小学生。在日常生活中多多留意各种品牌、服务和产品发布等，思考其中的商业模式包含的必要因素。这种产品或服务想要成功，非要办到哪些事不可？

为什么这一点如此重要？因为当商业模式思维在团队中成为一种本能时，整个组织的战略智慧和想象力都会得到提升。默认的创新能力也会提高，新的战略创意自然流露的机会也将大大增加。用不着非要等到统一组织的会议不可。

这还会推动开源式的创新：最重要的问题和机会因此得到更多人的力量。

如果你的团队每个月能拿出20分钟讨论各自对商业模式动力的发现——包括你们的、竞争对手的，或者任何一家颇具特色的组织的，然后把新的发现付诸实验，这样能带来什么？你也可以为此专门界定最适合自己的节奏和形式。

这就是对日常创新本能的不懈追求。

第三部分
打造团队成员的创新能力

绝大多数组织都想要更多的创新,但是很少有组织会去武装自己的员工,帮助他们真正做到创新。这部分主要提供实用的策略、路线图和案例分析,帮助团队成员取得更好的创新业绩,把竞争对手甩在身后。

第 33 章

助力巧思

武装团队，帮助他们开启更大胆的创意。

作为核心能力的创新

多数组织不会教给人们创新是什么、如何发挥其作用、每个人的优势何在，也不会告诉人们如何更好地发挥这些优势。但是，它们会指望人们按照组织的需要发挥出创新能力。

一边写电子邮件，一边在后台播放着头脑风暴的视频教程，这样不会带来什么创新。这么说或许有些残酷，但令人遗憾的是，在很多组织里都是如此。

尽管创新有时是幸运的妙手偶得，但是，伟大的创新企业不会把如此重要的结果交给运气来主宰。他们会为员工提供关于创新的培训和辅导，通过流程、奖励和指标保证日常工作中的创新。这正是种瓜得瓜、种豆得豆。这也是所有组织的核心能力。

少一些培训，多一些实战

很多人认为，创新是教不会的。也有人认为，创新是领导者独有的能力，它来自高高在上的职权。这给创新蒙上了一层神秘的面纱，但这些统统是无稽之谈。

我在不少组织里见过拘谨的员工怒放为自信的创新者。但不要指望通过一个培训项目就能做到这一点。单凭培训是做不到的。

EA公司盈创部门副总裁安迪·比林斯指出："学会创新意味着2%的指导和98%的实战。"根据我见过的许多创新能力培养的实例，我对比林斯的话深表赞同。

虽然很多企业决意培养员工的创新能力，但这种模式通常遭遇的是失败的结局。有人参加了培训课程，人们就会指望他们把培训中学到的知识应用到实际工作中。但要知道，使用一项完全适用于日常工作的技能、运用它的奖励结构，与引入一项极大挑战现状的新创意之间存在着极大的差别。

成功的创新者一定是经历过思维模式和行为的双重转变的。这些转变需要时间，离不开积极性、能力、机会和资源的综合。

管用的培训

很多设计和辅导创新能力的培训项目会邀请我加入。在讨论项目内容之前，我总会强烈推荐两项设计原则，它们是创新能力培训课程的最低起点。

1. 打造情景，确定期望值

最理想的做法是把培训变成全局工作的一部分以帮助人们搞清楚，为什么这值得他们投入时间。如果他们不在乎，就不可能投身其中。所以，最低要求是要确保每个项目围绕下列问题搭建基本框架：

- 这一商业模式满足了什么具体业务需求？为什么？
- 到什么时候？
- 为什么选择这些人？为什么现在就要选？
- 我们期待他们实现怎样的工作成果？

2. 为知识的专门应用创造空间

最有效的创新培训项目需要学员运用自身所学创造一些看得见、摸得到的有形成果。这意味着，教室里的知识只是一块敲门砖。而且这一要求并不是可有可无、无可无不可的加分题，而是必需的发展过程不可分割的一部分。

无论台下坐着什么样的听众，只要做到了这两点，就有更大可能去明显改善人们的创新能力。

说了这么多，培训项目应该包含哪些内容？这要根据每家企业的具体情况和具体战略来决定。尽管如此，还是存在着一些共性的基本内容供高管和主管们参考，具体如下。

对高管的隐性培训

我接触过的领导者几乎都未接受过创新方面的专门培训，没参加过创新发展项目。坊间似乎存在一种默认的假设：如果一个人做到了那么高的职位，他一定懂得如何创新。在渐进式创新方面，这或许说得过去，但是大多数组织追求的并不只是日积月累的渐进式创新。

所以，无怪乎很多领导者在支持创新项目时对更有变革意义的创新需要什么表现得经验不足，无论组织和个人都不熟悉变革式创新项目的需求。

要说服领导者，让他们相信，只要接受创新培训，并且把学到的知识真正地运用到工作中，一定会受益匪浅。这是一项微妙的工作。很多领导者会说自己时间不够用。有一些领导，他们的自尊心不允许自己承认知识上的差距。有些领导参加过半天的培训模块，就真心认为自己过关了。还有些领导畏惧培训项目之后的领导职责，他们不敢引领更有颠覆性的创新项目。因此，他们会质疑和反对创新。

我的办法是，根本不提"培训"二字。

我会用"场外创新战略"（Innovation Strategy Off-sites）来代替它。

索尼音乐娱乐公司高级副总裁大卫·雷伊（David Reay）把它称为"秘密进行的高管教育"。我喜欢这种叫法。

我发现，在面对高管学员时，运用创新工具作为促进协助（Facilitation Aids）的方法远比培训主题（Training Topics）更富有成效。

例如，对一支初次接触商业模式画布的团队来说，只需要五分钟就可以解释清楚并把它用起来。在接下来一小时的对话中，可以夹带辅导性的提示，并对如何将这种方法恰当地嵌入业务节奏中提出建议。

可能只需要几天，就能让领导者体验到大量的工具。这些工具能帮助他们更具战略性地思考创新，并引发重要的讨论。在此之前，这是极少发生的。

除了开会，每位高管都希望更深入地了解其他工具和方法，因为这些工具和方法也许对他们的团队有所帮助。

只要设计得当，这些研讨会可能带来很多了不起的成果：

- 实施"隐性"创新战略工具的培训，让这些工具在会议室之外发挥作用。
- 增加对更高绩效创新的系统依存性的理解和认同。
- 为了创新的成功，团队必须接受的工作方法。
- 创新必须实现的各项指标——它们清晰地绑定在各种工具之上，人们随后会得到这些工具的相关培训（如实验等）。
- 所有人如释重负地会心一笑——原来创新并不是什么高深莫测的黑魔法。

新领导和"高潜力人才"

在与初级高管合作时，可以采用更传统的学习方法。如果一家企业想快速激活管理者的创新能力，最有成效的办法是用两到三个月时间快速做到：

- 围绕重大的、密切相关的业务挑战打造战略性催化问题。
- 引领创意的发生和遴选过程。
- 设计并运行多重解决方案的实验。
- 设计商业模式原型。
- 准备一份引人入胜的10分钟创新旅程概述，为如何推进创意加入强有力的商业化建议。

根据不同的时间和预算要求，员工发展项目可以体现为多种多样的形式和规模。每家企业各不相同，然而，在培养下一代领导者的具体情景下，我发现了一些共通的步骤，它们在绝大多数企业中行之有效：

（1）发现和招募学员（最理想的人选是那些既有能力，又有动力和社交技能的人）。

（2）与学员的直接上司沟通，保障学员必需的支持以及开展实验所需的时间。

（3）找到高级项目支持者，与之沟通，确保学员在整个创新旅程中能得到他们的辅导和建议。

（4）与支持者和直接管理者就战略问题的范畴达成一致意见，帮助学员建立面向解决方案的探索。

（5）学员到位，开始项目之旅。

（6）设计一次3~5天的创新"训练营"（Bootcamp），让学员沉浸在以下3个领域的学习中：创新战略、创新工具和创新文化。

（7）为学员在"训练营"中运用这些工具创造时间和空间——为学员布置家庭作业：在返回工作岗位后的2~3个月里完成各项实验。

（8）在学员开展实验的过程中为他们提供辅导支持。

（9）开展回顾总结活动，帮助学员分享各自的学习所得和支持者建议。

（10）总结并说明在各自的工作中实现创新常态化的下一步工作。

总体而言，学员都希望自己的创意取得成功，但这并非重点所在。在各种工具的支持下，体会引领这一旅程的成功与失败，领悟其中的酸甜苦辣，巩固学习所得，让自己为接下来的运用做好准备，这才是重点。这样可以帮助人们迈出能力提升的一大步，思维模式改善的两大步。

更加深入

建议在培训项目结束后请学员协助团队成员完成一种创新绩效过程，帮他们形成自己的情景，教会团队成员运用各种工具。这些工具能让创新变得更加势在必行，并让创新成果在具体情景中不断反复发生。这可能包括：

- 协助建立团队创新战略（前提是他们的级别适合这项工作，并且团队尚未建立创新战略）。
- 识别团队在接下来的1~3年内最重要的创新优先工作/需要解答的问题。
- 协助完成对话，讨论如何打造更强的团队创新能力（包括时间、协作、资源等）。
- 帮助团队开展创新工具的培训工作（教学相长，授课是巩固自身所学知识的好办法）。
- 发起团队项目，解答最重要的问题。
- 为其他团队成员提供辅导。
- 与团队成员共同设计方法和手段，密切监测工作的进度和责任落实。

这远比各种简单的概念培训深入得多，所带来的是使用工具的第一手体验，并把学员的个人学习延展到自己所在的整个团队，帮助团队获得可持续创新能力的宝贵经验，同时在更广泛的范围内增强人们的整体创新能力。

索尼音乐的创新项目

索尼音乐娱乐公司的获奖创新领导力培训项目名为"放大"（Amplify），并通过类似的发展流程培训了数百名管理人员。这家公司的人才专家特蕾莎·柯特里卡（Teresa Kotlicka）设计并协助完成了这个项目。柯特里卡指出，有两项关键因素使得索尼的项目与众不同。

柯特里卡说："我们很早就发现，要通过教学让学员爱上自己面对的问题，而不是爱上解决方案。"这指的是前文提到的"对创意的热爱"这一错误。如果不能在初期掌握这一关键技能，如果学员们发现自己一直在错误创意上兜圈子，就会产生严重的连带影响。柯特里卡指出："这是一个可以在安全环境中学会的关于项目的重要一课，它可以应用于人们的整个职业生涯。"

在领导力发展咨询机构DPA的帮助下，"放大"项目设计了不同的课程，帮助学员在极早阶段切实发现创意中有问题的假设。一开始，这个过程可能会带来些许刺痛，但是提出"我哪里做得不对？"这个问题的习惯很快就会变成我们的第二天性。这对我们保持谦虚谨慎、不骄不躁的工作作风有着奇迹般的作用。

把概念变成本能

柯特里卡的第二个建议是把课程所学应用于实际工作。她解释说："必须为它设计在项目中具体应用的时间，只有这样，这些概念才能变成人们的本能。如果人们能培养出探测到未经验证的假设的雷达，或者他们能提前3步找到利益相关者的冲突点，我们就可以确信，他们能更好地为业务服务，而不是脚步轻快地走出培训教室，电脑里塞满了花哨的PPT。"

我常见到优秀的创意白白浪费，这或者是由于高层管理者的错误理解，或者是因为创意提出者的错误介绍。索尼音乐成功解决了这个问题，他们有两位专家级的、会讲故事的辅导者：罗伯·萨拉菲亚（Rob Salafia）、奥利·蒂尔曼（Ole Tillmann）。他们确保了学员们在创意之旅的各个阶段充满影响力、激情和创造力地呈现自己的想法。

"把爱传出去"

索尼音乐娱乐公司高级副总裁大卫·雷伊指出："顾名思义，'放大'项目是一个'把爱传出去'的项目。我们的设计初衷就是让每个学员变成整个全球组织中的创新代言人、激发他们自身的项目同时武装和鼓励他人共同进步。我们如今拥有了一整套人力创新网络，建立了共同的语言、经验、思维模式和雄心壮志。"

面向创新的能力重组

打造创新能力并不仅仅是加强创新技能那么简单，还涉及通过更好的方式重新组合现有能力。

任何一项重要的创新成果都离不开跨职能部门的协作，这一点是众多大型机构上下求索、求之不得的。这也是为什么很多组织建立临时跨部门团队或者围绕创新问题成立"集群"（Swarm）的原因，其目的就是更快地实现更好的成果。

杰夫·戈塞尔夫和乔什·赛登在他们的著作《感知与反应》中提出："数字创新的核心是小型化的、跨职能部门的团队。通常，你会发现它是一支均衡的团队，由具备多种能力的人们组成。这些能力是推出数字产品或服务，把双向对话产生的洞察快速转变为创新所必不可少的。"

这本来是"生于数字时代"的组织通用的做法，后来逐渐扩展到了其他领域。即使你的组织一时还无法实现这种结构性的灵活度，它的智慧依然能让你受益匪浅。

成立"创意咨询委员会"

建议为你的创意成立一个非正式的、跨职能部门的"创意咨询委员会"（Idea Advisory Board）。它不是正式团队，只是一群来自不同职能部门的人们愿意坐在一起，一边喝咖啡，一边提出具体的、早期的意见。仅此而已。例如："从你的角度来看，想让这个创意行得通，需要做到什么？""它最有可能在哪里失败？""我遗漏了什么？""这是在解决正确的问题吗？"大多数人都很喜欢帮助解答这样的问题。对很多人来说，这算得上暂时摆脱日常烦琐工作的有趣消遣。

很多时候，这群人还能为项目带来重要的"帮助"：获取信息、引进外部资源、试探高层同事对某项创意的看法、获得资源等。

这是一种简单有效的方法，可以围绕你的创意建立起能力网络，帮助完成验证以及自下而上地加快决策过程。

不必事必躬亲

有这样一种错误做法极具诱惑力：很多公司认为，它们需要独立完成关于创意的一切工作；如果他们做不到，那么，对不起，这项创意根本不值得追求。

我见过很多能力不足，但是充满工作热情的团队。它们想做出的App，自由职业者只要几个小时就能开发出来，可它们偏要自己动手去做，结果把自己折腾得筋疲力尽，最后还是一事无成。

如今，尤其在面对颠覆式创新时，组织的角色越来越多地变成了多种能力之间的协调人。这些能力的很大一部分来自组织之外，而不是内部打造完成的。然而，为了迅速完成创意，很多人对这个显而易见的道理视而不见。

网络巨头思科通过一种生态系统式的路径来完成创新，这是一种可供参考的、有用的经验法则。关于如何最高效地创造最大价值，这家公司有着自己的整体看法，具体主要包括互为补充的5种方法。

（1）打造：创造属于自己的产品和知识产权。

（2）购买：收购其他公司，获得技术和人才。

（3）合作：与其他技术企业建立合作伙伴关系，共同开发解决方案。

（4）投资：支持有战略意义的企业或者对冲赌注。

（5）共同开发：加入技术开发者全球网络，并在恰当时机下通过孵化资源给予支持。

每家企业都需要设计自己的独特方法，形成各项适宜能力并使之结成网络。这一工作的关键在于战略性地选择不做什么，并根据现有能力网络培养强大的能力，还要想方设法地让二者协调一致、相互配合。

未来的能力

追踪未来的市场趋势同样能提出有关未来需求的战略能力问题。探索是组织创新律令的一部分，不仅要探索未来需要的能力，还要探索这些能力如何高效地转化、与组织有效地融合。

开始行动

创新离不开实际知识。这是无法逃避的，也是为什么最好的创新者都会把它看作战略性的、永无止境的问题。它不一定动辄耗费千金，但是，通常来说，你确实需要一些能力作为基础，才能有更好的发展。

如需更多素材，请访问belesszombie网站。

第四部分

时间、金钱与人才：如何为创新提供资源

日常工作不太可能为大胆的创新做好准备。这部分讲的是如何重新思考资源的管理和配置，以提高未来成功的机会。

第 34 章

谁出力，谁出钱

运用更聪明的策略为更大胆的创新提供资源。

你的财宝在哪里，你的心就在哪里。

饮品巨头保乐力加英国公司原董事总经理丹尼斯·奥弗林说："关于创新，我们给自己打80分；关于实施创新，我们只能给自己打30分。"正如我们在前文看到的，奥弗林成功改变了这一平衡，同时不乏对资源配置的关键方面的重视。

关于真正的创新动力，没有什么比时间和金钱的使用方式更能说明问题的了。

浮夸的、秋后算账式的财务报表也许会充满漂亮的、让投资者心花怒放的创新要点。但是，说到底，还是资源的供应在说实话。

我曾经请一家全球出版企业的经理预测一下，用来加强当今业务的资源和用来探索未来业务的资源之间的比例是多少，他回答我："110%用在今天。"

事实证明，他并不是完全在开玩笑，只是突出强调了众多组织如今面对的需要建立更好未来的压力。然而现状的惯性太强了，对资源的控制力也太强了，有时让人觉得无法抵抗，即使对首席执行官也是如此。

因此，一家组织究竟该如何更好地围绕创新重新调整资源配置，包括时间、资金、能力、手段、激励和能源等？

做创新的主人、为创新提供资金

可以就总体资源配置模式达成一致意见，这可以成为很有帮助的起点。这种模式可以澄清如何为创新配置资源，说明创新可能出现在哪里。这一切归根结底可以总结为两个问题：

（1）谁是创新的负责人（集中式vs分散式）？

（2）谁是创新的出资人（专门式vs一事一议式）？

如果这两个问题不够清晰，你的创新绩效就会受到影响。在这两个问题上，任何的模棱两可都会被现状的利齿毫不留情地撕个粉碎。

图34-1中的四种模式来自罗伯特·沃尔科特（Robert Wolcott）和迈克尔·利皮茨（Michael J Lippitz）。这一模型对探索适合组织和组织发起的计划的正确道路发挥着指路明灯的作用。

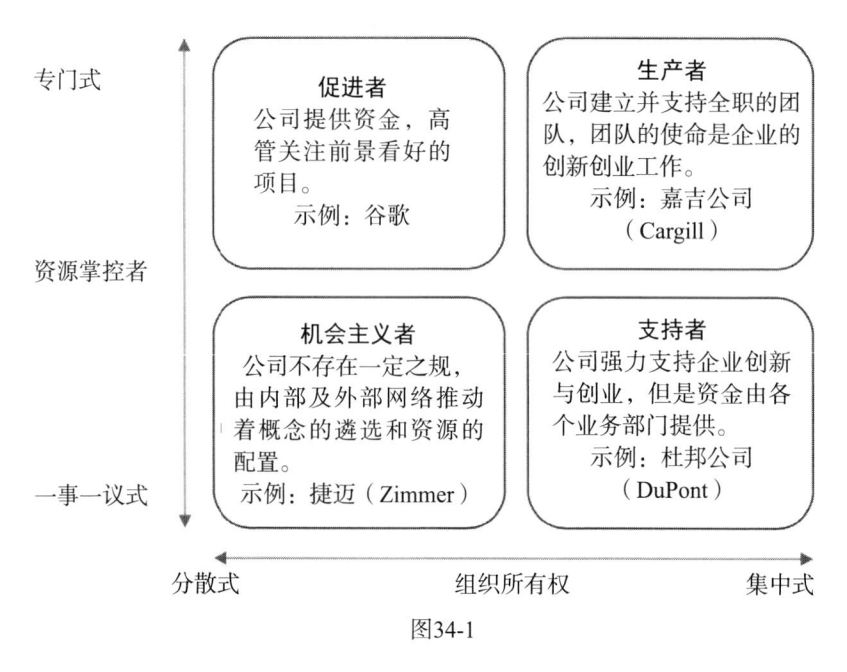

	分散式	集中式
专门式	**促进者** 公司提供资金，高管关注前景看好的项目。 示例：谷歌	**生产者** 公司建立并支持全职的团队，团队的使命是企业的创新创业工作。 示例：嘉吉公司（Cargill）
一事一议式	**机会主义者** 公司不存在一定之规，由内部及外部网络推动着概念的遴选和资源的配置。 示例：捷迈（Zimmer）	**支持者** 公司强力支持企业创新与创业，但是资金由各个业务部门提供。 示例：杜邦公司（DuPont）

纵轴：资源掌控者　横轴：组织所有权

图34-1

来源：《斯隆管理评论》（*MIT Sloan Management Review*），2007年10月。

如果没有其他的明确意图，多数组织容易沦为"机会主义者"。如果拥有正确的文化，加上高层领导者的积极投入，这种机会主义模式未尝不能成事，但它也许是四种模式中最脆弱的一种。通常情况下，专门的流程、专用的资源和高层领导的支持都是不到位的，因此，这种模式下的创新会变得断断续续、费时费力、互不相关和效率低下。

与之形成强烈对比的是，"生产者"模式是高度审慎的，而且是按照计划和完成创新的方式组织的。这种模式有利于企业追求更有颠覆性的创新层次，既可能体现在全新技术的探索上，也可能体现在新市场的设计上。近年来，"生产者"模式在企业创新中大行其道，主要体现在为这一目标服务的企业创新"实验室"的大量涌现。

依靠"支持者"模式实现较大梦想的可能性比较低。基本上，"支持者"属于冒险性较低的创新的避风港，因为它们大多在一个业务部门的范围里开展。这些部门最大的动力是自内而外的持续增长。这不一定是坏事，但是，它只有在和"生产者"模式紧密结合的情况下才能发挥出最佳效果。它们能带来颠覆式创意，并把这些创意移交给"支持者"团队接管。前提是创意意愿及其可行性和可取性全部通过了"路测"考验（Road-tested）。

"促进者"模式非常适合拥有知识工作者的组织，而且这些知识工作者彼此联系密切、能够定期提出新想法且需要获得新资源来发展这些想法。这种模式非常适合咨询企业和技术企业的发展壮大。

归根结底，我们需要选择一种最适合自身战略的模式。也可以选择混合经济，让创新计划带有不同的战略重要性，然后通过不同的方式确定其归属和资金来源。这也很好。总之要确定下来，观察自己从中学习到什么，据此不断地发展自己的模式。

也许选择哪一种模式并不是最重要的，重要的是有没有做出选择。一旦明确了最适合支持创新战略的资源提供方式，接下来就可以照此安排，这就意味着向前迈进了一大步。我打过交道的多数组织都选择了"机会主义者"模式，只要它们能在关注的焦点问题上更加深思熟虑，一样可以创造出更好的创新业绩。

你的组织在创新出资人和创新负责人问题上是如何考虑的？哪一种模式最有可能把现在的你与未来需要成为的那个你紧密联系起来？为了在这些维度上实现成功，哪些转变是非实现不可的？

如果还不清楚这些问题的答案，强烈建议你进行一次领导者对话，以寻求建立一种专门的资源配置方式。

毫无疑问，为此建立并准备就绪一套战略框架是非常有用的。但是，在持续的创新资源配置过程中，有许多挑战需要予以克服。下面是一些最常见的挑战和我为此提出的建议。

1. 为未来出资：激发一种观点

如何选择结构资源的配置是一个创新战略问题。

但是，也许更大的问题不是如何，而是多少。

无论所说的是分散模式的资金配给和创新管理，还是集中模式，价值万金的问题只有一个："多少算够？"

人们通常会觉得这个问题很难回答，因为它过于含糊不清且政治意味浓厚。其实并非如此。

本书在探讨创新战略的部分提出过一种领导力研讨提纲，它可以帮助快速启动关于未来的对话。本来，这种对话被认为过于麻烦、无法进行。其实，只要在这提纲中加入未来资源的大致要求（见第5章的10∶20∶70分割法），就能创建很有用的起始点。例如：

截至（A年），我们需要（实现成果B、C和D），它们所需的资源比例大概是（X%∶Y%∶Z%）。

我知道，这可能听上去太过简单化了，但是，在很多情况下，这正是开启高管对话最需要的那个启辉器。

它会产生一种观点，让人们对此做出反应：我同意这种观点吗？如果不同意，为什么？哪些优先工作听上去更适宜？为什么？哪些假设促使我思考？大部分这样的内在对话是隐性的、深藏不露的，而且通常是未经领导集体的智慧处理的。只要出现这样一种观点，就能迫使这座冰山的更多部分浮出水面。

我的经验法则永远是从这些对话开始，再根据实际需要逐步深入。

所以，为了实现长期战略，你的企业需要多少创新资源？

2. 不要"你的"资金

每支团队都会发现，几乎在围绕创新资源配置的每一次对话中，都需要将资源从当前的业务转向未来的业务，这是丝毫不足为奇的。无论对身在何处的哪一种人来说，明年预算的削减都不是一件令人愉快的事。

这种对话有时可以通过高管团队集体解决；尽管如此，首席执行官依然要做出艰难的决定，即把谁的预算拿出一部分用于投资未来。

与其每年来一次大对决，不如围绕资源的配置建立不一样的规则和程序，以让对话变得没那么令人痛苦不堪，并能让每个人都受益。下面是开展这种实验的4种有效方法。

i. 终止的常态化

有些企业规定，每年按照固定比例处置产品组合的一部分，以此释放投资预算，并投入到创新当中。

对企业战略价值贡献较低的产品线或者投资会首当其冲地遭到处置。当然，这要小心谨慎地、明智地进行；多数企业都能轻松地找出早已过气的业务领域。

资源永远是有限的，所以要深思熟虑地定期处置低绩效资产。这是一条极富战略价值的准则。如果能实现这种做法的常态化，领导团队就等于为创新资源配置对话做好了准备，就不会在需要放手时满怀戒心。这是可自由支配的永续发展。

ii. 少开些预算会议，多开些战略资源配置会议

一听到"预算"这个词，人们就会想到新一年的新资金。但这忽视了一种具有更高价值的对话，其重点是所有资源的最优化配置，而不仅仅是资金。

构建这种对话的一个好办法是提出这样的问题——"我们的整体资源能够带来的最大战略回报是什么？"这其中当然包括资金，但也同样考虑到了，通过所有可用资源的重新配置，可以怎样最好地支持现有的机会组合。

相比于仅仅关注钞票的对话，这样的对话显然更具战略意义，也更具整体性。比如说：

- 有没有让80%的顶级员工投身于80%最有价值的机会（包括已有机会和正在出现的机会）？如果没有做到，应当如何重新调整这一均势？
- 公司最有前途的创业者是谁？他们是否与我们的高速发展计划保持一致的步调？
- 由于IT部门的瓶颈限制，多少颠覆式技术项目被迫处于搁置状态？如何解救这些项目？
- 根据你的观察，公司的哪些部分已处于衰竭状态（让我们更现实地审视这个问题）？我们可以为此调出哪些人、调入哪些人？
- 如果根据战略重要性的高低把岗位分为不同类别（如A级、B级和C级），那么，我们应为多大比例的C级岗位提供资源，才算更节约成本？

只有资源创新会议能把人们的思维模式从资源拥有者（Ownership）转变为资源管理者（Stewardship）？

有一点需要特别留意。我列席过高管团队会议，也旁听过操作层面的会议，清晰见证了同一工作的首尾两端。这两端对现有资源水平和未来资源需求的看法截然不同。从某些角度来看，两端的看法都没错。如果能把两种世界观融合在一起，可以避免"撞车"以及防止全面挫败的情况发生。

iii. 不要过于依赖年度周期

十二个月的计划和预算周期也许适合20世纪，放在现在，它们只会更多地成为敏捷性和创新的枷锁。

哈佛商学院2016年的一项调查显示，绝大多数高管人员对于计划工作的标准做法感到失望。由于变革的速度太快，他们辛苦编制的文件很快就成了无用的废纸。

欧洲战略创新及咨询中心（European Center for Strategic Innovation）首席执行官亚历山德罗·迪·费奥雷（Alessandro Di Fiore）倡议用"敏捷计划"（Agile Planning）取代年度计划。越来越多的组织正在采用这种方法。它能创造出一种"战略市场"（Strategy Marketplace），整个公司的几十支敏捷团队在这个"市场"中与业务领导者定期对话。

讨论的目的是双向战略/资源调整：敏捷团队把自身的数据反馈到该中心，协助验证现有战略的相关性；该中心确保各团队的集体视野与公司的整体战略方向保持一致。

远离年度计划周期同样具有商业层面的意义。它能打破预算会议这一常规，因为每当新财年即将到来时，这种长达几个星期的预算会议总是会消耗高管团队的大量精力。

毫无疑问，同传统的计划手段相比，市场方法需要高管团队投入更多的注意力。但是，在这个快速变革的时代里，创新必须不断地与市场保持紧密联系，这种方法能确保资源持续不断地与创新保持一致的步调。

iv. 再配置的速度

变革的速度把资源动态再分配能力变成了重要的竞争优势来源。实际上，管理咨询公司麦肯锡的研究表明，在15年之内，依据战略定期重新配置资源的企业可能比一成不变的企业的价值高出40%。

这是情景规划发挥强大战略支撑作用的又一个例子。在思考可能的未来情景时，我们不仅要想到可能做出的必要反应，还要预测这些反应的速度和它们带来的启示。

- 为了在90天内对具体的市场变化做出反应，并且完成动态再配置，我们需要做到什么？
- 如果明天就开始这种重新配置，会对我们的业务带来怎样的影响？
- 为了让变革来得更顺畅、更快速，当下可以找到哪些可能的摩擦点并完成"重新调整"？

预测"方法的速度"是一种富有价值的资源配置能力，每家企业都能从中受益。因为重大的变革需要系统性的反应，所以它也是围绕"我们的资源"——而不是"我的资源"——打造集体思维模式的好方法。

3. 人才即服务

当一家企业试图快速开启创新时，我会问他们：应该让哪些人参与到这项工作中来？这个问题背后的问题是："哪些人能帮助我们快速取得成功？"虽然会随着具体情况的不同而不同，但是这个问题经常能为创新带来早期推动力，同时建立起更健全、更富战略意义的新方法。

团队中的人才，也就是"高潜力"人群，常常会主动加入进来，因为他们被视为极富聪明才智的人，拥有把事做成的动力和雄心壮志。很多情况下，这种本能式的做法都能带来很好的效果。

我亲眼见过，只要有合适的培训、支持、机会和时间，数以百计的这样的人才可以在极短的时间里快速提高企业的创新能力。这能带来极好的结果，但并不总是好事。

人才队伍的贡献总是不成比例的，这算不上什么秘密。科学研究告诉我们，在所有工作者中，平均20%的人完成了80%的工作。随着工作复杂性的增加，这种失调的比例还在进一步拉大。

人才是稀缺资源。他们难免会遭遇到任务过载和过度疲劳的情况。因此，在邀请人才群体加入一项创新能力计划之前，一定要提前划定清晰的边界。

如果希望他们一边做好本职工作，一边推进创新项目的话，更要提前确定工作边界。我见过太多领导者把这些项目界定为"延展性"任务，然而，实际上却是"啃硬骨头"任务。为了完成这种项目，员工们不惜更加疯狂地加班。这不仅影响了创新工作，还影响了员工的本职工作。大多数人在晚上9点到半夜2点之间根本没什么工作效率可言。

举例来说，一家大型企业曾经临时邀请我做一次90分钟的报告，旨在为30位高潜力经理人介绍实验方法。这次演讲是一个为期半年的领导力拓展项目的一部分，我的任务是辅导他们完成实验。这些实验也是学员们将在培训课程中完成的任务之一。

我原本以为，这些学员早已清楚他们将要做什么。但是，在我第一次提到实验时，教室里回响着"倒吸一口凉气"的声音。他们禁不住交头接耳地小声议论着。很明显，他们事先完全不知道实验的事。

从那一刻开始，我彻底失去了对他们的控制。晚餐时段的问答环节完全没有我说话的份儿。绝望的经理们提出了关于截止日期的问题，这些问题像集束炸弹一样包围了我。有一位经理已经快哭了，本职工作的巨大压力几乎把他们逼到了崩溃的边缘。

真不像话！

"人才即服务"（Talent-as-a-service）是一种看似简单、实则代价高昂的思维模式，千万不要采用这样的思维模式。以人才为重点的项目可以获得成功，这没有问题，但它离不开健康的、务实的资源配置，以防止人才的过度疲劳。

在放飞人才、追寻未来时，我们应该想到：他们是要飞回来的。

4. "把事做成"的人

人才固然是激活创新的黄金资源，但另一种同样重要的资源却没有得到应有的重视，而它在打造创新能力的初期发挥着至关重要的作用。

丹尼斯·奥弗林说："人人都需要布里吉特式的伯乐。"他指的是保乐力加英国公司的员工发展负责人布里吉特·加德纳。

从2013年开始，加德纳的工作就开始变得——很特别。即使从三万英尺高空俯瞰，你也能轻松发现她。为了在整个公司的范围内激发创新绩效，她为公司的"英才"（Project Ingenuity）项目搭建了一套完备的架构。只要贴近观察，你就会发现真正激活规模创新的因素在于：

- 协同一致的创新培训，面向所有员工。

- 通过谈判建立"宝库"（Treasure Chest），以支持更大胆的创意。
- 创新"撞车"之后的清理工作。
- 抚慰高管成员受伤的心灵。
- 为实验失败的团队成员提供咨询服务，鼓励他们再接再厉。
- 精心打造创新沟通项目，凸显创新取得的进步和动力。
- 建立由专家组成的创新辅导员网络。

还有很多，不一一列举了。

奥弗林并没有夸大这些关键因素的重要作用。在我见过的每一家快速启动创新、持续推进创新的企业里，都有一位不知疲倦的奋斗者、操盘者。

它有时是一支团队，如索尼音乐的大卫·雷伊、劳拉·艾利斯（Laura Ellis）、艾琳·库姆（Aileen Coombe）、特蕾莎·柯特里卡和南森·奈特（Nathan Knight）等；有时是一个人，在威利公司（Wiley），组织设计专家马克·瑞安（Mark Ryan）就是这样一个人。

无论这些岗位的管理方式如何，这些人都是成功的必备因素。他们同时具备了精明的商业头脑、老道的组织能力且深谙世故，同时深切关心企业的成功。

一定要找到这样的人才，把他们拉入自己的团队，照顾好他们。

5. 打造免费创新资源

每次创新培训课程临近尾声时，我都会问学员们："好的，谁有足够的空余时间把创新工具应用到实际工作中？"全场陷入一阵尴尬的沉默。

对多数组织来说，缺少专门时间是妨碍创新的三座大山之一。

好消息是，离开教室时，学员们已经找到了自己需要的空余时间。实际上，只要愿意，人们通常有可能在一个星期里挤出一天专门从事创新工作。

我仿佛听见了你不以为然的嘲笑声。但我说的是真的。

我们常常放任组织把它的意志凌驾在我们的意志之上。我们已经逐渐屈服于一种企业级的麻醉机制，这让我们变得茫然无助。环顾四周，到处是无穷无尽的问题。这些问题极大地损害着我们的工作效率，让我们看不到出路。

要发挥催化问题的作用，它能帮我们苏醒过来。

可以利用某种可能性来刺激现状，为了实现这种可能性，我们需要做到什么？这样的对话能把我们带向何处？开场的问题可以简单一些，不要直接问它带我们去向哪里——但它能帮助我们找到真正的问题,以及我们需要奔向的目的地。很多时候,我们需要的只是一个起点。下面是你的第一道10分题[1]。

会议
- 怎样保证每个星期最多开两个小时的会?
- 怎样保证这两个小时是一个星期里效率最高的时间?
- 如何让不受欢迎的会议从日程表里彻底消失(例如,防止同事在没有知会的情况下把会议安排进你的日程表)?

干扰
- 如何降低对数字信息干扰的敏感性?
- 怎样防止他人的干扰,保证连续2~3个小时的清净时间,并把它变成每天工作的常态?
- 如何确保一天中有足够的、规律的间休时段,帮助自己恢复工作状态?

电子邮件
- 怎样把处理电子邮件的时间减少75%?
- 如何做到下午六点之后不看邮件?
- 我们希望哪些邮件多一些?哪些少一些?如何做到?

自动化
- 哪些日常的、初级的工作可以实现自动化?
- 如果实现了自动化,哪些工作可能变得更快或者更好?
- 哪些工作(或者工作中的哪些部分)是无法自动化的?怎样判断我们是不是对的?

最后一点,新的工作方法一旦建立,哪些指标或者激励手段能保证我们不会退回到旧习中去?

如果能做好充分的准备,持续不断地追问这些问题,我可以保证,你每个星期能多出几小时的时间,用在创新工作上。对有些人来说,即使尝试把原定1小

---

[1] 在英国著名智力竞赛节目《大学挑战赛》(University Challenge)中,开场题目的分值为10分,答对者有权连答3题。由此形成了流行语"下面是第一道10分题",并由此衍生了同名小说和电影。

时的会议缩短到20、30或40分钟，也有可能带来极大的变化。

帕金森定律（Parkinson's Law）认为，人们总是把工作拖到最后期限那一刻完成。这是一种极其耗费资源的做法。你的组织需要怎样的新定律来克服它？

6. 为工作提供资源的其他方法

第33章提到，思科公司建立了一套系统化的方法，把创新挑战和恰当的能力统一起来。

其他企业也可以通过类似的方法配置资源，避免一部分工作出现系统超负荷的情况。虽然这种超负荷的做法颇具诱惑力，但实际上，如果换成其他的替代性资源，这些工作可以做得更好。

瑞文·杰苏萨森（Ravin Jesuthasan）是韦莱韬悦（Willis Towers Watson）的董事总经理。杰苏萨森认为，领导者应该把工作从组织中解放出来，以便在最佳地点完成。无论这个最佳地点坐落在世界上的哪个角落。

杰苏萨森提出了8种潜在资源。在认定工作应在内部完成之前，组织应先思考和探索以下8种资源。

- "零工"（Gig Workers）（用于短期任务和项目）
- 志愿者（如众筹创新或者在社交媒体上进行品牌推广）
- 智能自动化（取代高度重复性的、规则导向的工作）
- 机器人（物理自动化）
- 独立承包商
- 外包
- 同盟
- 员工（包括兼职和全职员工）

在为项目投入资源之前，你的团队成员对所有可用选择考虑得足够透彻吗？鼓励他们更宽广地思考这个问题，往往可以发现更高效、更有用的资源运作方式，为创新释放出更多能力。

很多组织认为自己无力承担创新的开支。很多人觉得自己太忙了，没有时间搞创新。实际上，只要有了创造性的资源配置方法，这些束缚性的错误想法就会发生转变，创新绩效就能得到提高。

第五部分
面向现实主义者的创新文化

文化的定义是"常事"（What is Ordinary）。然而，绝大多数的企业要求自己从现有状态的设定中获取非凡的创新。这部分阐释的是如何走出"一刀切"的文化，建立新文化，帮助更重要的创意一而再、再而三地脱颖而出、发展壮大。

第 35 章

以成果为口径，校正文化

构成"创新即必然"文化的基本要素。

无论是对谷歌这样的公司来说，还是对你我而言，离开核心业务越远，失败的风险就越高。但是，除了坚定地投身不确定性之中以发现未来影响力的源头，未来并没有给我们太多选择。

不同类型的创新不可避免地具有不同的风险特征。尽管如此，很多企业不免掉入同一个陷阱，就是把低风险创新和高风险创新混杂在同一情景当中。这样的做法很少带来成功。为什么？

你的企业可能是为了传递可重复的确定性而成立的。它要保护一系列知名的产品和服务、一套成熟的商业模式，并为极度熟识的客户群体服务。对渐进式创新而言，这一情景堪称完美；大量的因果关系是已知的，这让投资风险变得极低。因此，对失败的容忍度也变得极低。如果你在非常熟悉的环境中出色地完成了工作，那么，理应如此。

然而，尝试在这样的环境里推行全新定位的创意，你会发现，处于萌芽状态的创意可能在纸面上颇为可行，但它运用的是我们并不真正了解的新技术，服务的是我们并不熟悉的新客户群体，因此，它需要的是一些我们并不具备的支持能力，并且需要难以预料的商业模式来推动它。

这样的创意99%会被迅速终结，或者被1000种"阿猫阿狗委员会"活活溺毙，然而它本来很有可能成为重要的新收入来源。

创新成果高度依赖情景。因此，不仅要对资源配置的水平深思熟虑，还要同样重视情景的创造，把追求正确创新的工作做大做强。图35-1描述了3种创新情景下的根本动因,这3种情景是我们在创新战略的相关章节中讨论过的。

"探索"区的风险极高,失败是家常便饭。所以,应该重点奖励人们关于创新吸引力及其可行性、可取性的学习速度和质量,而不是创造收入。创收是后面的事。

在"探索"区,如果考核标准是打造产品,并且要求这些产品必须快速地创造收入,就会极大地降低人们的创新抱负、降低颠覆式创新的高度。我们考核的是什么,得到的就是什么。

创造自我更新组织的现实情况在于,创意距离核心业务越远,就越可能通过远离核心运营来完成探索。这一点不无原因:稳定的、日常的运营应当恰当地聚焦于今日成果的实现,而不是节省出有限的资源来开展不可预测的实验。况且这些实验可能遭遇失败、破坏日常业务。

应对这一问题的方法有很多,各有利弊。如果短期内无法为探索式创新创造专门的环境,至少要刻意打造保护性情景,帮助更大胆的创新浮出水面。这一工作涉及多项要素,如奖励、时间、能力、资源和客户等。

奖励:奖励完成高质量学习的员工,而不是做出可以上市销售的产品的员工。在这个阶段谈论确定性为时尚早,这个阶段更需要员工搞清楚创意是不是优秀、是不是值得未来投资,因为通常答案是否定的。谷歌公司指出,探索阶段里90%的创意是行不通的,因此,高效地发现行不通的创意、快速地摆脱这些创意,是本阶段至关重要的一项超级能力。

这可能需要相应地调整员工的奖励方案,甚至把奖励方案与具体项目挂钩。例如,如果某个新概念需要某位销售人员的专业知识来共同创造,且工作时间为3个月,那么应该保证他在本季度的本职岗位的奖金不会受到影响。

时间:要保护员工不被其他业务团队"迫切的"短期任务打扰。这是一种常见的创新障碍——它要么造成创新项目中途停顿,要么把创新项目拖到难以为继。

这经常归结为我们与某位员工的直接上司的合同协议,归根结底取决于员工主要把时间用在哪些工作上。最理想的情况是有意地激励员工和他的直接上司及时完成计划中的项目进展。

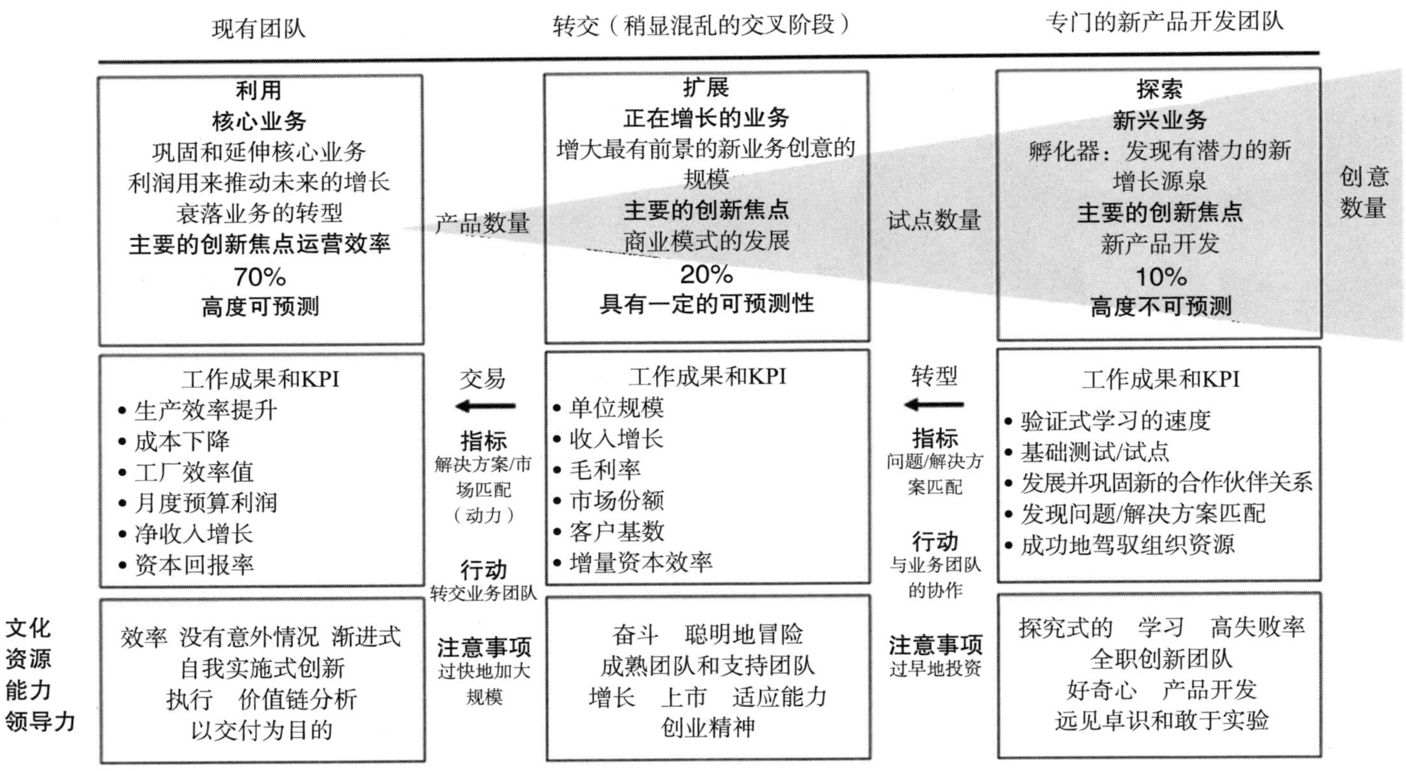
现有团队
转交（稍显混乱的交叉阶段）
专门的新产品开发团队
利用
核心业务
巩固和延伸核心业务
利润用来推动未来的增长
衰落业务的转型
主要的创新焦点运营效率
70%
高度可预测
产品数量
扩展
正在增长的业务
增大最有前景的新业务创意的规模
主要的创新焦点
商业模式的发展
20%
具有一定的可预测性
试点数量
探索
新兴业务
孵化器：发现有潜力的新增长源泉
主要的创新焦点
新产品开发
10%
高度不可预测
创意数量
工作成果和KPI
• 生产效率提升
• 成本下降
• 工厂效率值
• 月度预算利润
• 净收入增长
• 资本回报率
交易
指标
解决方案/市场匹配（动力）
行动
转交业务团队
注意事项
过快地加大规模
工作成果和KPI
• 单位规模
• 收入增长
• 毛利率
• 市场份额
• 客户基数
• 增量资本效率
转型
指标
问题/解决方案匹配
行动
与业务团队的协作
注意事项
过早地投资
工作成果和KPI
• 验证式学习的速度
• 基础测试/试点
• 发展并巩固新的合作伙伴关系
• 发现问题/解决方案匹配
• 成功地驾驭组织资源
文化
资源
能力
领导力
效率 没有意外情况 渐进式
自我实施式创新
执行 价值链分析
以交付为目的
奋斗 聪明地冒险
成熟团队和支持团队
增长 上市 适应能力
创业精神
探究式的 学习 高失败率
全职创新团队
好奇心 产品开发
远见卓识和敢于实验

© 埃尔文·特纳

图35-1

这里涉及一个更广泛的问题：对整个公司的资源配置过于单薄。我几乎从未见过谁有充足的时间应对未知工作情景。很多企业流行"更好更便宜"（More for Less）的文化，把员工的力量拉到极限。意料之外的工作带来的要么是更长的工作时间，要么是简便处理了事。

在大多数企业里，思考的时间、学习和创新统统排在常规的"紧急工作"之后，这些工作会被直接交到员工手上。这其中有一些是合理的，也有很多纯属其他工作中资源负荷超载造成的后果。

我的研究显示，这种"领导交办的紧急任务"综合征是拖累创新速度的罪魁祸首。

现在，你可以看出在日常工作的情景之外从事非核心创新的优势所在了。

能力：要确保人们有能力进行低资源/高学习所得的实验。我们在第29章讨论过这个问题。

资源：这指的是获取适宜资源（如外部专家技能、用于原型的预算等）。有些企业通过建立"宝库"（Treasure Chest）来解决这个问题。员工可以为此开展宣讲来争取项目种子资金。很多企业会为此引入类似"创智赢家"或"龙穴"的模式，帮助员工宣讲创意、获得创新必需的资源和自主权。

资源的配置在很大程度上取决于谁负责创新、谁来落实创新，我们在第34章讨论过这个问题。

客户：这指的是有机会接触可信的早期采用者（他们也被称为"领先用户"，即Lead Users），这些人已经做好了充分准备，随时可以开始新产品概念和创意实验。销售团队常常自视为"客户关系的主人"，但它们通常会成为创新项目在早期接触客户的障碍。销售团队的紧张情绪是有情可原的，但是，它们的动机深深植根于对现状的维持和对稳定的、渐进式发展模式的维护。

这是一种极为微妙的平衡，但我们完全有可能与那些实际上愿意多冒些风险、尝试新创意的客户签订合适的协议，维护好同他们的关系。这是可行的。但这需要销售部门负责人付出执着的、持续不断的努力，并为之提供直接支持。

设计情景

当人们提出新创意时，要让他们清楚地认识到自己在以上领域的预期需求。

这样有助于了解他们的成功需要怎样的情景、更好地决定支持哪些创意？何时支持？

如果你熟悉这个领域、知道应该从何做起，要在一开始控制好规模，切忌好大喜功。可以先选择一支可能在未来频繁产生探索式创新的团队，与他们一起为健康的探索式创新情景制定衡量指标。

接下来，把这些指标带入真实项目的实践中，观察自己的学习所得。让这个项目不断地演化发展，直到发现该情景中最有效的指标为止。再让这支团队辅导另外两支团队。如此不断发展下去。

可以参考维杰伊·戈文达拉扬（Vijay Govindarajan）和克里斯·特林布尔（Chris Trimble）的《超越创意》（*Beyond The Idea: How to Execute Innovation in any Organization*），它堪称这方面工作绝佳的资源宝库。

那些未能为不同类型创新做出深入思考、打造适宜情景的领导者会发现自己的企业更多地倾向于最小公分母。他们会发现，创新工作虽步履维艰，但所带来的是显而易见的快速胜利，每个人都应做到。

如果人们觉得冒险是安全的，就能创造新的突破。通向未来最安全的道路就是创新文化的精确校正，并且得到高层管理者的支持。

如何创造一种文化，让更多的颠覆式创新涌现出来？接下来是更详细的讨论。

第 36 章

打造更人性化的组织

> 僵化的官僚主义万难产生原创的想法。认真的创新者会顺应人性开展工作,而不是违背人性。
>
> 我们的每一部电影,在开始制作时都是很糟糕的……我们的工作就是把它们从很糟糕的样子变成不糟糕的样子。这也是最难的那一部分。
>
> 艾德·卡特姆(Ed Catmull),皮克斯创始人,
引自《创新公司》(Creativity, Inc.)

对大多数组织来说,整个创新过程意味着极大的不便。

我们要的是速成解决方案,就好像我们要享受顶级大厨的手艺,但只愿等待60秒——用微波炉热剩菜的时间。

很多时候,最让领导者难以接受的是,重要的创意不是一开始就准备就绪的,相反,它们刚出现时简直丑陋不堪。

要产生更多的重要创意,离不开深思熟虑的、坚持不懈的培育和演进。但是这项工作依然是不可预料的。所以,对那些为了可复制、可重复的确定性而存在的机械式企业来说,这意味着麻烦和不便。

《冰雪奇缘》（*Frozen*）和《玩具总动员3》（*Toy Story 3*）一开始都是皮克斯公司的丑小鸭，后来成长为票房超过10亿美元的热门电影（更不用提它们带来的巨大的衍生产品收入了）。实际上，它们都曾经在漫漫长路中上下求索，把开始的一塌糊涂变成了如今的卓越。

这样的做法不仅对皮克斯有效，对每一家组织都有用：想要更上一层楼的创意，就不可能绕开丑小鸭的阶段。这需要时间，没有捷径可走。

不只如此。

人类的创造力表现

人们想把丑小鸭变成美丽的、不同寻常的白天鹅，有些工作是必不可少的。

了不起的创新者会刻意创造条件，帮助天才创意产生和发展。如果创意是不连续的、乱作一团的、妙手偶得的，一定有助于它的发展繁荣。这是毋庸置疑的。

同样不可否认的是创意的人性一面。机器人比人类更适合做交易，因为交易基本是由纯粹逻辑组成的。创意和创新则不然，它们更像一杯不知道是什么滋味的鸡尾酒，由逻辑、魔力和情绪调制而成。

允许人们倾注大量心血，勇于冒险，把自己押上去，为目标奋斗，去感受和勇敢尝试，才会带来伟大创意的不断进步。用史蒂夫·乔布斯（Steve Jobs）的话来说，只有这样，才能"改变世界"。

必须明确一点：工作场所的创新就是一场生化战。

人类的创造能力和追求突破式创意的能力与我们的心理状态、情绪状态、身体状态和精神状态直接相关。

面对压力、焦虑、疲劳和绝望时，人的表现力和创造力就会下降。尽管每年都有大量的研究证实这一点，但是我们社会中的压力、焦虑、疲劳和压力仍在逐年上升。这真可悲！

创新是一场生化战！

创意　　创意

© 理查德·约翰斯顿

创造力也不例外。充满活力和干劲的人们在值得信赖的环境中从事有意义的工作，这样能创造了不起的成果。相反，工作在重重压力之下的、委顿不堪的人们则做不到这一点。我们必须诚实地面对这一情况。

人与流程

想得到更加深入的创意，人和过程缺一不可。

过程需要时间和耐心；人离不开关怀和鼓励。

因此，急于求成的企业往往很难存活下去。揠苗助长的做法必然带来工作绩效的"撞车"。

上文把工作分成了三大类：巩固性工作、扩展性工作、探索性工作。这三大类包含的不确定性是逐渐提高的。

这里还需要提出一个补充概念，它有助于企业实现过程和人员的最优表现。

它就是——空间（Space）。

第37章

创新的"文化空间"

重新思考文化,把它看作一种"空间",让创新变得更具体。
创造力关乎这样一种能力:它让人经受得起结构的缺失、未来的不可见性、用于控制的可预测性的缺失,以及对因为没有计划造成的含混性的包容力。

马斯洛(A. H. Maslow)

《马斯洛人性管理经典》(*Maslow on Management*)

杰玛·梅耶丁汉姆曾长期担任时尚女装品牌卡伦·米伦的创意总监,现在帮助英国服装零售商Next领导初创公司Label/Mix。梅耶丁汉姆指出:"空间指的是一种人们不计代价地培育某一事业的共有愿望。"

空间是一种深思熟虑的组合,包括实现特定目标所需的方向、思维模式、能力、时间和资源。

多数组织使用的都"一刀切"式的通用空间。但是,正如我们在前文看到的,企业想要更多追求的颠覆式创新很少出现在这种"一刀切"的情景当中。

两种不同的空间

艾米莉·博利翁(Emily Bollon)在电视选秀节目《X音素》中担任导师,她还是一位福音合唱团的获奖指挥。博利翁指出:"如果你想成为最优秀的一个,就必须分清'演出空间'(Performance Space)和'排练空间'(Rehearsal Space)。演出空间最重要的是卓越的执行。这说的是一支合唱团登台演唱一支曲目,完美地呈现,不带丝毫瑕疵。"

"而'排练空间'完全不同。它最重要的是不断积累集体的技术能力,不断实验新的演出创意。这意味着大量在所难免的错误。因此，必须为此创造勇敢无畏的、袒露脆弱性的、相互信任的氛围。"

```
        演出空间                        排练空间
        卓越的运行                      创意的探索

  高度确定                        较低的可预测性
  没有意外情况                    更多意料之外的结果
  更加可预测                      可以安全地开展更大胆的实验
  可以安全地开展渐进性实验        对意料之外的方向采取开放态度
  以可预测结果为中心的衡量指标    以学习为中心的衡量指标
```

© 理查德·约翰斯顿

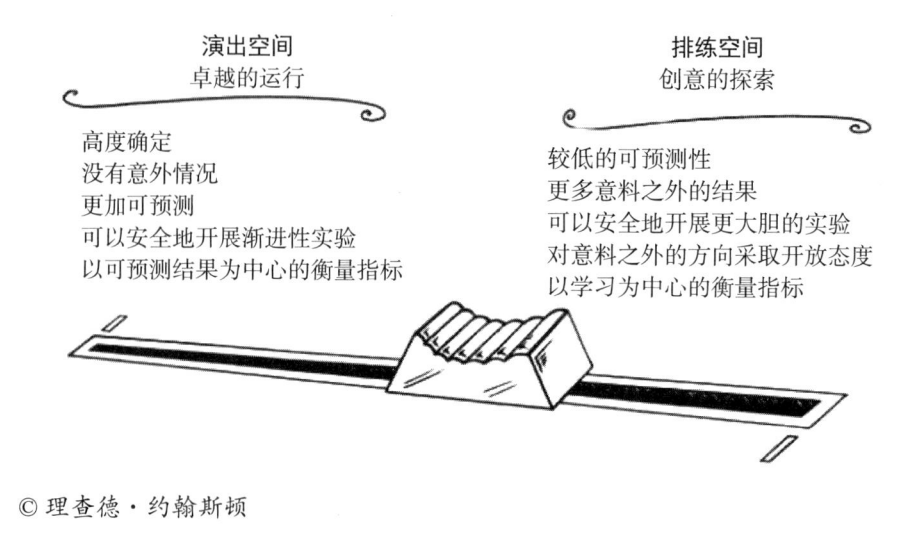

图37-1

确定层次

不同类型的创意工作需要演出及排练状态的不同组合。

领导者的首要职责是理解每一项具体工作的必要结果。接下来，领导者还要刻意设计并建立正确的组合，以容纳团队思维模式、能力、时间和资源等，为必要的过程增添动力。这不可避免地成为试错的过程，所以，最好能和整个团队开诚布公地对话。

比方说，开始一个新项目时，可以先在白板上画一个图表（见图37-1），问问人们，为了不同种类和阶段的项目工作，他们需要哪些类型的空间，以及在这种空间里工作可能的感受是什么。为了成功地做到这一点，我们需要彼此之间多做些什么，少做些什么。

接下来，指定一个人负责在不同的工作阶段提醒团队注意保持最适宜状态。我的做法更激进些，我会把它规定为会议的第一项议程，或者把它做成相关PPT的第一页。

滑块的排练一端存在大量的实验工作。所有工作应该先保持在这一端的空间里，直到达到一定的成熟度为止。同时，这一空间是探索性的，是用来尝试、试行和完善新创意的。我们很有可能在这个空间里进行大量的探索。

在另一端的空间里，我们主要面对的是日常工作情景，这里没有太多的误差容许量。我们交到客户手上的产品和服务必须是符合承诺的、是符合法律和财务流程的、是合乎健康和安全标准的。

这两端之间存在着宽广的情景，这些情景兼具两端的部分特性。例如，定期周例会让人们感觉安全，可以坦率地谈论事务和问题；同时，还要带来大量的数据，以支持良好决策的达成。

如果一支团队能近乎本能地在演出状态和排练状态之间自由切换，它就能在完成当前工作的同时更有力地做好未来的规划。

流动的空间

音乐流媒体公司声破天很早就认识到了这一点。它赋予每支团队完全的自主权，任意决定自己需要的创意空间。成果一旦确定，它会允许团队自行设计并完成工作所需的最优空间——包括资源、工作方式等各个方面。

如果不能有目的地、正确地根据创意旅程的类型（尤其是在追求更具颠覆性的创意时）调整空间，我们就会发现，人们都会选择按照默认的标准行为做事。这种行为追求的是确定性，毁灭的是创造力。

理解了所需空间的性质，如何保证它带来必需的创新成果？

第 38 章

大胆的创意不是诞生在舞台上的

如何创造更多的"排练空间",以发现更大胆的创意?

不同的成果需要不同的驱动因素。由于本书注重帮助团队发现更具颠覆性的创意,所以,接下来的内容会更多地向这个方向倾斜。标题的内容与成果类型无关,可以按需采用。

愿景:天天讲、月月讲

一个项目刚启动时,多数领导都能较好地提出不错的愿景,但是这个愿景在接下来的工作中几乎不会再被提起。为什么要提它呢?我们在项目开始时已经听到了,为什么还要一而再、再而三地重复呢?

在创新和变革的情景中,我们需要常常复述愿景,天天讲、月月讲。这是保持驱动力的关键要素,尤其是团队在充满试错的实验过程中遭遇大量挫折和意料之外的死胡同时。

如果没有做到不断提醒团队成员,他们可能会在心里不停地想:"这一切到底是为了什么?我们还要在这条路上走多远?"

项目章程可以在这里发挥作用。应该在每次项目会议开始时发挥项目章程的作用,要让团队成员连说梦话都在背诵章程,这会为这一征程提供强大的动力。

正在录制
录制中

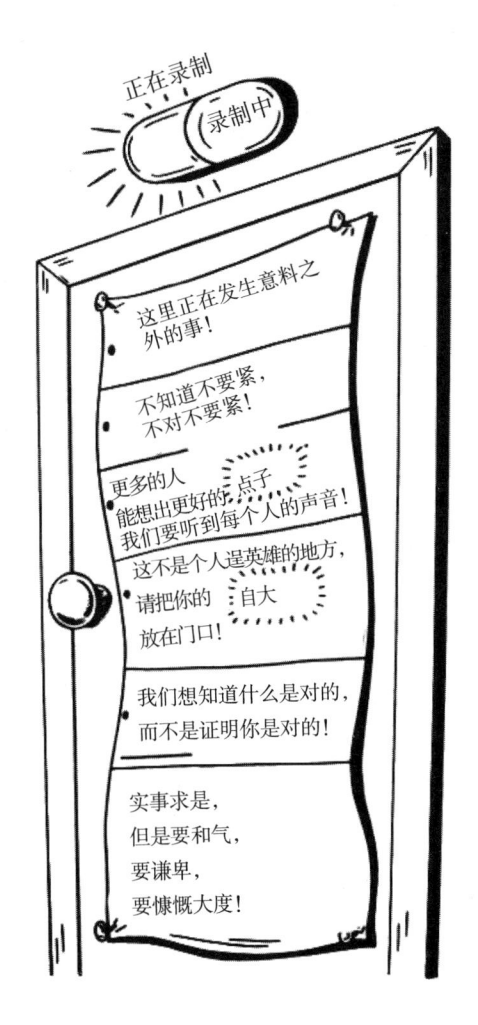

这里正在发生意料之外的事！

不知道不要紧，
不对不要紧！

更多的人
能想出更好的 点子
我们要听到每个人的声音！

这不是个人逞英雄的地方，
请把你的 自大
放在门口！

我们想知道什么是对的，
而不是证明你是对的！

实事求是，
但是要和气，
要谦卑，
要慷慨大度！

© 理查德·约翰斯顿

思维模式

好奇心和乐观主义精神让探索工作变得生机勃勃。我们走在未知的旅途上，向着并不清晰的目标前进，因此需要极大的好奇心和乐观主义精神。然而，最初项目的热火朝天可能很快就会冷却下来，主要原因包括：

- 组织内其他部门会为创新工作设置障碍。
- 实验特有的高失败率会破坏乐观主义氛围，尤其在时间跨度较长的项目中。
- 如果团队的共同热情没有聚焦于一个明确的、共同的目标，可能会发生团队内部的冲突。

- 流程和决策不够清晰。

团队领导者最重要的工作之一是检查团队的思维模式，解决有可能造成思维模式脱轨的所有问题。

资源

创新探索之旅充满了不可预测性，极高的失败率是理所应当的。这为资源配置带来以下几点启示：

- 精益探索：就某种程度而言，探索空间里的多数创意最后都会被证明是谬误的。因此，初始阶段的大量投入是不合理的。相反，应该把重点放在成本低廉、小规模、快速的实验上面。秘诀在于少投入、多学习。
研发工作是个例外。在很多领域里，新技术的探索和开发都是代价不菲的，几乎没有捷径可走。但也不能贪图便利地把多个实验堆砌在一起，美其名曰"研发项目"。优秀的创新者首先会尽可能快速和低成本地验证早期假设。
- 时间：有些创意一开始可能貌不惊人，它们需要时间来成长壮大，直到可以在信息充足的情况下确定其是否值得进一步投入为止。根据创新的新颖程度（包括对你而言的新颖程度和对市场而言的新颖程度），给创意充足的时间孕育和演进。多长时间？这要具体情况具体分析。很多时候，商业现实会迫使项目以快于预期的速度向前推进。

总体而言，在没有得到充足的优质时间的情况下，有些团队依然成功做到了创新，请不要把这视为超能力。要比竞争对手的目光长远一些、梦想远大一些、思考深入一些。这是我们可以选择的，也是每家企业都能做到的。

可以围绕这一点开展团队实验。让团队成员发现自己的创新节奏，帮助自己完成最佳业绩。接下来，把这些经验分享给其他团队，帮助它们找到最适合自己的节奏。

多样性

多数团队相信自己的独立思考。毕竟，创意乐趣的一半来自思考。确实如此，更重要的是，同样面对多样化的输入信息，持欢迎态度的团队比持相反态度的团队拥有更好的业绩。

这主要由于两点原因：
- 专业知识和经验：生态系统的每个组成部分都不可能拥有360度全方位视野，帮助创意找到所有可能的归宿。

我见过很多团队为了一项解决方案投入数月之功，结果带来的只有徒劳无功的浪费，就是因为它们没有在组织内部寻求职能部门专家的意见。

营销部门有个绝佳的产品创意，准备在夏天发布，但它没有和物流部门充分沟通，而后者在这个夏天的工作任务已经超出负荷了。

销售部门开发了一款非常精彩的趋势跟踪App，准备和现有IT系统完成整合。但是，IT即将更换平台，这款App很快就会变得多余。

这些都算不上复杂的工作，但是急于求成的热情蒙蔽了团队的双眼，最终造成无可挽回的损失。

- 旁观者视角：毋庸讳言，团体中人员的多样性越高，可能涌现的创意就越多。有一种发现突破性创意的好办法：把年轻人才和经验丰富的资深人士混合编队。与此同时，我们还发现，有一些多样性更重要。

"深层次多样性"（Deep-level Diversity）是一种心理因素，包括个性、价值观和能力等。同人口特征方面的多样性（如性别、年龄和种族等）相比，深层次多样性对业绩的影响力更大。

在探索模式中，可以要求团队引入这一类多样性因素，加入到创意生成和验证的过程中来。

创意的冲突

几乎所有人都憎恶冲突。但它能把丑小鸭变成白天鹅，它也是排练空间里必不可少的一项根本能力。

我合作过的一位优秀的广告业高管永远都在寻求冲突。他这种做法不大讨人喜欢，但是人们明白，他的根本出发点是追求天才的创意。"差不多就行了"是他最听不得的说法。在这个依靠大胆创意赚钱的行业里，他这种出乎本能的做法常常是对的。

创新巨头都懂得这一点，它们会有意识地做出决定，把创意冲突变成竞争优势的源泉。

皮克斯是有史以来全球最成功的电影公司之一。它把这个理念融入了企业的基因。皮克斯的每一部电影都很优秀，主要原因在于这家公司对卓越创意的不懈追求，而不是"差不多就行了"。

皮克斯公司把这种做法称为"做加法（Plussing）"——这指的是一种集体追求，每个人的努力因此为企业带来了尽可能最大的价值。

每个人每天都要把自己的工作拿出来进行集体评议，并根据建议做出改进。对新员工来说，昨天的工作被同事拆解得七零八落，这滋味肯定不好受，但工作归根结底还是得到了提升。而且，在共同追求集体卓越的道路上，这种做法最终会变成人们的第二天性。

明明知道创意会遭到挑战和评头品足，还要把自己的想法摆到台面上来，这需要莫大的坦诚和信任。即使这样确实是为了更大的集体利益也不例外。

服装公司Label/Mix的负责人杰玛·梅耶丁汉姆指出："我不会雇用那些无法与之辩论的人，因为辩论是创意的必要条件。这意味着我需要创造一个适宜的环境，让人们感到安全——人们不会因为无法苟同某个创意的方向而担惊受怕。"

众所周知，谷歌把"心理安全（Psychological Safety）"定义为最高绩效团队最重要的特征。我见过的每支创新成果斐然的团队都具备心理安全这一特质。

我们稍后会讨论团队心理安全建设问题。关于创意冲突能力的培养，变革咨询顾问乔·特威斯尔顿（Jo Twiselton）为领导者们推荐了一种有用的工具。她提出："创意课程既让人感觉兴奋，又让人感到恐惧。分享创意的兴奋感掺杂着害怕遭到拒绝的忧惧，这种复杂的感觉可能让人处于一种轻微焦虑之中，这种焦虑感并不总是有用的，并不是每次都能带来有用的反馈意见。"

特威斯尔顿建议，为了避免排练空间的最佳动力陷入停顿，可以培养团队养成一种好习惯，并把它变成自己的第二天性。那就是在对一项创意给出反馈意见之前，习惯性地问问自己："我的意见是有用的还是有害的？"特威斯尔顿指出："这个问题可以帮助人们三思而后言，重新组织自己的反馈意见。这样能让人们更有信心地袒露弱点，分享不同寻常的创意。"

另一种创新超能力是在充满怀疑的环境中关注和推行创意。但这种关注并不是情感上的依恋和牵绊，因为那样只会让人听不进重要的客观意见。所以，在培养团队的冲突管理能力时，要格外注意语言问题。要把重点放在创意本身，而不是针对个人。每当我们把"你"或者"你的"同创意联系在一起时，都会唤起一种不自觉的情绪反应——它通常是防御性的，但也常有可能让人感到自己受到了个人攻击。

一开始要缓缓推进，随着团队信任感逐渐加强，人们会变得更加富有韧性，更能接受直接的、生硬的反馈意见。

信任本能

梅耶丁汉姆认为："如果人们知道大家都在听自己讲话，知道自己的创新本能得到了大家的信任，即使当时没有得到其他团队成员的完全理解，他们依然更有可能投入到辩论中来。"

她还向我提起了几个项目，在这些项目中，同事们提出了一些创意，这些创意没有得到更大规模团队的接受，但是，由于人们信任提出者的本能，这些创意得到了保留。公司允许他们把这些创意继续推进下去。

一边睡觉一边做决策

最后一点，要为失败做好充分的准备。可以带着没有形成共识的创意入睡，把它们留到第二天解决，并指定一位裁决人做出最终的决定。梅耶丁汉姆说："我们必须保持开放的态度，做好改变想法的准备。但是，归根结底还是需要有权威的人做出最终的决定，并且要尊重和支持最终的决定。"

对很多团队来说，排练空间中的工作是全新的体验。因此，要做好一开始比较散乱的准备。当人们想方设法地冒险、鼓励颠覆性思维、暴露自身的弱点、让自己先入为主的看法迎接挑战时，暂时的混乱是在所难免的。

准备好你的空间

每个项目启动时，应该召开一次团队对话，以确定本次旅程有可能需要的具体空间。

第1步：演出空间vs排练空间

画一条横线，在最左端标出"演出空间"字样，在最右端标出"排练空间"字样。在项目内容确定的情况下，召开一次团队对话，讨论该项目应该落在这条线的哪个位置。可以通过项目章程帮助自己确定旅程中不同方面所需的确定性水平，这是确定项目在横线上位置的一个关键因素。

就项目所处位置取得一致意见后，接下来要记录对话中出现的所有重要的问题、想法、潜在的障碍或者促进因素。

第2步：空间绩效的驱动因素

就空间取得一致意见之后，可以开始讨论必需的绩效驱动因素的大致轮廓。表38-1可以帮你把这项工作推动起来，但是，根据项目本身的性质，也许还需要画出一条时间轴，罗列出项目在不同阶段可能需要的不同的驱动因素。

表38-1

驱动的因素 \ 需要和风险	需要什么 具体需要什么	风险 什么让这一驱动因素处于风险之下	风险指标 什么样的信号能说明这一驱动因素存在风险
思维模式			
资源（时间、预算、原材料、设备等）			
能力			
外部专业知识及经验			
团队文化			
奖励、激励和领导力			

© 埃尔文·特纳

这些都是决定团队绩效的关键因素，应该把它们加入到你的宣言当中，定期检查回顾。

新常态

英国知识分子雷蒙德·威廉斯（Raymond Williams）说过："文化是通俗的。"人们平日把它当作寻常事，甚至经常视而不见。

平常孕育着意料之内的结果。创新之旅的颠覆性越强，它对非凡情景的要求就越高。

没有哪支团队能在具体"空间"的构思、培育和守护工作中做到滴水不漏，并取得自己需要的结果。

但是，无可回避的真相在于——想改变游戏规则，也许先要改变空间。

第39章

更高水平的创新文化

"血脉相连"的力量。

每当走进以强有力创新而著称的企业里,我都会感受到一种不可抗拒的力量。它把组织里的每个人团结在一起,共同进步。

这种力量并不是偶然形成的。这些组织的领导者深刻理解这种力量,并且精心培育它、把它当作竞争优势的源头活水。

它能吸引和留住最好的人才,给他们最好的用武之地,激励他们超常发挥自身能力。这些都是创新文化最关键的要素。

那么,这种力量究竟是什么?我把它称为"血脉相连"(Kindred Connection)的关系。它是由3种要素组合而成的、人与组织之间几乎坚不可摧的联系纽带:

与组织目标之间的联系

我们在这里的工作是有意义的。

与有意义的、不断进步的工作之间的联系

我正在完成重要的工作。

与志同道合的人之间的联系

这些人不仅明白这一点，而且正在努力"实现这一点"。

简而言之，这是一个孕育创新巨星的环境，人们可以在其中和自己关心的人共同打造自己最在意的事物。这是使命的达成。这是集体的视野。这就是血脉相连的关系。

与目标的联系

企业的目标决定了我们是谁、我们坚守的是什么、我们会创造怎样的影响力、为谁创造这种影响力。每家企业都可以轻松地、定期地与员工分享这一信息。这是最起码的企业沟通。

尽管如此，说真的，当你发现，一年之中能遇见那么多对雇主单位真正做什么一无所知的人，一定会大吃一惊。

在管理辅导和培训中，开展有意义的、与业务相关的对话的一大障碍是人们对战略、决策流程和岗位职责的认识不足。

如果人们不知道公司做什么、为什么做，不清楚公司如何持续不断地形成影响力，那么，他们在工作中的投入程度可能最多达到中等水平。在持续变革的环境中，这种不够深入的联系不足以维持高水平绩效。

形成意义

在迪卡公司，人们与公司目标之间的联系完全不是问题。这家有着90多年历史的企业创造过无数的行业传奇，制作过历史上最畅销的单曲——平·克劳斯贝（Bing Crosby）的《白色圣诞节》（*White Christmas*）。

在迪卡公司位于伦敦国王十字区（King's Cross）那座崭新、时尚的总部大楼里，总裁贝基·阿伦（Becky Allen）告诉我："迪卡的存在就是为了制作有意义的音乐。"

很多人可能把这句话当作体面的陈词滥调而忽略掉，而我立刻感受到了它的真实性，因为我参加了阿伦的领导团队在公司以外的一次会议。和许多类似的会议完全不同，人们不会在开会之前恶补刚刚收到的电子邮件，也不会交头接耳地讨论前一晚发出的通知。

第 39 章　更高水平的创新文化

这些高管用我听不懂的话认真讨论他们在视频网站上听过的唱片小样的"艺术性"（Craft）；讨论的内容还包括昨晚的新闻，主要是哪些新艺术家的演出在网上蹿红，公司可以做些什么来缓解唱片行业近乎无家可归的现状；等等。迪卡几乎每天清晨都会召开这样的会议。

我喜欢极客（Geek），只要一见到，我立刻就能认出他们。我很快发现与会者都是极客中的极客，他们在不懈地追求有意义的音乐。

这在当天上午得到了证实，我们当时正在讨论一份"基因宣言"（DNA Manifesto），迪卡公司用它来说明、传播和发扬公司文化。这时，有人清了清嗓子说："我能朗读一段东西吗？这是我昨天夜里胡乱涂写的。"他走到台前说："它的题目是《我们是迪卡》（*We Are Decca*）。"

我们是声音的工匠，是拓荒者，

是令人称奇的创造者。

我们是你灵魂发出的颤音，

是时光留下的足印。

我们是一群幻想工程师，

除此之外，无处可寻。

我们从一开始就在，

心怀过往，眼望深邃的未来，

还有什么仙乐世间未闻，

我们会让它响彻凡尘。

你知道，我们从不后退，

智者榻边，岂容愚夫酣睡。

我们是声音的菩萨、现状的夜叉，

没人能和我们一较高下，

因为我们是迪卡。

现场一片寂静，连根绣花针掉在地上都会变成一声巨响。整个团队听得如痴如醉。

这也许不是你的风格，不要紧。要紧的是你的团队成员需要感受到类似的感受，懂得足够重视创新、为创新之旅增添动力，因为这会带着我们走向未来、赢得未来。如果你的团队对类似的文化表达只是礼节性的鼓掌，他们与公司理想之间的联系不可能深入下去。

迪卡的案例说明了团队与公司目标之间血脉相连的纽带，且这种纽带是从领导层面发起的。

大声放出来

几个星期之后，我和阿伦见面，讨论她用来创造与公司目标之间深入联系的工作方法。上次会议之后，她登上《公告牌》（*Billboard*）杂志"2019年全球音乐市场领军人物"（2019 International Power Players）榜单。她是屈指可数的几位上榜女性之一。

她说："迪卡喜欢带给人们惊喜。我们喜欢出其不意。要不断地做到这一点，就必须不停地冒险——大量的、动脑筋的冒险。这意味着我们的团队必须足够在乎，必须感觉到足够安全，要勇于踏入可能的失败境地。这一切必须是值得的。"

但是，怎样让人们更在乎呢？

第一点——也是平淡无奇的一点——是对音乐的热爱。每个行业都是如此，如果人们对主体对象足够关心，他们就会找到办法以此谋生。但只有热爱是不够的。

第二点，艺术家的投入会引起一种深层次的驱动力。阿伦说："绝大多数艺术家都是业界的大师。为了成为本领域的顶尖高手，他们付出了艰苦卓绝的努力和超人的代价。我常常被他们的故事所震惊。他们的努力获得了人们的钦佩，这种钦佩感会为我们带来工作的热情。我们愿意付出一切来帮助他们获得成功。"

有人可能认为这是娱乐行业独有的情况，其实不然。它蕴含着更广泛的原则，这些原则适用于所有企业。研究表明，当员工在具体情景中接触客户时，他们的共情水平会直线上升，从而可以连带提高客户服务水平。可以为此开展一次实验，切身感受它的效果。

第三点是我和阿伦以及她的同事合作了几个月之后的感悟。阿伦的行动和声誉让人感受到了她对身边每个人真心实意的、深深的关心。这无疑帮她建立了强有力的伙伴关系。有一天，另一家唱片公司的一名员工在电梯里不假思索地对我说："我明天就辞职，我要为阿伦工作。"

这种关心体现为多种多样的形式，其中一种特别引起了我的注意。它也是建立血脉相连式关系时不可缺少的一项领导者特质。

阿伦是一位"造星者"（Star Maker）。她不仅捧红了艺人，还让自己的员工脱颖而出。这种能力体现在3个方面：

本能：阿伦能从一开始就看到人们的潜力，有时连当事人自己都没意识到这些潜力。

慷慨：发现人们的闪光点是一回事，挖掘和发挥这些闪光点是另一回事。这需要专门投入时间和精力，离不开高尚的精神，尤其是在工作不太顺利的时候。

人性：随着明星的不断成长，他们的能力开始慢慢超越导师。骄傲和自负会在这时引发冲突。但是阿伦会和蔼地听取对方的看法，甚至虚心地向他们学习。

阿伦通过实际工作实现公司的目标，发现极具天赋的人才，帮助他们登上行业的巅峰。

当然，并不是每一次努力都能收获干脆利落的完美结局，毕竟我们是在和人打交道。阿伦的理念为她带来了韧性，她不畏惧失败，她始终都是这家公司的创新啦啦队队长。

阿伦说："我听过的最好的忠告来自小时候的小号老师——要吹就要大声吹，吹错了也没关系。"

如今的企业需要更高水平的颠覆式创新，在这样的时代里，这听上去是个很好的建议。

与个人进步的联系

我曾在一家硅谷企业工作过。那里有3万多名员工，一度在硅谷呼风唤雨。在很长一段时间里，人们都想去这家公司工作。

但是，无论如何努力，在我为之工作的一年里，几乎没有做成过任何事。我的意思是什么都没做成。当然，我列席过无数次电话会议、参加过数不清的大小会议，还出席了不少有趣的公司活动。但是，有没有真正地向着目标取得进步？完全没有！

有人关心这一点吗？并没有。我们只是在搬弄数字，指责别的部门妨碍了自己的工作，然后为下个季度树立目标。整整一年，没有一丝一毫的进步。我迫不及待地离开了那里。

5年之后，这家公司陷入绝境，被迫降价出售。5年，放在现在就像一生那样漫长。

一家拥有4500名员工的机场科技公司的领导告诉我，在短短18个月里，一家只有12个人的硅谷企业已经夺走了他们一半的市场份额。这些市场份额是这家公司在成立以来的几十年间拼搏得到的。在亲身体会了他们那令人叫苦不迭的采购流程之后，我开始明白为什么他们的工作会出现问题了。

人们需要进步。卓越的人才需要追求卓越的事业。如果这里做不到，他们就会换到别的地方去。如今的"人才争夺战"方兴未艾，没有半点儿放缓的迹象，现成的选择多得是。

不能对所有工作一视同仁

并不是所有的工作都是好的。人们抱怨自己阅读那些抄送给自己的电子邮件花了太多时间。

如果把窃取重要和有意义工作的事物称为贼，那么，我见过的最顽固的惯犯就是思考时间。极具讽刺意味的是：人们亟需思考时间来加强自身的积极性；未来亟需思考时间来实现生存。然而，大多数组织最缺乏的正是思考时间。

想一个数字

有没有问过自己，你的工作需要多少高质量的思考时间？或者，假设可以把一部分事务性工作换成更加具有战略意义的、更有创造力的思考和解决问题的时间，你的工作业绩可能因此得到怎样的提高？

大多数人渴望如此，但无法想象真正这样做的后果。对他们来说，这一连串的问题只是白日梦而已。然而，正如我们在前几章看到的，这正是类似亚马逊一样的创新者正在做的。这些创新企业会根据具体的价值创造所需的时间和努力做出深思熟虑的选择，并制订相应的工作计划。

为什么其他团队不能朝着同样的方向迈出这一步？那些团队没有理由做不到这一点。第四部分提到几种具体方法，它们能帮你做到这一点。

我认为，在谈到建立血脉相连式关系时，做什么并不重要，这可能连问题的一半都算不上——重要的是怎样做。

怎样做

"真正的工作发生在办公桌上。"——如今的经理都懂得他们无法公开认同这种二元论调。然而,很多人的行为透露了他们的真实想法。所谓"真正的工作"式的思维模式依然是创新最大、最不为人注意的障碍之一,且深深束缚着血脉相连式关系的发展。

有些工作确实可以很好地在办公室完成,这是确定无疑的。但是,高绩效创新者身上最有价值的工作可以发生在任何必需的地点。近期的研究支持了这种说法,这些报告显示,"无固定工作地点"员工的平均工作效率比固定坐办公室的员工高出4.4%。那些坐在电脑屏幕前面,一只眼睛习惯性地盯着收件箱的人们很难创造出重要的突破。

究其根本,这是一个信任问题。距离可能产生美,但它更快带来的是领导者心中的猜疑。这些领导的本事仅限于把员工出勤率等同于他们的实际工作效率。

我最近参加了一家著名的英国公司的内部创新促进活动,在多次会议上看到,对于推进更灵活的工作模式、支持更具创造力和战略性思维的做法,公司的董事会着实踌躇不决。

最后,在一次会议上,一位愤愤不平的高管怒气冲冲地说:"是的。但是如果我们让人们在家办公,天知道他们在忙些什么。"每个人都想到了这一点。但很多公司还是选择这样做了。

如果领导者真的希望解放员工,让他们更多地投身于创新工作,帮助公司赢得未来,那么,他们就应该很好地解决信任危机问题。很多组织都存在这个问题。当然,有些类型的工作是否最好在办公室完成,尚且没有定论。我本人也支持合理比例的办公室工作,这样至少可以巩固同事之间重要的关系纽带。

然而,如果领导者真正信任员工,相信他们对于在哪里工作、何时工作能够做出合理的判断,就会带来极大的工作积极性和信任感,而这会反过来培育员工与管理者以及公司之间更深层次的联系。

在你的组织里,有多少员工在下班开车回家的路上一边笑着一边想:"老板很信任我?"

想在这方面取得进步,企业有很多方式可以选择,包括:

- 高管培训:人们通常会在什么条件下最出色地完成工作,如罗恩·弗里德曼（Ron Friedman）的《最佳工作场景》（*The Best Place To Work, and Culture Code*）和丹尼尔·科伊尔（Daniel Coyle）的《极度成功》（*The Culture Code*）可以成为绝佳的起点。

- 挑战高管的思维模式，这种思维模式通常认为，人们应该"继续做好这件事——我们从未有过这些'额外待遇'，看看它能为我们带来什么"。
- 围绕最佳工作方法持续开展实验，并把这一做法常态化。实验会带来关于业绩提升的数据。数据是硬道理。

我听过一次保守高管和营销经理之间的对话。高管问："你的新活动很棒！灵感来自哪里？"营销经理回答："我们登上了一艘游船，一边沿着泰晤士河疾驰，一边在船上开头脑风暴会议。"——死一般的寂静。

- 学习"天生数字化"的组织（如声破天和爱彼迎）和创新巨头（如皮克斯和乐高）的工作方式和最佳实践。
- 考察工作成果，而不是出勤率。我们会在理论上这样设想，但是，在现实工作中，寻求更灵活工作方式的人常常受到惩罚。人们总是觉得他们不够"认真"。

想要加深人们与工作之间的联系，信任的建立是不可或缺的。如果他们在内心深处知道自己不被同事信任，那么，他们所能达到的联系深度一定非常有限。

即使像Decca这样进取的公司，也旧习难改，艾伦不断追求的绩效状态的转变，也需要许多人摒弃20世纪工作方式中遗留下来的习惯和反应。这是一项艰苦的工作，却是必要的工作，同时也是能够获得回报的工作。

与他人的血脉相连关系

"这些人不仅明白这一点，而且正在努力'实现这一点'。"上文如此描述血脉相连关系的这一要素。

当我们跟志同道合的同事们一起努力完成一项任务，并且通过一贯的诚信和卓越表现出自身的投入时，一起奋斗的日子会成为最好的时光。最好的工作成果会出现在最好的时光里。不仅如此，事情可能会更进一步。英国急诊专家爱丽丝·库克（Alice Cook）医生告诉我：

"我们的工作风险很高，常常会遇到喝醉酒的、吸毒的和充满暴力的患者，这意味着我们的工作环境永远存在一种危机感。但是，如果你有了团队的支持，大家并肩克服各种各样的困难，你就会变得坚强得多。"

这种心手相连的感觉并不是天上掉下来的，而是慢慢培养出来的。就像我们在第38章关于排练空间部分看到的，把文化调整到匹配创新成果和风险水平的程度，这是一种极其微妙的工作。

如何培养这种关系？

心理学家认为，亲密的友谊中存在3种最原始的驱动因素：亲近、熟悉、相似。换句话说，我们越是一起度过时间、共享空间、拥有共同的兴趣，就越有可能发展出友情。（这也是为什么我在上文提出，至少有一部分工作应该在办公室里完成。）

若只是在同一个场所里工作，它的作用只能到此为止。每家公司都在这样做，我们的优势在哪里？

见证奇迹的时刻发生在追求深度的时候。

更加坦诚

我们应该记住，在追求更紧密血脉相连关系的过程中，我们真正想要的成果是：在共同探索未知旅程的道路上，在这条充满风险、模糊性和失败的漫漫长路上，每个人充满着足够的热情。

这意味着必须创造一个安全的环境，让人们放心大胆地展现自己真实的、脆弱的一面。这不仅意味着自由地说出真实的感受、实事求是地揭穿皇帝的新装、承认自己怕得要命，还意味着人们在失败时可以有尊严地请求别人支持自己。

无论是这一点，还是书中提到的其他建议，我总是建议从最简单易行的部分做起，逐步过渡到挑战团队的舒适区极限。这就像脱衣服，先从一次脱掉一只袜子做起。

所以，应当如何深入？

我通常使用两种方法帮助团队做到这一点：对话式和经验式。对话是免费的，我们从对话谈起。

血脉相连式的对话

用不着心理学家的辅导（是他们证实了这一点），我们也知道，当与他人共享细节时，我们会感到一种更紧密的联系。但是，在工作场所里，这样的对话并不总是恰当的、合乎时宜的。有时候，我们只是单纯地不想这样做而已。对大多数人来说，脆弱的一面和对羞耻的恐惧都是让人害怕的。

但是，事情并非必须如此。这里提到的并不是泄露什么深藏不露的暗黑机密。那些和我们谈论的没关系。

这里说的是让他人更多地了解我们是什么样的人、是什么让我们充满斗志、为什么如此。这里的"为什么"常常是令人激动的，因为它涉及故事——人都喜欢听故事。

我曾经帮助一群基督教徒做过一次灵修（Spiritual Development）项目，当时，这些教徒已经彼此认识一段时间了，但他们想要追求的事业需要更进一步的坦诚。因此，为了预热，我请他们每个人简单讲讲自己最初是怎样成为基督的信徒的。

噢，我的天啊！

本来，我以为几小时足够了，结果足足用了10小时（横跨了几场会议的时间），而且带给这支团队的影响力令人称奇。到底发生了什么？随着分享的深入，人们的故事从握手般平常到心碎般打动人心，从简单的信息传递发展到了强有力的个人感言。

讲故事的一大好处是人们可以自愿分享自己觉得安全的信息。这里还有一种有趣的互动：如果有人深入一步，分享了一些大家平时不可能了解的情况，就会树立一种自信的先例，后面的人们会遵循这一先例，如果他们愿意这么做的话——他们通常都是愿意的。

虽然我在很多情况下提出，在创新过程中，请领导先发言的做法应该谨慎。但是，在讲故事时，可以请领导先讲，一开始就把调子定好。我们不会强制人们效仿领导的做法，但他们很有可能因此走出自己的舒适区。除非如此，否则人们通常不会这样做。

设计对话

有目的地建立血脉相连式的对话意味着设计正确类型对话的通道，让对话变得更加深入。这通常意味着两点。

1. 创造安全的机会，让对话发生

脆弱性通常是一种安全功能。领导者的职责是向员工了解"安全"应该是什么样的、给人的感觉是怎样的，然后相应地创造安全的环境。这有可能包括地点、有谁参加对话、讨论什么，如果讨论的内容泄露到外界可能会发生什么，等等。

2. 设计对话，扩大舒适区范围，制造更多坦诚相待的机会

我一直强调，人们可以在对话中自由掌控自己袒露多大程度的脆弱一面。但是，在建立了恰当的对话指导原则的前提下，多数人都会愿意变得比对话刚开始时预想的更开放。

对话的设计是一种普遍的技能，也是一门微妙的艺术。但是，我的经验告诉我，女性似乎出自本能地更明白从哪里开始。男性设计者常常过于匆忙，总是过早地直奔主题。但颇具讽刺意味的是，在真正对话的过程中，男性往往需要更长时间来"预热"。

这样的对话大体可以分为3个层次。

第1层次：一般性的、信息性的问题，"什么""如何"和"何时"之类的问题。它们是一开始的破冰问题。

第2层次：比较温和的"为什么"问题，这让人们进一步道出一般性的动机。

第3层次：用来探索根本价值观、假设、信念和预期的问题。

索尼音乐聘请过一位游击战谈判专家帮助公司领导培养更深层次的血脉相连关系。在咨询公司DPA和活动策划公司Shelton Fleming的帮助下，索尼音乐公司在伦敦郊外的森林里建立了一座"充气式游击恐怖分子训练营"（Pop-up Guerrilla Terrorist Camp）。

公司领导被抛到营地里，他们在那里遇到了西蒙·沃尔什（Simon Walsh）。沃尔什是一位人道主义救援专家，他在柬埔寨丛林里的工作包括与当

地游击队谈判。

索尼音乐公司的领导们跟着沃尔什学会了如何应对令人生畏的但又非面对不可的环境。他们结成了两人小组，组织者分发了相关问题，供每个小组探索。这些问题是让高管学员分享工作环境中的故事，主要是在不同层次引发恐惧的故事，找出藏在深处的根本原因，以及克服这些恐惧的策略。

这并不是一种疗法，而是一种温和的、带有指导性的探索，一切都在人们的自我掌控之中。第一次看见人们公开地谈论个人问题、探讨深层次问题，这是一种非凡的体验。而且这一切发生在仿真游击队营地里，这确实有些超现实主义的味道。

很显然，为了建立这样的对话，我们没必要做到这个份儿上（这个营地是为一个为期一周的创新领导者训练营项目建立的）。我在热得让人汗流浃背的会议室里同样辅导过类似的对话。

关键是敏感的、精心的对话设计，这才是最重要的。

共同经历：不劳无获

也就是说，在强大的共同经历背景下进行的优质对话能更迅速地让血脉相连式的关系变得更深入。

和所有的对话一样，不同深度的联系是伴随着不同类型的经历一起发生的。

那些为了克服某种困难而进行的共同奋斗，或者走过某种痛苦折磨的共同经历，通常会带来更深的联系。在职场危机的背景下同样可能形成这种联系。只要一起抵达彼岸，团队关系就会发生某种微妙的转变。

这一点也得到了科学研究的证明。研究指出，共同经历的磨难是一种重要的"社会粘合剂"（Social Glue），它能增强团队的凝聚力和协同性。

但是，守株待兔地等待危机出现，期待这种危机带来更深入的联系，也许不是最积极主动的策略。在追求更高创新业绩的过程中精心构建深层次关系是一种行之有效的好方法，这得到了很多顶级创新组织的验证。

演出开始了

我曾在瑞士阿尔卑斯山为一家全球电子企业举办过一次领导力培训项目，取得了关于这一点的第一手经验。我在这次课程中的角色是一名游客。其中的原因一言难尽，就不在这里赘述了。我要做的就是不显山不露水地跟随这些学员，通过观察他们完成各种困难的任务、旁听他们的对话来追踪他们取得的进步。

这次培训课程为期一个礼拜，它的某些方面让一些学员感到厌烦。对他们中的很多人来说，其中的一个"低光"时刻（Low-light）是他们被告知会有100名小学生在3个小时之内抵达市镇广场，这些领导者要为孩子们奉献一场马戏表演。马戏表演的全套行头早为他们准备好了。我能清晰地感受到这些高管心中岩浆般奔涌的震怒。我当时就站在他们身边。

我并不赞同这种恶搞高管团队的做法（我立即声明，马戏表演真的不是我的主意！），但是，两年之后，当我看到这家公司领导层发生的各种可喜的变化时，内心感到有趣极了。和其他人比起来，参加过那次培训的高管之间明显有着更深一层的关系。

实际上，作为刚刚加入这家公司的新领导，参加过培训的高管们必须特别留意，不要结成特殊的小团体。小团体有时能发挥积极作用，但必须加以谨慎管理。

摇滚青春

2019年，迪卡公司的管理团队采取了一种略有不同的视角。他们没有通过磨难和痛苦来加深血脉相连式的关系，相反，他们主动地选择用4天的时间一起住在帐篷里。现在来看，这是一种投入。可能也算是一种磨难，我想。

不过这个场景自有它美好的一面：营地选在格拉斯顿伯里音乐节（Glastonbury Festival）上。它是英国最早的户外音乐节活动。

阿伦的团队保密合同非常明确："我是一位45岁的已婚妇女，也是两个孩子的妈妈。我平常很少外出。无论格拉斯顿伯里发生什么故事，它只能留在格拉斯顿伯里。清楚了吗？"

热情胜过薪水

我在洛杉矶一家酒店里遇到过好莱坞老牌编剧教练鲍勃·迪克曼（Bob Dickman）。他一边端起杯子，一边斜眼看着我问道："你想知道每一位好莱坞编剧都要遵守的黄金法则吗？一共只有个4字：让我在乎。"

就创新而论，热情远胜于薪水。

每家公司各有千秋，但是对这一点的要求是相同的。与目标、工作和彼此之间的血脉相连式关系是可持续创新不可或缺的动力。这种在乎是不可能自行发生的。但是，通过精心的培育，它们能够——也应该——按部就班地成长。

在乎也是一种关系。血脉相连式的关系是一种竞争优势。

第 40 章

创新搏击俱乐部

在一心扼杀更大胆创新的文化中为创新奋斗,需要具备哪些基本条件?

　　创意常常会引发一连串的情绪连锁反应,并被这些反应过早扼杀。

　　根据定义,颠覆式创意意味着不可避免的变革,这种变革反过来又会激发恐惧和斗争。

　　想要你的创意存活下来吗?不要让自己陷入斗争当中。通常情况下,是你对他人防御性反应的应对方式决定了创意的成败。

　　欢迎来到创新搏击俱乐部,这是大多数组织里的常态。

　　不一定非要成为它的会员不可,尤其是我们在战略、流程和创意之间拥有清晰视线的时候,以及通过设计精良的实验取得了数据,并用这些数据验证了这些创意的情况下。

　　话虽如此,我们都明白,创新并没有遵循逻辑推进工作那么简单。很多情况下,主观性、感觉、情绪、精力、时间安排和不同的优先级别都会让人们抵制自己不熟悉的事物,哪怕只有一点点陌生感都不行。

　　有的时候,这种反应来自人们未能恰当地与创意建立关系,这可能由于创意没有得到很好的呈现、时机不对，或者因为接收者没有时间或精力去充分领会它。

这需要发挥优秀的利益相关者的管理作用。不仅如此，说到底，我们为自己面对的斗争的不同阶段准备得越充分，就越有可能获得成功。

怎样做到这一点？

言必称希腊

首先要爱上自己的创意。等一下，传统智慧不是告诫我们不要爱上自己的创意吗？因为这样会蒙蔽我们的双眼，对客观的意见视而不见。是的，但它只说对了一半。

关于爱，古希腊人有6种说法，每一种强调了爱的一个侧面。这和英语不同，英语无可救药地把爱的所有方面混同在一个词语里。

- 情欲之爱（Eros）：狂暴的、非理性的爱。
- 友谊之爱（Philia）：忠贞的、自我牺牲的爱。
- 游戏之爱（Ludus）：嬉弄的、戏谑的，有时轻佻的爱。
- 慈悲之爱（Agape）：无私的爱，无论对亲近的朋友还是完全陌生的人。
- 现实之爱（Pragma）：眼光长远、耐心、包容的爱。
- 自我之爱（Philautia）：自爱，不加管束的自爱可能变成自恋。

提到爱上自己的创意，我们通常指的是情欲之爱。它充满了情感和情绪，会扭曲我们的思想。对爱的更加整体的把握应该是在热情和审慎之间取得平衡。

通常情况下，真爱关乎选择，无关感受。

这是理智与情感之间的斗争，也是创新工作中最大的悖论之一。我们要对创意具备充足的热情，这能支撑我们挺过艰苦卓绝的斗争，因为创新通常会引发斗争。同时，我们还要做到足够的审慎务实，这样才能知道何时转向，或者何时完全放弃一项创意。

因此，要帮助人们爱上自己的创意，而不是痴迷于自己的创意。前者会鼓励我们做出充满智慧的选择，走过一段压力较小的路。后者呢？它也许只能带来路怒症。

爱，但要公私分明

我们有时会过度迷恋自己的创意，以至于把它从工作的一部分变成了自身的一部分。这是一种危险的立足点。一旦创意受到攻击，我们就会感到自己受到了攻击，做出过度个人化的反应。我们只会更多地关心自己的想法，而不是关心如何解决问题，更不会关心组织的利益。

创新者的工作是管理创意。认真对待创意，但是要拿得起、放得下。

有一种最好的办法能保证做到这一点：假设所有创意从一开始就有某种程度上的错误。实际上，当我们追求颠覆式创意时，至少90%的创意是错的。最具创新性的企业都明白这一点，它们会把快速发现错误创新看作一件值得庆祝的好事。这可能让人觉得有些悲观主义，实则不然。

这需要具备大局观。我们已经发现了值得解决的问题，但还没有足够的资源去解决它。越早发现错误路线，就可以越早把宝贵的资源用在能够解决问题的创意上去。我们更应该关心的是解决问题，而不是热切地期待自己的创意一飞冲天。

"暴击式反馈"

在创意开发过程中，我们会不断遇到两种很不好对付的反馈信息：消极的噪声，它来自凡事喜欢唱反调的人；批评意见，它们说的实际上是对的，但是不免让我们泄气。

每一种都不好受，但还有更不好受的。我们的创意会在意想不到的情况下猝然失败。这无疑是沉重的打击，这种打击有时会让人一蹶不振，从此对创新和冒险敬而远之，避之唯恐不及。这也是我要去拜访一个人的原因——他懂得如何在被击倒之后迅速站起来。

先学会挨打

他就是马尔科姆·哈桑（Malcolm Hassan），曾是一位综合格斗教练。

哈桑曾经为几位英国最顶尖的拳击运动员做过陪练，他懂得遭受重击的滋味。更重要的是，他懂得如何从打击中迅速恢复。

哈桑说："在承受真实的打击之前，先要学会如何挨打。一切是从思维模式开始的。首先要希望自己站在那里——在心理方面、情绪方面和体力方面全面做好准备。"

"这一点对击倒动作非常重要。被击倒之前的精神状态决定了你能不能重新站起来。必须为自己找到站起来的理由：你的内心、你的激情。"

激情是推动人们在工作中大胆创新的动力。同事们一次又一次的打击无法彻底打倒我们。

©卢克·特纳

[注：马尔科姆·哈桑形象设计]

如果拳击手被出其不意地击倒，他们是怎样迅速恢复的？

哈桑说："重击来得太快，它造成的痛苦如此巨大，人们很容易任由震惊和恐惧麻痹自己。你可以选择退缩，但是，如果真的这样做，你可能因此做出一连串的错误决定。"

"所以，必须立即恢复自我控制、重新聚焦、战胜自己的情绪。可以按这个套路来做：站起来、抬起手臂、回到基本动作上来、聚焦、撑到钟声响起。"

哈桑提出了3种恢复技巧。它们可以轻松转化为职场技能，帮助我们应对棘手的反馈和艰难的失败。在拳击台上，运动员要在几秒之内完成这些技巧。值得庆幸的是，我们在工作中不需要那么着急。

（1）重新聚焦。哈桑说："返回自己的一角时，首先要重新聚焦，迅速检查自己的状态。要意识到上一回合发生了什么、自己感觉如何。最重要的是迅速恢复自己的判断力。必须把刚刚发生的一切抛在脑后，重新树立自我信念。在局间休息时，可以坐在自己的一角缓缓地深呼吸，这样很有帮助。"

企业心理学家大卫·莱利（David Riley）非常赞同这一说法："当我们在职场中遭受打击时，一种行之有效的、迅速恢复的办法是诚实地接受身体的感受。人们总是教育我们，要压抑和隐藏自身的情绪。但是韧性是建立在现实的基础之上的。要敢于表达自己的情绪，或者对自己，或者对自己信任的人，这样可以很快抚平伤痛。"

（2）倾听。哈桑接着说："教练会在拳击台的一角帮你重新聚焦，要听他的指挥。他看到了你没有看到的，包括模式、击败对手的方法等。如果你是个有脑子的人，你一定会听他的。但是，如果你过分自大，就会对此充耳不闻。这也许会葬送掉你的比赛。"

这听上去也许不好接受，但是大多数反馈或者失败都包含着某些真实的成分，它们都是需要面对的。有的时候，它说的是我们忽视了某些事物；有的时候，它说的是我们犯了某种错误；很多时候，它说的是一种没人预见得到的情况。没有人做错什么，但它就是让人感到挫败。

无论是哪种情况，作为创意的管理者，我们的职责是客观面对事实。把自我放在一边，认真思考自己得到的反馈意见，确定哪些是对的，哪些是有用的，但大可不必自我谴责。实验本身就是为了熟悉和学习，而学习意味着从一个认识层面上升到更高层面：从错得更少到对得更多。

（3）行动。哈桑指出："下个回合的钟声敲响了，戴上护齿，站起身来，抬起手臂。你现在要做出决定：是按照教练的指导打，还是自行其是？如果你选择信任教练，那么你是个聪明人，不管你的情绪叫嚷得多大声，你都会采取教练的建议。但是，如果你的自我比你的头脑更强大，就会不理教练，就可能输掉比赛。"

也就是说，如果你刻意地忽视重要的反馈意见，只是因为它来自一位惹恼你的人，就可能因此葬送自己的创意，输掉比赛。或者，你让自己的头脑和意志屈从于你的情绪，你选择了"跟随你的心"（Follow your heart），结果也是一样的失败。

这说明实验是非常有用的，主要原因有二。第一，如果跟随来自实验的数据，就能客观地、有力地抵消情绪的不利影响。第二，假如做出了错误的选择，掉进了沟里，实验的迭代性质可以避免造成太大的损失。

尽管如此，创新的大部分过程属于"非完善科学"。有的时候，我们的本能会发挥作用，我们真的会追随自己的内心，并为此付出代价。但这只是例外情况，并非规则使然。

有组织的冒险

但是，如果没那么多打击，难道不是更好吗？创新确实是与现状的角力，但这非要意味着如此密集的伤痛吗？

卓越的组织懂得创新之旅的人性一面，并倾尽所能地减少痛楚。

这位是阿斯特罗·泰勒（Astro Teller），他是谷歌公司充满颠覆性的"X组织"的负责人。

© 理查德·约翰斯顿

[注：谷歌公司的"X战警"负责人阿斯特罗·泰勒（Astro Teller）、"谷歌登月计划"（Moonshots）船长]

泰勒在《连线》（*Wired*）杂志的一篇文章中提到："归根结底，我们都有账单要付，我们都希望身边的人们高看自己一眼。我们因此会不由自主地被吸引到让人感觉心理安全的道路上去，这是人性使然。所以，如果我们想让自己的团队变得更大胆，就必须让大胆的道路上没那么多艰难险阻。"这里需要的正是精心构建的"排练空间"。

对颠覆英国移动通信市场的运营商giffgaff来说，这一理念始于公司的首席执行官阿什·斯科菲尔德。每当员工提出新创意时，他常常挂在嘴边的回复是："先来十块钱的。（Play it to a 10.）"他的意思是把创意继续向前推进一小段，把它变得更锐利，让梦做得长一些。

斯科菲尔德总是轻声细语地说话。他告诉我："如果人们没有带给我大胆的创意，我可能会发脾气。"后来我才知道他是一位空手道黑带。我很好奇斯科菲尔德发脾气时什么样。

当然，那不是giffgaff的风格。这家公司的文化是围绕相互关系建立起来的，它是业内尝试大胆创意最安全的公司之一。斯科菲尔德看重的是在做好眼前工作的同时探索更广阔的未来。他的专注看似温和，实际上没有半点儿妥协余地。他和他的公司为我们树立了一个令人叹服的学习榜样。

必要情况下，要学会如何承受打击。更好的办法是建立排练空间，这更有利于大胆地尝试，以及在战略层面更加步调一致，且风险和代价低得多。如果人们能在放飞梦想，进行小型化、低风险的实验时感到安全，就能发现更锋利的创意，我们的组织就更有可能脱颖而出、发展壮大。

第 41 章
就像开车不放手刹

克服组织创新阻力。

"就算只需要一段价值一块钱的橡皮管来解决客户的燃眉之急,我也得先完成需要10个人签字的复杂手续。"

这是一位心力交瘁的工程师的抱怨,他来自全球最大的建筑企业之一。

这是我见过的最糟糕的官僚主义"肥胖症"的例子,它足以摧毁一切创新动力。

类似的故事、不同的版本,每天回响在大多数组织茶水间的闲谈之中。

数不清的研究告诉我们,员工投入度和客户满意度紧密相关。盖洛普公司的员工投入度专家詹妮弗·罗比森(Jennifer Robison)指出:"世界级水平的文化会激励最有才华的员工创造出无与伦比的客户体验。"

人的进步影响客户的进步,进而影响财务进步。

擦伤

说到底,对客户的关注与和对员工的关注必须是一致的。同样地,要让他们变得无与伦比,要理解他们需要的进步,并且要消除影响他们进步的一切阻碍。

在追求日常进步的过程中,那些每天负责设计和落实盈利性用户体验的人常常要忍受多重"擦伤"的苦楚。

组织的摩擦越多、阻力越大,前进的速度就越慢。也许更糟糕的是,越多的阻力意味着越低的能力和越少的精力,这会阻碍我们积极主动地在客户生活中发现阻碍、消除阻碍。

换句话说,员工的阻力越大,客户创新就会越少。

如果希望人们去尝试新鲜事物、冒更多的风险，就必须保证他们足够在乎它。没有什么比官僚主义产生的阻力更能消耗人们的"在乎"了。

寻找"疯狂制造者"

根据我的经验，体系中运行的重要创意的数量与人们对自身工作投入水平之间存在着清晰可见的联系。如果人们不在乎，就不会为之冒险。

你的组织中会出现什么类型的阻力？有些企业会大量聘请变革和转型顾问帮助它们回答这个问题，但得到的答案通常是极为复杂的。

如果你想迅速找到深入组织肌体的最大的阻力源头，这里有一项简单的测试——请人们匿名完成下面这个句子："×××的情况会把我逼疯。"

通过这样的方式，可以很快得到一张长长的清单，上面写满了妨碍人们最出色地完成工作的各种因素，涉及流程、政策、体系、决策、人、方案等。毫无疑问，其中每种因素的建立都会在某种程度上为组织带来进步。但是，年深日久之后，随着大环境的变化，这些因素更多地变成了路障，而不再是通道。

当然了，答案中的大约10%是牢骚。这些牢骚满腹的人也许早就应该换一份工作了。这只是一种临时应急的方法，用来发现是什么在妨碍优秀的人才做出卓越的工作。也可以让经理们定期提出这个问题，鼓励团队独立解决这些问题。

这同样能迅速提高人们的参与度。

我最近主持过的一次研讨会，是帮助一支跨职能团队为公司的一项业务建立"阻力热图"（Friction Heatmap）。我们的任务是：识别阻碍、评估影响、消除最大的起因。

研讨议程过半时，我发现，这完全不是一次创新的演练。这根本就是一次及时的集体治疗。人们终于能一吐自己对每天都要面对的进步阻碍的愤懑情绪了，他们终于找到一个场所，可以做些什么来对付这些阻碍了。于是，他们毫不犹豫地放手做了。

那并不是一次诉苦大会，而是优秀的人才尽力帮助无意间成为自身发展障碍的公司摆脱困境。虽然人们抱怨8个小时的课程太累了，但是，当他们离开课堂时，每个人都像刚充过电一样。他们重新树立起了当初加入公司时的志向，并为此重新燃起了斗志。

消除阻碍的文化

对桑坦德银行（Santander Bank）零售客户运营总裁菲奥娜·康威（Fiona Conway）来说，阻力是不共戴天的仇敌。她的领导哲学之一是："告诉我你的问题，所有问题！"这真是一句大胆的宣言。在我写作时，英国的银行业正在与几十项监管变革角力，而它们中的每一项都带着极其苛刻的截止日期。

但是康威知道自己在做什么。她是银行业的绩效专家，擅长扭亏为盈。我听说，在这家银行的20 000多位英国员工中，康威团队的工作投入度得分是最高的。

康威说："如果有任何问题影响了同事的业绩、客户的体验或者品牌的声誉，我的团队一定要知道，我们非常有兴趣解决它。如果人们知道我喜欢解决问题，他们就更有可能效仿我的做法。"

这意味着各种阻力会被迅速放在聚光灯下，无处遁形。

不只是简单的问题，康威的团队还以连续解决这家银行最复杂的问题而闻名。他们不断攻克难题的秘诀是什么？一个严肃的问题：在这里做什么是正确的？

无论情况如何，这支团队的做法不变——提出问题、找到正确的解决办法。这里提到的正确不仅指商业上可行，还要符合伦理标准的要求，同时，也离不开最高层领导的支持。

康威指出："每个了解我的人都知道，只要是出于正当的原因、通过恰当的方式、做正确的事情，我会永远支持你。"同时，在其背后还有一套激励指标的支持，这套指标既奖励人们的工作内容，又肯定人们的工作方式，二者各占一半。

年复一年，在康威的转型团队里，"做正确的事"已经成了一种本能式的反应，它深深嵌入了人们的语言和习惯中。

阻力很难在这样的文化里存活下去。这里的人们更有信心和能动性提出难题，并通过创新的方法解决这些难题。

消除阻力

你的组织要如何培养类似的方法，发现阻力、消除阻力？

需要更多创新和发展的领导者一定会把自己看作团队成员进步的促成者。无论从企业生活的哪个维度来看，阻力都会损害繁荣的局面。由于我们总是学着去忍受它，而不是解决它，所以，阻力可能会形成一种"以低效为常态"的文化。

如果你的企业树立了"阻力消除目标"并奖励完成目标的人，就像企业树立销售目标、奖励目标的完成者那样，会带来什么结果？

我认为这样的思维模式非常重要，企业董事会级别的领导不能对它视而不见，桑坦德银行就是个好例子。应该把高管的薪酬同消除阻力的成果挂钩，如规定高管至少出席多少次专门讨论如何消除阻力的基层会议。关于工作是如何完成的，操作团队和高管之间经常会出现双向的现实扭曲，这样的会议可以有效地从两个方面同时完成现实情况的核验。

在正式开始之前，先尝试进行一次阻力发现与消除的实验，为期30天，可以找一位聪明的、进取心强的年轻领导来合作。先看看你们能从实验中学到什么，然后再决定下一步的工作如何向前推进。这样做没有什么可损失的，不过你终于能体会到放下手刹开车的感受了。

毋庸置疑，这离不开持续不断的跨职能部门的支持，其中的关键在于深思熟虑。要呈定地为团队成员追求更大的进步，唯其如此，创新大潮才会兴起。

简化人的进步

几年前，音乐流媒体服务企业声破天就意识到了这一点。该公司的领导者做出了这样的决定：去除阻力、提高员工投入度的最好方法就是放开手。把控制权交给员工，让他们自己决定完成工作的最佳方式。

这家公司把这一战略转化成了具体的成果目标（进步单位）。它还成立了几支由八九个人组成的跨职能部门团队（它们被称为小分队，即Squads），其职责是实现这些成果目标，同时，这些小分队拥有完全的自主权，可以自由决定目标的完成方式。

这家公司认为，身处一线的聪明人最懂得如何最好地解决问题。只要公司不挡住他们的路、信任他们可以完成目标、及时地为他们提供必要的支持，工作就会得到更好更快的完成，员工的投入度也会大幅提高。

众多企业都在效仿这种做法，包括著名银行荷兰国际集团（ING）在内。这家银行力图实现员工工作积极性的最大化和价值创造过程中的阻力最小化。朱利安·伯金肖（Julian Birkinshaw）教授和乔纳斯·里德斯特罗勒（Jonas

Ridderstråle）博士在他们的著作《快速前进》（*Fast Forward*）中称之为"灵活组织机构"（Adhocracy）。

都挺好

本章一开始就提出，人的进步直接影响着客户的进步，进而影响着公司的财务进步；对客户和员工的关注必须是一致的，要让他们变得更好。只有清除了阻力的淤塞，创新的清泉才能流淌起来。

要给员工授权和工具，并奖励他们，帮助他们安全地发现和解决阻碍，无论这些阻碍是在何处发现的。

要帮助员工实现比竞争对手公司的同级员工更好的进步。

如此一来，他们很有可能比竞争对手公司的同级员工更投入地工作、更有工作效率、更加具有创新性。

组织自己的清阻研讨班

针对阻力的斗争是一场持久战。打响这场战斗的方式如下。

1. 开启对话

在下次团队会议上提出阻力问题。让人们看到，这个问题对你来说多么重要，把阻力减到最小程度，并把这作为团队的绩效指标来追求。要让人们知道你不仅非常重视阻力问题，而且更加重视它产生的后果——对他们的工作积极性、工作效率和幸福感的影响。

2. 衡量影响

请团队成员找出工作中最大的阻力源头。通常来说，为此召开一次以解决方案为目标的研讨会是最有效的方法。下面是我在这一类研讨会上经常使用的大纲：

（1）找出你希望团队创造的最重要的价值（或者你希望团队实现的最重要的工作目标）。

（2）依次画出这些价值创造过程的每个阶段。

（3）找到最大的阻力源头，以及它们对业绩的影响（尤其要看它们有没有对客户体验形成连带影响）。

（4）找出造成阻力的根本原因（通过研讨会以外的手段加以验证）。

（5）为最重要问题的解决赋予最高的优先级。

（6）成立团队，探索和解决阻力问题——要容许循序渐进的修正和大刀阔斧的新方法，它们同样可以带来业绩的转变。这常常需要跨职能部门的协同合作，也是团队之间相互理解对方运营挑战的好机会。

（7）把新工作方法融入到组织中，防止阻力死灰复燃。

3. 对话机制常态化

要把阻力问题变成日常对话的一部分（每周和每月至少召开一次会议进行讨论）。越早发现即将出现的进步阻碍，它们就越不可能锈蚀我们的业绩和工作的积极性。

建议每个季度进行一次更加正式的"阻力检讨会"。例行会议中的良好意愿可能会随着时间而淡化。因此，应该更务实地在每个季度定期检视一次阻力的实际情况，把消除阻力的工作变成一以贯之的、考虑周详的追求。

第六部分
引领创新改革

创新常常被称为领导者最重要的三件大事之一,然而,绝大多数领导者的培训和经验都是面向常规管理的。这部分为领导者带来了实用的工具,帮助他们带领组织走上创新业绩的新高度。

第 42 章
创新领导力授权

领导力之旅的平顺与颠簸。

领导创新是一件苦差事，谁都无法否认这一点。

就智力方面而言，它的难度颇高。建立一套高绩效创新生态系统并不是轻而易举的事，它适用于现有的计划性的、以项目管理为中心的技能组合。你可以选择建立这种系统，它可能体现为各种各样的形式和形态。

情绪方面是最困难的。一切的未知、模糊性、赌注、失败的利害关系、前途未卜的结果、遍体鳞伤的自尊、焦虑，谁会主动选择这一切？

我这里有一个好消息和一个坏消息。从坏消息讲起。

创新的领导力授权不会消失，实际上，它正在日益增强。

好消息是，一套行之有效的创新生态系统可以克服很多在创新之旅中的情绪麻烦制造者（Chain-yankers）。

不仅如此，创新还会为人们带来整个职业生涯中回报最高的工作。它把人们与目标联系起来，是一种不可思议的精神食粮。

我有幸与全球数百位领导者有过合作，并从中发现了成功的创新领导者的3个要素：选择、行动、成长。下面逐一讨论这3点。

第 43 章

创新永远不会"自动发生"

领导者深思熟虑的选择可以快速开启创新业绩。

变革不是必须的,就像生存不是必须的一样。

爱德华兹·戴明(W. Edwards Deming)

卓越的创新组织和"普通"组织之间最重要的区别说起来很简单,而且简单得令人难以置信,它就是:选择。

亚马逊、3M、特斯拉、耐克、谷歌、戈尔(Gore)、奈飞和皮克斯都不是偶然成为创新巨头的。它们为此做出过慎重的选择,选择追求一种特有的业绩状态、选择创造价值和指标,并通过这些价值和指标来巩固这一选择、不断前进。

绝大多数的企业都不会这样做。为什么?

我最近正在给一家全球通信企业的高管们上课。在其中一次关于领导创新的对话中,一位高管学员大声说:"领导意味着懂行。"他的意思是"永远知道正确答案"。很多学员在点头,表示赞同。

创新绩效常常是领导者必须掌握的一项职能。如果知识的边界等于探索工作的周长,人们不会太过冒险地追求颠覆式创意。

这很危险。领导团队的集体能力可能成为未来繁荣发展的主要束缚,这太不利了。如果根本没有准备好探索陌生领域,就只能渐进地创新。尽管一定程度的渐进式创新是必要的,但是,在很多行业里,这是远远不足以跟上变革的脚步的。

[创新的这边请！]

ⓒ 理查德·约翰斯顿

不仅如此，打造当今企业的能力与建设未来企业的能力不同。但是，一旦能力为王，选择一种更高创新业绩状态的机会就会变小。

在你的组织的哪些地方，创新只在"有必要知道"的基础上发生着？

选择

麦克斯·帝·普雷说过，领导者的首要职责是定义现实。在这一情景之中，它意味着三个方面的领导者对话：

- 算出不做创新业绩选择的成本。
- 理解高管团队集体能力对创业业绩的冲击和影响。
- 开展行动，重新调整团队关于更高层次探索的信心——我们会在第44章详细阐述这一点。

卓越的、可持续发展的创新总是始于选择。数年之后，当商业杂志报道你的企业时，这一对话的开启可能会被当作你做过的最重要的工作。

你的组织选择了什么？

第 44 章

领导力范围的勘查

在追求更好创新的征程中,领导者必须面对的关键问题。

如果没有地图,世上就不会有太多旅行者。

这也是渐进式创新在大多数组织中清晰标出创造力边界的一个主要原因。

然而,我的经验是,如果高管团队看到了明确的、行之有效的创新框架,他们的焦虑程度就会下降,他们追求更大胆创新的选择就会变得更容易。为什么?因为框架、系统和流程能带来一种可预测性和控制力,这会使得创新变得与业务的其他部分更加相似。

本书的初衷是帮助人们"行动起来"——快速提高创新业绩、切实运用"开启"框架(见图44-1)。

本章的主旨是帮助你确定目前创新业绩及其驱动因素的现实情况,进而思考未来如何前进。

我还开发了一种关于"创新健康状况"的调查工具,可以在belesszombie的网站上下载,然后和你的团队成员一起完成深层次评估。

同时,这里还有一个可以立见分晓的快速实验。它能帮你弄清楚接下来应该走向何方。

确定了"启动"创新战略框架6个领域的情况之后,思考以下问题:

"就我目前创造的条件而言,在多大程度上有利于大胆创意的出现和发展?"

可以快速浏览本书(或者使用本章结尾处的问题),诚实地为自己打出一个分数。下面的每一项都要打分,满分为10分(见图44-2)。

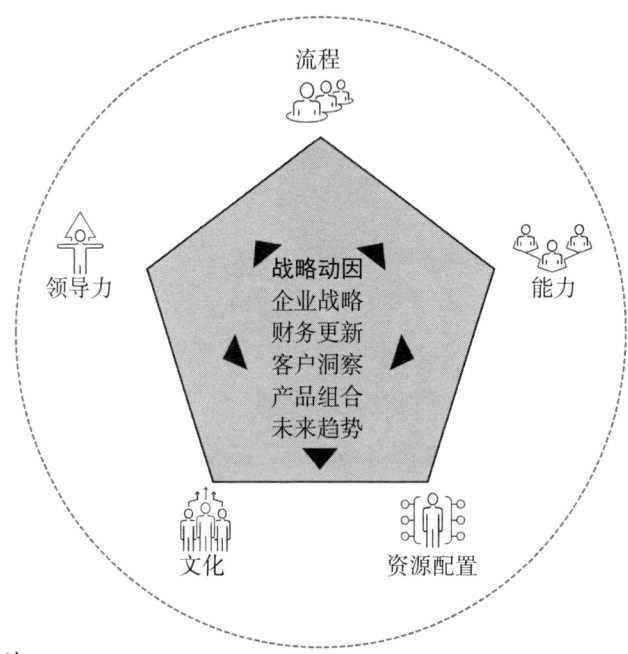

图44-1 "启动"创新战略框架

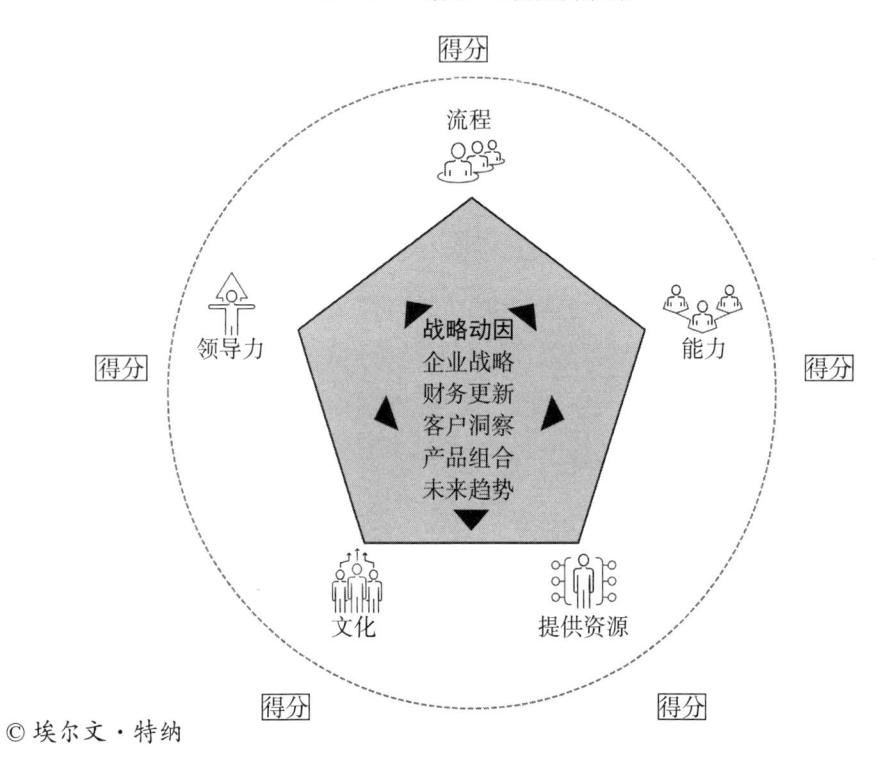

图44-2 "启动"创新战略框架（得分）

哪个领域的更高得分能对你的创新业绩发挥最大的总体影响？

毫无疑问，你对自己在每个领域里的业绩表现有着强烈的直觉。但是，每个人都有自己的盲点，因此，我总是建议人们与自己的直属团队（以及团队以外的人们）对话。这样一来，关于如何最好地向着创新前进，你和其他团队成员能够更好地理解对方的感受、视角和看法。

有了创新健康状况调查作为基础，当领导者出席团队会议时，他们常常会说，会议中的对话是他们遇到过的最重要的对话之一。

团队从一开始就讨论和筹划创新业绩旅程，信心和投入度都会有一个很高的起点，而且更有可能持续不断地深入下去。

创新领导力问题

下面是一个快速参考清单，其中包含了一些最关键的领导力问题。这些问题有利于让创新聚焦在正确的方向上，让"僵尸"不敢来犯。如果你觉得它很有用，想在自己的手机里保存一份，belesszombie网站上有专门制作的可下载版本。

也可以考虑把这些问题散布在自己的日历里，一个星期放一个问题，这样一来，这些原则就可以定期出现在你眼前，供你反思、助你行动。

创新战略

（1）在你的组织里，谁是创新的负责人？谁是创新的出资人？有没有明确清晰的界定？

（2）创新战略的根本在于"进步"二字。你的客户正在努力实现什么重要"进步单位"？员工正在努力实现什么样的重要"进步单位"？应当如何为二者减小阻力、提高流动性？

（3）未来部门问：目前正在发生什么？它意味着什么？我们应该做些什么？

（4）从可能的未来场景倒推，要做到什么才能保证成功？应该如何做好组织工作？

（5）我们的创新战略是在持续不断地演进还是卡在年度流程里？

（6）我们的创新组合是不是恰当平衡的？是否足以实现我们的战略目标？

（7）我们有没有认真降低创新的利害关系、风险和模糊性？

流程

（1）我们的创新产品线中有足够多的大胆创意吗？

（2）问题/机会是什么？谁是胜利者？他是如何胜利的？胜出多少？

（3）我们要重点拨动哪一个"指针"？

（4）我们对问题/机会情景的了解有多深？

（5）它是一项功能、一种产品还是一项业务？

（6）我们要回答的设计催化问题是什么？

（7）人们是不是处于有利于产生优秀创意的适当状态中？

（8）我们关于产生大胆创意的培训课程的有效性如何？

（9）有没有发现决定我们创意的"信仰飞跃"假设？

（10）我们的实验有没有做到"事半功倍"？

（11）创新投资是不是"按照学习所得付费"式的？也就是说，我们是不是用学习来解锁投资的？

（12）关于这项创意的吸引力、可取性与可行性，数据说明了些什么？

（13）我们的团队成员能不能围绕机会、创意、实验和商业案例讲出动人的故事？

（14）在设计带有"不公平优势"的商业模式方面，我们的表现如何？

能力

（1）你的个人创新领导能力可能在哪些方面限制了团队的业绩？

（2）我们的创新理想有没有得到充分培训和员工发展机会的有效支撑？

（3）我们的创新成果、流程和能力是一致的吗？

（4）我们在设计和维系有利于创新环境方面的能力如何？

（5）对内部资源的依赖性是不是限制了我们发现、完善和完成真正标新立异创意的能力？

文化

（1）我们有没有把文化与成果统一起来，或者我们希望通过"一刀切"式的文化来实现渐进式和颠覆式创新吗？

（2）创新项目无法与现有业务线完全匹配，领导者和管理者有没有专门围绕创新项目打造"排练空间"？

（3）我们的团队成员有没有与同事、事业以及目标之间建立起血脉相连式的关系？这是大胆创新的动力源泉。

（4）人们有没有感到足够的安全感，来提出未来需要的创意？

（5）我们有没有在组织内不断地追踪和消除阻力的源头？

资源配置

（1）我们有没有战略性地为未来做出投入？或者只是做些零星的、买彩票式的投入？

（2）在为创新做出投入时，有没有考虑到金钱以外的因素？

（3）我们有没有足够的"把事做成"的人才，来辅助组织内的创新工作？

（4）我们的规划流程是有利于创新的，还有有碍于创新的（速度、数量、大胆性）？

（5）我们是不是依靠太少的人推动太多的创新工作？

领导力

（1）我们是否有足够的创新支持来彻底把握公司的命运？

（2）就某个月而言，领导者应该在运营当下业务与追求战略和创新之间最多投入多少时间？

（3）关于创新，我们的战略性充分吗？还是只要见招拆招就好？

（4）我们有没有真正地为创新战略的结果负起责任来？

（5）领导团队有没有束缚未来的繁荣发展？如果有，具体体现在哪些方面？

（6）如果要追求更多的创新，哪些人应该做出改变？如何改变？应该为哪些机制提前做好准备？

（7）我们的未来最需要哪种类型的领导者？我们致力培养这些领导者的积极性如何？

类似这样的现实定义问题应该常伴领导者左右。它们有利于驱散那些看不见的企业麻醉剂，这些麻醉剂会让领导者在驾驶企业战车时犯困。

可以把这张清单当作你的"第一道10分题"，更好的做法是建立属于你自己的清单——现状哼唱着催人入眠的小调，这些问题的有效设计可以帮助你的组织保持清醒。

第 45 章

放开胆子发展

要诚实地对待你的创新领导能力和个人发展历程。

选择在企业层面"行动起来"势必对个人发展提出要求。这可能非常困难，因为很多高级领导者认为自己早已在过去的20~30年完成了个人发展。

多数领导者是从传统的高管发展道路上一路跋涉而来的。然而，这条道路上的培训内容主要是如何更好地运营"现今"的业务，这对如何有意义地探索未来并没有太多切实的帮助。

用不着太多的豆袋沙发

我曾和全球最大报业集团之一的董事会有过合作。在介绍情况时，有人提醒我："他们尝试过硅谷式的工作风格，把转椅换成了豆袋沙发，但是不管用。"

虽然培训项目确实在创新领导力方面做出了深入挖掘，但因为这家企业的工作都是围绕现状展开的，所以，当这些高管返回工作岗位时，惯常的一套依然顽固地主宰着他们的工作，根本没有改变。

没有哪位领导会诚实地说自己拥有领导可持续的、更大胆的创新必不可少的经验和培训经历。尽管我笃定地相信适当类型的领导力培训的作用（这种培训大概占了我整个工作的一半左右），但是，我个人认为，这种领导经验的绝大部分只能在实际工作中获得——其中，首当其冲的就是战略规划工作。

不过，还是有一些有用的起点可以利用。接下来的4章会提出一些关于个人发展的建议。

第 46 章

这需要一位领导者

有些创新的大门只能由领导者打开。领导者必须打开它们。

有些大门只有领导者才能打开。战略性创新就是其中之一。如果领导者不支持，战略性创新就不可能发生。

我最近完成了一项面向25家企业高管人员的调查，询问哪一种变革可以在他们的组织中解锁更重要的创新。下面原文引用其中的一部分回答：

- 显而易见的高管支持。
- 有时间探索新创意。
- 具备真正积极意图的合作。
- 以不同的方式思考并敢于承担更多的风险。
- 给创新项目成功必需的时间和预算。
- 接受失败。
- 整体思维，不要过多地回避风险。
- 让创新成为每位员工的KPI，高级经理以身作则。要赞美那些勇于尝试创新的人和事，树立好榜样。
- 明确的创新战略。
- 决策更快。
- 接受和承认失败。
- 在团队/个人层面为创新型想法赋能。
- 一个没有结果的创新项目并不代表失败，要懂得这个道理。
- 创新线索。

- 用于实验的预算额度。
- 改变高层管理风格。
- 更少的孤岛式工作、更少的层级。
- 成立管理委员会来领导此事。
- 多种技能的持续介入，在全面投入之前取得更全面的认识。
- 更快节奏地工作。

我大胆地猜想，很多读者会觉得这张清单很面熟，因为引发这些建议的问题是非常普遍的。

归根结底，这些问题中的大多数都可以追溯到领导者的根本偏好上面。

全面的、战略性的创新，是致力于发现健康的、可持续发展的未来的创新，而这只能发生在领导者坚定投入的情况下。

这是因为，只有领导者能确定战略、调动成规模的资源、打破坚如磐石的部门壁垒、决定奖励策略、塑造可以有效协调规模化创新的文化。

这并不是说，如果没有领导的支持，就不会有任何创新。我认识的很多充满勇气的中层经理都可以证明这一点。但是，创新所能达到的上限总是与领导层的支持程度紧密相关。

这是进入个人发展的第一步：认识到一切全靠你自己。每个人都在等着你做出些不一样的工作。这常常是很难做到的，但它永远是应该去做的正确的事。

所罗门王（King Solomon）说过："义人增多，民就喜乐。（When the Just are in Authority, the People Rejoice.）"这句话放在这里可能有些言重，但是面向战略性创新的选择正是一种面向未来的，为股东、客户和员工负责的"正义"选择。

你的进展如何？你还在等待别人做出选择吗？你的高管团队还在指望着对方，或者指望着首席执行官做出选择吗？很多时候，因为组织里没有一位高管对创新业绩之旅具体负责，这一选择会落空，高管们甚至从未对此进行过一次像样的讨论。无论哪种情形，你能为下一步工作做出的最好安排就是帮助他们做好选择。你准备怎么做？

第47章

你就是用户体验

你的因果关系以及它对创新的影响。

"他狠狠地拍着桌子,因此引发的涟漪效应极其迅速地传遍了整个组织,快极了。"

某家欧洲最大的技术公司中排名前30位的一位领导这样向我描述公司首席执行官大发雷霆的结果。然后他赶快补充了一句:"但是,他真的是个好人。"紧接着又补充了一句:"如果我们能完成业绩数字的话。"

人人都会造成涟漪效应(见图47-1),但有些人的"鹅卵石"比别人的大。

当一家组织追求更大胆的创意时,最重要的是员工的安全感。低安全感会导致低脆弱性。低脆弱性会让人们只"摘取低处的果实"——只追求触手可及的创意。

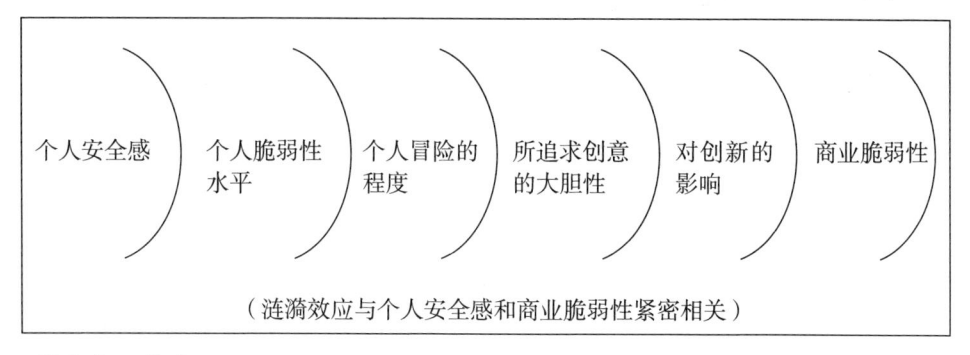

个人安全感 → 个人脆弱性水平 → 个人冒险的程度 → 所追求创意的大胆性 → 对创新的影响 → 商业脆弱性

(涟漪效应与个人安全感和商业脆弱性紧密相关)

© 埃尔文·特纳

图47-1 涟漪效应

领导者务必清楚地认识到,他们的言行举止会产生涟漪效应,这有可能损害员工的安全感。

无须更委婉动听的说法——领导者的"用户体验"直接影响着公司的命运。

所以，领导者应该如何升级自己的用户体验，鼓励更加大胆的、围绕他们自身展开的创新？在为创新的成功创造更宽广的必要环境的同时，我还会鼓励领导者不断反思另一个问题：

"我有没有成为一个容许失败的安全之所？程度如何？"

根据我与几百支团队的合作经验，很多领导者会高估自己的Trustpilot（全球最大的电子商务用户平台）得分。当然，可能你原本就不觉得这有什么好惊讶的。

更大胆的创新面对的是未知情形，它需要验证各种假设。这就意味着，在求"新"的道路上，一定会出现失败。我们可以设计工作方式，限制失败的影响（如最小可行实验，即Minimum Viable Experiments），但是，失败依然是不可避免的。不只你的公司，你的每一家竞争对手的领导者也要面对同样的挑战。

创造环境，让人们认为失败是安全的，这是竞争优势不可或缺的一种表现形式，也是大胆创新的根本要求。

打下安全的基础

共同的价值观和决策原则会为安全感打下牢固的基础。如果每个人都清楚"这里的工作方式"，那么，各种因果关系就会变得更容易预测。如果情况正好相反，人们只能战战兢兢、如履薄冰。在这样的环境里，大胆的创意可能比三黄蛋（Triple-yolkers）还要稀有。

让正确的价值观塑造恰当的行为，让恰当的行为推动政治、尊重、优异、学习、和善和乐趣，就更有可能创造出安全的环境。

这种环境可能创造出一种强有力的悖论。尽管这有可能在整个团队的范围内造成一片混乱，但是根深蒂固的安全感会带来强大的韧性和恢复能力。

这是一种卓越的团队对话。从未来的目标向回倒推，以更好地理解团队做出最优绩效所需的"空间"，并对保证集体成功必不可少的价值观和行为达成统一意见。可以使用图47-2的滑块工具来帮助确定什么应该多一些、什么少一些。

我们可能要确定一些"从……到……"式的行为转变。要想清楚如何完成这些转变，还要确定团队成员如何在整个过程中更积极地为彼此负责。

演出空间
卓越的运行

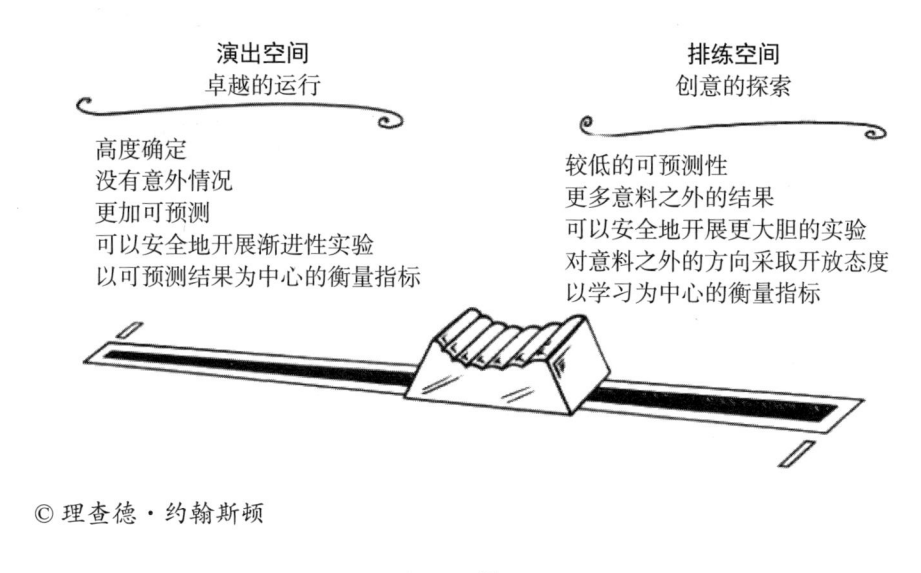

高度确定
没有意外情况
更加可预测
可以安全地开展渐进性实验
以可预测结果为中心的衡量指标

排练空间
创意的探索

较低的可预测性
更多意料之外的结果
可以安全地开展更大胆的实验
对意料之外的方向采取开放态度
以学习为中心的衡量指标

© 理查德·约翰斯顿

图47-2

更深一步

设计这种共同空间是种很好的一般性演练。但是，当涉及围绕某一既定项目或者创意营造安全感时，众人的焦点可能会变得更集中，焦虑感可能因此急剧蹿升。出现这样的情况时，则需要深入研究。

首先，要认识到我们为他人创造的体验是依据情景而异的，是基于多种因素的作用之上的，这一点很重要。

这里的关键在于自知自觉。要清楚自己的所思所感，还要明白为什么。这并不总是那么容易做到的，尤其当我们以很快的速度在复杂的环境中行进时。

如果你从未做过情商的研究和辅导，我强烈建议你把它作为一个重要的步骤来对待。这是你提高能力、在自己身边建立更安全环境的必要步骤。

关于你创造的体验，尤其是有关安全感的体验，可以直接从团队成员或者其他关键利益相关者那里取得反馈意见。这也是一种很好的方法。尽管360评估工具可能很有帮助，我们还是要考虑一些特别的因素。例如，过去的某些事件使得人们在你身边时感到犹豫不决？是不是因为你做过这样的事，所以产生了那样的结果？

有些事的影响极其深远，要在人们继续工作之前尽快解决它们。要持续不断地追求自己与身边团队成员之间的关系带来的力量，这是追求团队业绩必不可少的，也是领导者的特有职责。要做到宰相肚里能撑船。就算这意味着为了很久之前的旧事向他人道歉、寻求他人的原谅也没关系，这是经过实践检验的、最能消解潜藏的紧张关系、恢复信任与绩效的两种做法。要以身作则地做出这样的选择，这是卓越领导力的表现。

很多时候，你可能不太注意这些问题。要创造机会主动发现它们，这项工作既重要又难得，还需要极大的勇气。

"我"的使用手册

但这一切用不着那么严肃压抑。实际上，你可能会发现，事情越是轻松愉快，反而带来越大的进步。

例如，可以考虑让团队为新成员制作一份"'我'的使用手册"。可以有意地把它做得轻松活泼，以营造出一种情景，帮助你更好地理解人们是怎样看待你的。如果你所提出的问题是经过精心设计的，那么你有可能获得一些非常有价值的发现。例如：

- 如何与你沟通？
- 什么会真正惹怒你？为什么？
- 你通常会召开什么类型的会议（时长、目的等）？
- 当人们有求于你时，什么最能打动你？
- 怎样把重要的创意推销给你？
- 接受你的月度评审是什么感受？
- 什么会让你生气？
- 什么让你开心？
- 你一直没有发现自己的哪些偏见？
- 一天中的哪个时段应该躲着你走？

……

这是一种好方法，它把关于人们如何认识你的各种假设摆到台面上来，通过不具威胁的方式解决所有误解。它还可以带来数据，帮助你调整与人们打交道的方式——不断提高人们的安全感。

类似这样的方法还有一种意料之外的好处。它能在不知不觉间在你身边建立起一定程度的信心和尊重，因为你首当其冲地做到了开放，实现了类似的转变。

《混乱的中程》（*The Messy Middle*）的作者斯科特·贝尔斯基（Scott Belsky）指出："只要真心实意地渴望（并且积极地追求）直接的、实时的反馈意见，你就能达到更高的层次。它是领导力逃逸速度的一种表现形式。"

提高你的安全感

到此为止，我们谈论的都是如何增强他人的安全感，鼓励更重要创意的产生。

真正开始这项工作时，你自身的安全感可能会突然变得摇摆不定。在图47-3模型中的"该创意带给我的感受"圆形中，有很多因素可能让你紧张，你可能会说"这真是一个有趣的创意"，实际上，它让你心里充满了恐惧感。

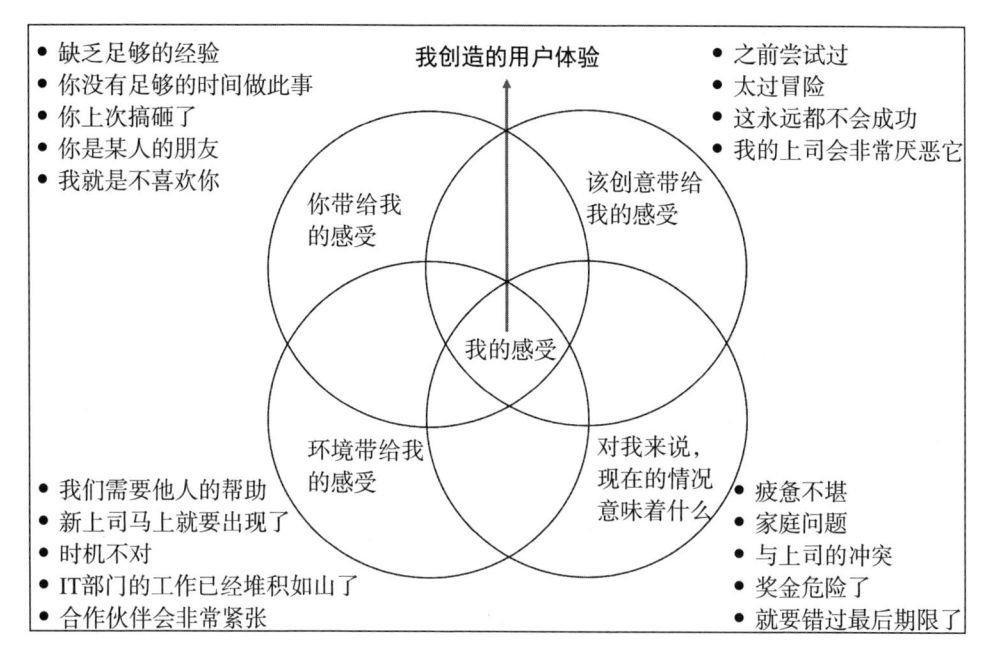

```
• 缺乏足够的经验           我创造的用户体验        • 之前尝试过
• 你没有足够的时间做此事                        • 太过冒险
• 你上次搞砸了                                • 这永远都不会成功
• 你是某人的朋友                              • 我的上司会非常厌恶它
• 我就是不喜欢你
                   你带给我      该创意带给
                   的感受        我的感受

                         我的感受

                   环境带给我    对我来说，
                   的感受        现在的情况
• 我们需要他人的帮助              意味着什么     • 疲惫不堪
• 新上司马上就要出现了                          • 家庭问题
• 时机不对                                   • 与上司的冲突
• IT部门的工作已经堆积如山了                     • 奖金危险了
• 合作伙伴会非常紧张                            • 就要错过最后期限了
```

© 埃尔文·特纳

图47-3　领导力用户体验示意

对创意产生过敏反应的理由有很多，且大多说得过去，但我们经常用各种各样的理由掩饰自己对不确定性的深恶痛绝。出现这种情况时，应该和创意提出者共同制订应对计划。

不需要立即实施这个计划。可以要求多一些时间来思考这个创意，利用这段时间来探索引发自身焦虑的原因（上文的用户体验工具可以发挥帮助作用）。

问问自己："对我来说，为了对这个创意产生更多信心，需要做到些什么？"下面的方法或许有所帮助。

- 商定一套核查沟通时间表：创意提出者应该在什么时间与你核对情况？讨论哪些信息？期待的实际进步是什么？这样可以避免项目出现长时间的静默。人们总是在没有消息时往最坏的方面想。
- 事先确定，在什么样的情况下，你们会在这一安排以外的时间开会（如发生意外事件等）。
- 就自主权和问责制之间的平衡达成一致意见：创意提出者需要多大程度的自由空间？哪些决定必须有你的参与？
- 降低利害关系：永远追求用最少的投入获得最多的学习所得。这样可以让每个人夜里睡得更踏实，因为失败的痛苦变得更容易承受了。
- 商定每个阶段实验成功的衡量标准。这样可以防止一厢情愿地把创意推进得过远。这无疑需要细心和灵活性，同时，为了把项目推进到下一个资金层次，也要事先商定一些决定条件，这同样是非常健康的做法。

无论你的担忧来自哪里，要通过合作找到办法。办法总会有的。

与此同时，应该培养团队成员在与你分享新创意前多多进行这种思考，把它变成自己的习惯。可以鼓励他们思考，他们的创意可能会让你作何感想？为了减轻你的焦虑，他们可以做些什么？可以和他们分享你在评价创意时考虑的各种机制，这会带给他们很大的帮助。鼓励人们设身处地地站在你的角度思考问题。这对他们是一种良好的领导力方面的培养。总之，要更多地人性化地行事，更少地像僵尸一样行事。

你的"用户体验"是一个重要问题。你带来的涟漪效应会直接影响创新业绩（包括积极影响和消极影响）。所以，在追求更大胆创意的道路上，要优化你带给他人的体验，为人们创造更多的安全感。只要这样，人们才能释放出潜在的创造力。

第 48 章

面对个人意义

领导者一旦停止学习,每个人的未来都会受到威胁。有些很少提及的问题可以帮助解决这个难题。

拉斐尔·奥尔塔曾是eBay和乐购的高管,如今是英国金融超市网站的首席产品官。奥尔塔指出:"在大多数企业里,10年后领导公司的人们如今都没有走在成为未来领导的正确的职业发展轨道上。"

对那些耐心排队、等待获得高管职位的高级经理们来说,这是一种充满威胁的前景。这也在高管团队中——尤其是在那些意识到自己的影响力越来越低的高管中间——成了不可言说的焦虑感的源头。

高速的变革意味着技能和经验的半衰期越缩越短。创造了今天的事物不大可能出现在明天。多数领导者需要完成思维模式的转变:从对过往经验的自信转变为对崭新经验的追求。

当能力和舒适区支配创新进程时,会引发两种不易察觉但又极其强大的连锁反应:

- 渐进主义(Incrementalism),它是舒适区的变相延伸。
- 如果一些创意触及不熟悉的领域,我们会过早地放弃它们。

奥尔塔说:"后数字时代的品牌构建工作与前数字时代截然不同。从蓝筹股巨人那里挖走高管,然后万事大吉,这样的做法不再灵验。他们的技能组合也许并不是你的未来需要的。"

根据奥尔塔的说法,未来的高管必须更加擅长技术战略和数字业务建模工作。他说:"在今天看来,拥有这些专业技能的人普遍缺少掌管企业的领导技能。这是真正的领导力挑战，是董事会应该全力解决的关键问题。"

这归根结底是人才战略问题，它理应包含一些困难的——但归根结底是健康的——内省与规划。

作为这个过程的一部分，认真追求公司未来繁荣（以及作为其前提的创新）的领导者应该考虑以下问题：

- 我们理应在什么样的情况下让位或者重新设计自己的角色？怎样知道自己的个人能力或者团队能力让我们变成了战略弱点？
- 关于自己对变革的抵制，我们有清晰的认识吗？如何在它出现时发现它？
- 基于行业可能的未来发展轨迹，我们的领导者在5年之内出现个人失败和集体失能的可能性有多大（如知识、认知可信度、对企业的价值、关系、认同感等方面的有用性损蚀）？这可能带来怎样的启示？
- 领导者的个人动力是不是与公司的成功相悖？例如，高位和高薪有没有让他们做出的决策更有利于保护个人的职位，而不是为了公司的发展繁荣？怎样的"安全阀"可以帮助避免这一诱惑？
- 职位vs影响力：在职业发展过程中，有没有因为过分强调某一特定职位的获得与保有（例如，"我的目标是成为首席技术官"等）而牺牲了必要技能与经验的培养，而这些技能和经验是公司在未来获得影响力必不可少的？很多时候，二者是紧密相连的。
- 为了实现最大的影响力、支持适宜水平的创新，学习者需要掌握哪些新技能和新经验？公司如何知道他们已经培养了足够的能力？
- 领导者没有为失去什么做好准备？他们由此会极力控制些什么？这些控制行为是如何表现出来的？它们带来了哪些启示？
- 董事会的现行学习策略是什么？如何防止领导者降低其个人发展的水平，导致影响力的下降，并最终威胁到整体繁荣与进步？

直面这些问题并不是件轻松愉快的事。很多时候，要么是因为缺乏足够的个人积极性，要么是因为没有一个可以公开讨论的场所，让人们冒险袒露脆弱的一面。我们在公开场合与同事透露的、在私人场合和朋友讨论的、在隐秘的角落里独自害怕的，并非总是和公司的长久命运保持一致。这其中的利害关系太大，可能失去的东西太多。

然而，归根结底，这些直面现实的问题属于正直和负责任的管理的一部分。如果人们保护自己先于保护公司，就相当于在体系中埋下了一段隐秘的、致命的薄弱环节。在内心深处，回避正确选择带来的内心斗争终将慢慢耗干我们的斗志。

如果没有通过健康的方式探索这些问题的机制，创新和未来的意义就只能被个人利益牵着鼻子走。个人利益通常是随着环境的变化而变化的，而不是由战略决定的。

因此，对你的领导者们来说，为了定期追问类似问题，他们需要做到什么？归根结底，这些问题会被归结为一个简单的、包罗一切的问题："未来要求我们成为怎样的人？"这个问题永无止境，要持续不断地追寻它的答案。

第 **49** 章

忍受颠簸

怎样带领人们走过更艰难的创新征程?

对很多人来说,今天较小的但是笃定的奖励远比明天更大的、可能的奖励更有吸引力。这是人们无法为创新进行良好投入的根本原因之一。

这同时指出了建立有意义衡量指标的创新战略的一项益处——它会迫使我们做出那些明知对自己有益的事。通常,我们会轻松愉快地牺牲这些事,用它们换取短期的、确定的"成功"。

尽管如此,强制的遵从也可能带来精神上的桎梏。如果我们内心深处是在等待机会、逃离创新选择、找寻一条更轻松的路,那么,创新选择反而更有可能在未来的某个阶段等着我们。

"毫不吝惜"地把思维模式转向创新方向,这是一种意义重大的追求。

因为它已经成了日常工作的一部分,所以可能需要一定的时间才会发生。这里介绍一种有用的技巧。

改变你的时区

有人说过,"风物长宜放眼量"。在应对短期痛苦时,如果我们能放大自己的视野,今天的问题可能会显得更微小、更容易忍受。

创新也是一样的道理。无论是选择开始一段未知的征程,还是在一连串意外的实验失败后咬牙坚持,人们总会觉得放弃比坚持来得更容易。

如果能定期让自己沉浸在未来目标中,再艰难的短期选择也会变得容易得多。

这一点在很多层面上发挥着作用:首席执行官们提出引人入胜的愿景,以增强企业的前进动力;团队一边开始前途未卜的项目征途,一边憧憬着硕果累累的美好画卷。

因此,要培养定期审视未来的好习惯——无论是个人层面还是公司层面,都该如此。在每个可以在团队中引发"战略想象力"的创新项目的一开始,都要刻意做到这一点。要为我们追求的未来和它带来的种种益处描绘出一幅共同图景。接下来,不断提醒人们以下两点:

(1)这一未来图景是什么模样的(如果我们死盯着眼前的台阶不放,终点目标很快就会湮没不见)?

(2)已经走了多远(感受进步,这是充满不确定性的征途中必不可少的驱动力量)?

清晰的长期图景可以改变我们看待和应对短期挑战的方式。

说到底,这是在帮助人们不断回答一个有关创新和变革的最重要的问题:"这值得吗?"

第七部分

开启、提高

读完了这本书，你已经准备就绪了。但是，从何做起呢？"第一天"应该是什么样的？这部分会为你提供一些实用的起点。你可以从这里出发，逐步提高创新业绩。

第 50 章

启动

开启创新业绩的"第一天"战略。

完璧归赵是我最喜爱的词语之一。它指的是把丢失或被窃的物品归还原主。

对很多企业来说,这一"物品"是未来的繁荣,它的命运就掌握在今日种种选择的手里。

希望本书能帮你在组织中成为完璧归赵的代言人。用可重复的方式开启创新是一个人能为组织留下的最重要也最有价值的遗产之一。

万事开头难,这句话有时说得对极了。一家澳大利亚银行的高级副总裁曾经给我打电话探讨创新战略开发问题。在我们的谈话接近尾声时,她问我:"这次谈话真的太有帮助了。但是,我究竟应该在第一天做些什么?"

这是个绝佳的问题,它的答案不可避免地依赖于创新正在以怎样的方式出现在你的组织里。尽管如此,假设你的创新起点处于接近地面层的某个地方,那么,下面关于第一天的建议供你参考。

1. 选择

如果你对开启创新三心二意,那它一定会遭到现状的无情扼杀。所以,最好的起点应该是决意投身于创新事业。

这始于你对创新的选择本身,接下来,很有可能需要帮助身边的人——尤其是领导干部——选择开启创新。从何做起呢?

首先,要帮助领导者看清开启可重复创新的成本和收益。通常情况下,我们很难同时做到既拥有一块蛋糕(面向未来的创新),又享用这块蛋糕(今日的卓越运营)。我们很难给出令人信服的道理。

其次，指明前进的道路，让人感觉创新是做得到的。这个问题在很多时候意味着向高级领导者说清"如何"的问题。如果领导者没有管理创新的经验，他们通常看不到事情的全貌和可行性。如果人们觉得创新模糊不清，通常不会给予它支持。

以下3点有助于解决这个问题：

- "启动"创新框架——如何实现全局与战略的匹配和统一。
- 清晰表述创新流程——创意产生和发展的阶段（见论述"流程"的相关章节）
- 实验——帮助领导者看清可以如何显著降低创新的利害关系，这会让他们对创新的兴趣日益增强。

2. 算清成本、让它变得更重要

如果没人在意创新，什么都不会发生。很多情况下，开启创新被视为一种负担。当所谓重要的工作已经堆积如山时，创新被看作毫无必要的干扰。

那么，为什么说创新是重要的？为什么应该让日常工作为别的（同样重要的）优先工作让出一部分舞台？

这可能也是你个人"选择"的一部分——帮助你更清楚地认识到，为什么这一点如此重要。同样地，要帮助他人了解创新的必要性，就必须做到这一点。

在这里，建立并清晰表述未来场景是一种非常有用的工具。你可以从很多不同的方式开始：

- 找几位同事一起撰写一本关于未来的电子书，描述未来的威胁和机会，在组织内部传阅。
- 找一位漫画家朋友，画出未来的图景，用在你的PPT里。
- 组织一个午餐小组，一边用餐一边谈论未来及其带来的启示。
- 邀请未来趋势专家做报告。
- 寄送书籍和其他学习资源给领导者——必要的话，可以匿名（"约翰，这是一些重要资料，我觉得你可能会喜欢。"然后在落款处签上一个连你自己都认不出来的名字）。
- 邀请首席执行官抽出5分钟时间，听你讲述创新迫在眉睫的重要意义。请他就如何向前推进这一对话说说自己的想法。领导者通常很喜欢深思熟虑的、形象化的工作提议。如果能就未来的发展和盈利能力指出实在的薄弱环节，领导者会更喜欢。

这些只是建议。你会知道什么更适合自己所处的具体情景。关键是行动起来，策划和推动对话，讨论未来，讨论公司眼下需要为未来做些什么。接下来帮助尽可能多的高级领导者看清行动的必要性，明白未来如何依赖于他们现在做出的种种决策。

坦诚地说，这可能是一段荆棘密布的孤独苦旅。因此，建议你不要单枪匹马地奋斗。找一些志同道合的朋友，相互支持和鼓励，建立一支隐形团队。

共同设计一项为期100天的参与计划，它的目标是影响至少1位董事会成员，使其通过更富有战略性的方式支持某项工作的创新——即使是一项不起眼的边缘工作的创新（它往往正是开始和学习创新的最佳地点）。谁是最有可能的董事会成员人选？为了让他支持试点工作，我们需要为他创造怎样的体验？要富有创造力、要充满战略性、要锲而不舍。即使最终不得不把目标换成董事会以下级别的人选，这样做终究是值得的。

3. 从未来倒推

绘制一幅旅程地图，描述组织（或者你这一部分的组织）如何进入创新业绩更高的状态。

该战略需要在3~5年实现什么样的成果和影响力？如果现状极难改变，我们真的能实现这些成果吗？如果不是，那么，基于新兴趋势来判断，想要实现这些成果，我们必须保证做到哪些工作？

以半年到一年的时间为基准，逐步倒推，不断地问"这需要做到哪些工作？"直到抵达今天为止。这样可能带来清晰的、可测量的结果，并运用"启动"创新战略框架中的标题指导对话。这样可以把讨论转化为行动计划的原型。

下一步，接触更大的员工群体，测试该计划的关键假设，去除细节，建立最终的计划，其中务必包括某些需要董事会成员（或者我们能够动员的最高级别的领导者）负责的衡量指标。

4. 争取时间

大型组织中最常见的创新阻碍是时间。现状常常理所当然地、理直气壮地占有全部资源，我们不得不刻意拿回原本属于未来的那部分资源。

最理想的做法是在设计创新战略时完成资源配置的战略性选择。释放时间的最快方法是授予团队权力，帮助他们停止或者减少低价值工作。考虑到团队最具价值的成果，可以召开一次研讨会，让人们畅所欲言地分享自己在一个星期或者一个月中分别被哪些不同类型的优先工作占据了多少时间。然后提出问题："为了腾出时间开展更有战略价值的、包括创新在内的创造性工作，应该叫停或者减少哪些工作？"

这一做法更适用于领导团队，而不是所有员工。

这一做法也是探讨应该让开会和电子邮件占据我们多少时间和精力的好机会。关于这一点，可以参考本书第34章关于创新资源配置的讨论。

至少也要保证对时间的控制权，否则，现状会代替你控制你的时间。

5. 训练人们从大处着眼、小处着手

传授人们构建卓越问题、创意和实验的基本技能。虽然这些都很重要，但我会把更多的注意力放在实验上，因为它对培养领导者对创意的信心具有巨大的影响力。

6. 开展工作、分享工作

只要人们懂得了如何开展实验，就可以推动他们开始这项工作。即使这只发生在你的团队范围之内，也要选择建立一种实验的微型文化，要不断学习（尤其要向实验产生的意外结果——也就是失败——学习），要注意与其他利益相关者分享这些学习所得，接下来，随着数据的积累慢慢扩大项目规模。

如果你立志把创新变成一种战略能力，那么，与领导者分享你的工作成果尤为重要。只要看到低风险的实验带来了数据驱动下的创意成功案例，他们就会希望看到更多这样的故事。这就意味着他们更有可能在"水箱"之外复制你的方法，让它进一步走进"池塘"，甚至最终走进"海洋"。

很多时候，这要从你做起。团队目前需要的最重要的进步是什么？为了迈出第一步，现在可以开始的创意和实验是什么？

B计划——从实验开始，而不是从战略做起　如果感觉这些创意还不错，但目前还略显不足，建议你立即开始。

在我合作过的一家企业里，实验未能激起领导者"再来更多"的反应。如果你想要的是临时应急的创新激活剂，可以考虑下面的建议：

找一支团队：追踪一支需要更多创新的团队（最好是你的团队），确保这支团队中有几位勇于探索新鲜事物的人。

武装这支团队：为每位团队成员买一本《创新从0到1：激活创新的6项行动》。这并不是我自私的售书伎俩，而是为团队成员提供必要的工具是最快的、最廉价的方式。可以要求人们用一个礼拜的时间通读本书。在这个阶段，只读关于实验的章节就够了。

如果需要订购的书比较多，可以访问belesszombie网站图书页面申请大宗购买，量多从优。也可以考虑为高级领导者送去几本，你很可能会在未来的某个时间需要他们的帮助。

团队演练：把团队集中在一起，共同确定接下来一个月要开展的实验。从简单的小型实验做起。在这个阶段，要保持低调，在探索性学习中实践小型实验设计的各项原则。每个人完成了几项实验之后，继续向前推进。

激活"团队实验室"（Team Lab）：为自己和团队确定几个必须完成的重点进步领域，在这些领域里开展实验——这些实验注定成功少、失败多，要事先想到这一点。对于那些证明了自己具备足够的潜在价值，有资格从"水箱"进入"池塘"的创意，要为之建立利益相关者计划。要为不同的人创造什么样的体验，才能获得他们的支持？需要为此付出什么？

这里的关键是怎样讲述数据驱动下的发现：

我们看到了X机会，由此产生了Y创意，提出了Z假设。我们完成了ABC工作，带来了DEF成果。接下来，我们继续推进，获得了GHI成果——也就是我现在展示给您的成果。我们认为自己的事业有意义、有前途。所以，您能帮助我们更上一层楼吗？我们可能带来JKL成果，为此需要MNO资源。

团队影响力：利益相关者计划到位之后，可以立即开启它，并准备好倾听和学习。具体的、低风险的、低利害关系的方法可能带来管理层面的兴奋感。实际上，可能已经有小道消息在谈论：你的团队正在做些不一样的事情——不是危险的事，只是不一样的事。

接下来可能步入以下方向：

- 管理层的兴趣：当然，我们很高兴帮助你。可不可以告诉我，你是从哪里得到这些想法的？你们还在做些什么？这样的工作还可以让哪些人受益？

- 其他团队的兴趣：嘿，听说你们做了一些特别酷的事。能不能讲讲你们做了些什么，是怎样做到的？
- 培训项目：嗨，这里是人力资源部门。听说你们做了些特别酷的事情，我们可能开展一项与此相关的培训课程。我们能谈谈吗？
- 首席执行官的兴趣：这是火箭燃料一样强劲的前进动力！它是我在30年里见过的最重要的东西。放手去做吧，多多益善！（这是一家全球媒体企业里的真实对话，我和那家企业有过合作）。

无论走向哪个方向，你都走在了腾飞的路上。如果已经激活了一些高管成员的创新味蕾，可以考虑向他们分享本书的创新战略部分。只要他们发现这种创新工作是行得通的，而且不会对任何人造成伤害，就更有可能持开放的态度，做出更富战略性的反应。

我很想说，大多数组织都是从比较具有战略性的起点开始创新之旅的。但是，事实是我们即时修复式（Instant-fix）的思维模式有时需要更加立竿见影的方法来捕获高管的注意力，以此开启更大规模的对话。

实验就是这样的特洛伊木马，它的颠覆性真相深藏不露。

不要那么"僵尸"　　创新常常表现为一场与现状之间的激辩，但它并非永远如此。希望你能运用本书的思想，把创新变成你的组织中的必然事物，而不是非常事物。

我很想了解你的进步、你是怎样发现这本书的，欢迎与我联系，我的电子邮箱是：elvin.turner@belesszombie.com。

不要那么"僵尸"。永远都不要那么"僵尸"！